시민 학생과 함께하는 거리역사강좌
거리에서 국정교과서를 묻다

한국사교과서국정화저지네트워크 기획·편집

책을 펴내며

1.

 이 책은 박근혜정부의 역사교과서 국정화라는 '도전(challenge)'에 대한 역사학계의 '응전(response)'이다. 그 구체적인 경위는 이렇다. 교육부가 2015년 10월 12일 "중학교 '역사' 교과서와 고등학교 '한국사' 교과서 발행체제를 현행 검정에서 국정으로 전환한다."는 내용을 행정 예고한 다음, 형식적인 여론수렴 절차를 거쳐 11월 3일 국정화를 확정 고시하였다. 정부와 여당은 속전속결로 국정화를 기정사실화해 버리면 각계각층으로 번지는 반대 목소리가 저절로 수그러들 것이라고 판단한 것 같다. 행정예고 기간인 20일 동안 접수된 국민들의 의견을 분석하는 절차도 없이 당초 예정일인 11월 5일보다 이틀이나 빨리 군사작전 하듯 확정고시를 강행한 것이 이를 말해준다. 이에 '한국사교과서국정화저지네트워크'(이하 국정화저지넷)는 박근혜정부의 국정화 방침에 반대하는 역사학계의 목소리를 낼 필요가 있다는 판단 아래 '거리 역사 강좌'를 기획하였다. 그리고 매주 토요일 두 달 반에 걸쳐(2015.11.21.~2016.1.30.) 광화문 파이낸스빌딩 앞(청계광장 옆)에서 진행한 〈시민·학생과 함께하는 거리 역사 강좌〉를 묶어 이번에 책으로 내게 되었다.

2.

한국사교과서 국정화의 발단은 2013년 교학사교과서 사태이다. 정부의 비호를 받고 검정을 통과한 교학사교과서의 채택률이 0%대에 머물자, 정신적 공황에 빠진 박근혜정부는 국정화로의 회귀방안을 모색하였다. 검정교과서 체제를 통해 정권입맛에 맞는 친일·독재 미화 교과서를 보급하려는 시도가 실패하자, 국가 권력을 동원하여 아예 국정제로 전환하겠다는 무모한 발상을 하게 된 것이다. 급기야 교육부는 2014년 대통령 업무보고에서, 한국사 교과서 발행 체제를 '국정화를 포함'해 공론화 과정을 거쳐 6월까지 발표하겠다고 밝혔다. 박근혜 대통령 역시 "정부의 검정을 통과한 교과서에 많은 사실 오류와 이념적 편향성 논란이 있는 내용이 있어서는 안 된다"며, 현행 검정교과서 체제의 개선방안 마련을 지시하였다. 이후 한국사교과서 발행체제는 교육부 편수기능이 대폭 강화된 검정제 강화와 정부가 직접 교과서를 편찬하는 국정제의 두 가지 방안이 모색되다가, 결국 대통령의 의중에 따라 국정제로 결정되었다.

3.

교과서 국정화는 국가가 획일적인 역사해석을 국민에게 강요하는 것으로, 다양성을 존중하는 민주주의 정신과 국민이 국가의 주인이라는 주권재민원칙을 부정하는 것이다. 교과서 국정화는 민주시민의 양성을 가로막고, 헌법정신을 부정하며, 기본권 중의 하나인 정신적 자유권을 침해할 뿐만 아니라, 유엔의 역사교육 지침에도 위배되는 등 시대착오적이다.

정부의 국정화 방침에 대해 우리사회 각계각층에서 반대 목소리를 낸 것은 이 때문이었다. 2015년 국정화 반대운동의 물꼬를 튼 것은 교수와 교사 시국선언이었다. 집단지성의 목소리에 담긴 국정화 반대 이유는 다음 네 가지로 요약된다.

> 첫째, 국정화는 영구집권을 위해 역사교육을 독점하려는 것이다.
> 둘째, 국정화는 헌법가치인 교육의 정치적 중립성과 학문의 자유를 침해하는 것이다.
> 셋째, 국정화는 민주주의 교육이념인 자율성과 다양성, 창의성을 부정하는 것이다.
> 넷째, 국정화는 민주주의와 경제발전을 동시에 이룬 대한민국의 국격에 맞지 않는다.

한편 '국정화저지넷'도 국정화를 반대하는 사회열기에 힘입어 △성명서 발표와 기자회견 △온라인과 오프라인 서명운동 △촛불집회와 천막농성 △거리 전시와 선전전 △1인 시위 △홍보동영상 제작 △대규모 대중 집회 △토론회 △국민청원운동 △헌법소원 등 정부의 국정화 방침 저지를 위해 다방면으로 노력하였다.

4.

국정화 반대 운동의 가장 큰 성과는 국민여론을 반전시킨 것이다. 한국사교과서 국정화에 대한 국민여론은 정부가 국정화 방침을 행정예고한 직후인 10월 16일에는 찬성(47.6%) 여론이 반대(44.7%) 여론보다 다소 우세하였다. 이 점이 국정화 강행을 부추긴 주요 요인으로 보인다. 그러나 행정예고를 한 다음 주부터 국민여론은 반전되기 시작하여 반대 여론이 우세해지는 흐름이 뚜렷해졌다.

여론반전에 당황한 정부와 여당은, "우리나라 역사학자 90%가 좌파" "검정교과서는 적화 통일 대비용 교과서" "국정화를 반대하는 사람은 대한민국 국민이 아니"라는 등 극단적인 색깔론을 동원하여 대규모 선전전을 폈다. 그러나 이들이 전가의 보도처럼 써먹는 '종북 프레임'이 이번에는 먹혀들지 않았다. 국정화 확정고시 직후인 11월 6일에 실시한 여론조사에서, 국정화 반대(53%)와 찬성(36%)의 여론격차가 17%나 벌어진 것으로 나타났다. 불과 20일 사이에 일어난 국민여론의 대반전이었다. 연령별로 20대는 78.4%, 30대는 65.4%, 40대는 66.5%가 역사교과서 국정화에 반대하였다. 교사와 역사학계는 90%가 반대 입장이며, 온라인에서는 무려 88%가 국정화를 반대하는 것으로 나타났다.

5.

역사학계가 시민사회와 연대하여 광범위하게 국정화 반대운동을 벌였으나 한국사교과서 국정화를 막지는 못하였다. 그러나 정부와 여당의 무차별적인 색깔론 공세를 무력화시키고, 국민여론을 반전시키는 주목할 만한 성과를 거두었다.

이는 교수와 교사의 시국선언과 집필거부로 국정화의 문제점을 폭로하는 한편, 국정화반대의 논리적 근거로 헌법정신과 유엔의 역사교육지침을 활용하는 등 담론투쟁을 효과적으로 벌였기 때문에 가능한 일이었다. 특히 행정예고 기간에 조직한 대규모 국민청원 운동은 여론의 승패를 가르는 분수령이 되었다.

박근혜 정부가 국정화 방침을 관철시킬 수 있었던 까닭은 행정력을 총동원하였기 때문이다. 그러나 국정제로의 전환과정이 내용·형식·절차 모든 면에서 정당하지 못하다는 비판을 받고 있다. 먼저 내용면에서, 국정화가 헌법정신을 침해하고 국제사회 규범에 어긋난다는 집단지성의 비판에 대해 정부와 여당은 한마디도 반박하지 못하였다. 또한 형식면에서 행정예고 기간 동안 국민여론 수렴 결과, 의견을 낸 국민 3명 중 1명만이 국정화를 찬성하는 것임이 드러났는데도 국정화를 강행함으로써 국민주권을 침해하였다. 그리고 절차 면에서도 행정예고 기간 마땅히 준수해야 할 각종 절차법을 어김으로써 법치주의를 스스로 부정하였다.

6.

책 제목『거리에서 국정교과서를 묻다』의 '묻다'는 '국정교과서의 문제점을 묻는다'는 '질문'의 뜻과 '국정교과서를 땅속에 묻어 버린다.'는 '매장'의 뜻을 중의적으로 표현한 것이다. 책의 내용은 크게 네 부분으로 구성되어 있다. 앞머리에 국정화론자들 주장의 허구성을 비판하는 내용을 배치하였다. 1강~3강이 이에 해당한다. 이어 국정교과서 발행제도에 대한 비판이다. 4강과 5강이 이에 해당한다. 그리고 다른 나라 교과서 발행제도에 대한 소개를 하였다. 6강과 7강이 이에 해당한다. 마지막으로, 전통시대 역사교육과 미래 역사교육 방향에 대한 모색을 하였다. 8강과 9강이 이에 해당한다.

맨 뒤에 부록으로, 민주시민교육의 장전이라 할 수 있는 독일의「보이텔스바흐합의」(1976), 유엔의 역사교육권고안인「역사교과서와 역사교육」(2013), 민변의 헌법소원심판 청구문을 요약한「국정교과서 고시가 위헌인 이유 10가지」(2015) 등을 실었다.

7.

혹한의 겨울날씨에 진행되는 거리 역사 강좌가 당초 기획대로 차질 없이 진행될 수 있었던 것은 무엇보다 강좌를 흔쾌히 맡아주신 여러 선생님과 길거리 계단에서 무릎담요를 덮고 추위에 떨면서 끝까지 강의를 경청해주신 시민들의 뜨거운 성원이 있었기 때문이다.

그리고 매주 토요일, 강의 시작부터 마무리까지 실무 책임을 맡은 방은희(국정화저지넷 사무국장), 송민희(민족문제연구소 홍보팀장), 신성호(전교조 참교육실장), 진영효(전교조 참교육실 정책국장), 나기주(민주노총 대외협력국장), 이종문(진보연대 연대사업위원장) 등을 비롯해 국정화저지넷 운영위원들의 헌신적인 도움이 있기 때문이기도 했다.

또한 팩트 티비가 강의 전 과정을 생중계 해주어 강좌 내용을 주위에 널리 알릴 수 있었으며, 김기윤 학생(경희대)의 녹취 덕분에 원고 작성에서 수고를 덜 수 있었다. 거리 역사강좌 출판을 흔쾌히 맡아주신 민족문제연구소에도 고마운 마음을 전하지 않을 수 없다.

"아무리 뛰어난 작품도 작가는 그 작품에 절반의 혼밖에 불어 넣을 수 없다"라는 말이 있다. 작품의 절반은 창작인의 몫이지만 나머지 절반은 그 작품을 아끼고 사랑하면서 잘 활용하는 사람에 의해 완성된다는 말이다. 향후 국정교과서가 폐지될 때까지 계속될 국정화 반대 운동의 담론투쟁을 위해 펴내는 이 책이 많은 분들의 관심과 사랑을 받았으면 하는 바람을 가져본다.

3·1혁명 97주년을 맞이하여
한국사교과서국정화저지네트워크

차례

2 책을 펴내며

9 제1강 1948년, '대한민국 수립'인가 '대한민국정부 수립'인가 · 이만열
37 제2강 헌법이 증언하는 대한민국 정체성 · 한상권
65 제3강 국정교과서가 지우려는 독립운동사 이야기 · 이준식
93 제4강 역사교과서의 국정화, 무엇이 문제인가 · 조광
121 제5강 한국사 검정교과서 과연 편향적인가 · 한철호
149 제6강 동아시아의 평화를 위한 역사교육 · 안병우
173 제7강 국정화가 '전체주의'다 : 독일역사교과서 이야기 · 이동기
197 제8강 왕조시대의 역사교육은 어떠하였나 - 민중의식과 결부시켜 · 이이화
221 제9강 역사교과서의 대안을 탐색한다 · 김육훈

247 부록
  Ⅰ. 보이텔스바흐(Beutelsbach) 합의(1976)
  Ⅱ. 유엔총회 보고서 : 문화적 권리 분야 「역사교과서와 역사교육」(2013)
  Ⅲ. 국정교과서 고시가 위헌인 이유 10가지(2015)

제 1 강

1948년, '대한민국 수립'인가 '대한민국정부 수립'인가

이만열
숙명여대 명예교수·전 국사편찬위원회 위원장

1. 1948년 8월 15일을 어떻게 볼 것인가

　최근 정부가 국사교과서 국정화 작업을 강행하면서 튀어나온 것이 '1948년 8월 15일'의 역사적 인식에 대한 새로운 지침입니다. 종래 검인정 교과서에는 이를 '대한민국정부 수립'으로 봐 왔는데, 최근 교육부에서 내린 지침에는 '대한민국 수립'으로 하겠다는 것입니다. 여기서 '대한민국 수립'이라는 말은 '대한민국 건국'이라는 말과 다를 바가 없습니다.
　국사교과서를 국정화한다고 했지만 정부에서는 집필진도 밝히지 않고 또 교과서 편찬 지침도 아직 밝히지 않았습니다. 다만 상고사 부분을 늘리고 근현대사 부분을 줄인다는 소문만 나돌고 있습니다. 그런 가운데 종래 1948년 8월 15일을 대한민국정부 수립으로 서술해 온 것을 '1948년=대한민국 수립(건국)'으로 하겠다니 그 암시하는 바가 큽니다. 국정교과서 편찬작업이 밀실에서 이뤄지고 있는 상황에서 이런 정도의 것이라도 밝혀진 것은 앞으로 국정화 교과서가 어떤 내용을 담을 것인지에 대해서 상당한 암시를 주는 것으로 생각됩니다. 아주 단편적인 것이지만 중요한 사안이므로 이 문제를 다뤄보는 것은 의미가 클 것으로 생각합니다.
　종래 '대한민국정부 수립'일로 인식했던 1948년 8월 15일을 '대한민국 수립(건국)'으로 보게 된 것과 관련하여 다음과 같은 설명이 있었다고 합니다. 남측이 대한민국 정부를 수립한 1948년에 북에서는 9월 9일 '조선민주주의인민공화국'을 수립했는데, 북에서는 국가를 수립했고 남에서는 정부를 수립했다는 것이 국격에 혼선을 불러일으키게 되었다는 것입니다.

한쪽은 국가를 건국했고 한쪽은 정부를 수립했으니, 국격에 문제가 있다는 것입니다. 그러기 때문에 남측도 대한민국 정부를 수립한 것으로 쓰기보다는 대한민국을 건립했다고 써야만 국격을 높이는 것이 된다고 본다는 것입니다.

이만열 숙명여대 명예교수

 나중에 다시 언급하겠지만 이것은 역사를 오해한 것이라고 봅니다. 북쪽은 3·1운동에 대한 평가도 적극적이지 않고, 3·1운동의 결과 대한민국(임시정부)이 수립된 데 대해서는 거의 무시하고 있습니다. 그들은 1919년에 일어난 3·1운동이나 대한민국(임시정부)을 인정하지 않기 때문에 1948년을 건국으로 내세우게 됩니다. 그러나 남측은 1919년에 대한민국을 건국하고 임시정부로 국가(대한민국)를 운영하다가 1948년에 정식 정부를 수립했기 때문에, 1948년에 정부를 세웠다고 표현했다고 해서 하등 국격을 떨어뜨릴 일이 아니라는 것입니다. 오히려 1919년 대한민국 건립 때에는 일제가 국토를 강점했으므로 정식 정부를 세울 수 없었고, 1948년에 이르러서야 정식 정부를 세울 수 있었던 것입니다. 따라서 1948년에 남측이 정부를 수립했고 북측이 국가를 건립했다고 해서 이를 비교해서 국격의 문제를 따질 수 있는 것이 아닙니다. 오히려 1948년에 정부를 수립했다고 서술하는 것이 1919년의 국가 건립을 더 부각시키게 되는 것입니다.

 이 강의에서는 이렇게 논란이 된 1948년 8월 15일이 대한민국 정부수립일인가, 대한민국 건국일인가를 두고 그 역사적 과정을 살펴보려고 합니다. 그에 앞서 몇 년 사이에 있었던 건국절建國節 논란이 이 문제와 깊이 관련되어 있으므로 그 문제부터 언급하면서 시작하고자 합니다.

2. 건국절 논란

2008년, 이명박 정권은 집권하자마자 그해를 '건국 60년'이라 이름하고 그 기념식을 대대적으로 하겠다고 발표했습니다. '건국 60년'을 거창하게 기념하자는 것은 그 전부터 뉴라이트계에 의해 주장되었던 것입니다. 이들의 주장에 따르면, 대한민국은 1948년에 건국되었으며 따라서 2008년은 그 60주년이 된다는 것입니다. 거기에 덧붙여 어떤 분은 우리나라에 '건국절'이 없다면서 종래 광복절로 지켜오던 8월 15일을 건국절로 해야 한다고까지 주장했습니다. 정부의 이런 계획에 관변 학자들도 동참했습니다. 건국 60주년을 기념한다는 의미에서 60명의 인사들로 건국60주년기념준비위원회를 만들기도 하고, 국사편찬위원장은 청와대 회합에서 건국 60주년의 타당성을 역설하기도 했으며, 정부는 『건국60년』이라는 책자를 만들어 전국 각급 학교에 보급하기도 했습니다.

이와 함께 이른바 식민지근대화론을 주장하는 뉴라이트계의 학자들 중에는 8월 15일을 건국절로 해야 한다는 주장을 펴기도 했습니다. 한편 국회에서는 '건국절' 제정을 위해 2008년 7월에 정갑윤 의원이 광복절을 건국절로 개칭하자는 내용의 「국경일에 관한 법률」 개정안을 발의했다가 논란이 일자 2008년 9월 철회한 바 있고, 이해 12월에는 '건국공로자예우에 관한 법률안'도 제출되었습니다. 처음 이명박 정권이 뉴라이트계가 주장한 건국절과 건국60주년기념행사를 학계의 의견을 묻지 않고 수용한 결과, 사태가 여기까지 이르게 되었습니다. 2008년이 정부수립 60주년을 맞는 시기와도 맞물렸기 때문에, 새로 출범한 정권으로서는 '60년'이라는 호기를 놓칠 수 없다고 판단했던 것으로 보입니다.

이런 분위기에서 앞에 거론한 '건국공로자예우에 관한 법률안'이 황우여 의원을 비롯한 10명의 국회의원에 의해 제안되었습니다. 이 법률안은 "1945년 8월 15일부터 1948년 8월 14일까지 신탁통치를 반대하거나 자유민주국가인 대한민국을 건국하기 위하여 활동한 건국유공자와 그 유족에 대하여 국가가 적정한 서훈과 응분의 예우를 하자"는 것이었습니다.

또 이 법률안은 적용대상자인 건국공로자를 앞서 언급한 기간에 "신탁통치를 반대하거나 자유민주국가인 대한민국을 건국하기 위하여 활동하다가 그 활동으로 인하여 순국한 자 및 그러한 활동 사실이 있는 자로 함"이라고 규정했습니다. 그러나 이 법안은 "반탁 또는 건국활동 공로자들의 '건국유공자' 지정 문제는 반탁 또는 건국 활동의 성격은 무엇이며, 이들이 대한민국 건국에 어떤 기여를 했는지에 대한 역사적 평가가 먼저 이루어지고, 이들을 '건국유공자'로 지정하는 것에 대한 국민적 공감대가 형성된 후 검토되어야 할 것"이라는 국회 전문위원들의 검토의견에 따라 자동 폐기되고 말았습니다. 자동 폐기되었지만 이 법안이 노린 것은 대한민국 건국이 일제강점하의 독립운동에 의해서라기보다는 마치 1945년 8월 15일 이후의 여러 건국공로자들의 활동에 의해서 이뤄진 것처럼 인식하도록 유도하는 데 있었습니다.

이명박 정권이 직·간접으로 관여한 이런 정책들은 독립운동 단체들의 반대에 부딪치게 되었습니다. 특히 생존 독립운동가들과 그 후손들로 조직된 광복회는 완강하게 반대하였습니다. 그들은 우선 1948년 8월 15일에 대한민국이 건국되었다는 정권의 역사인식에 큰 문제가 있다고 보았습니다.

그리고 광복절을 건국절로 대체하겠다는 주장에 대해서도 반박했을 뿐 아니라 '건국공로자예우에관한법률안'에 대해서도 반대의 입장을 분명히 했습니다. 광복회는 정부의 그런 인식에 반대하면서 만약 정부가 2008년을 '건국 60년'으로 인식하고 기념식을 거행하겠다면 광복회원들은 정부로부터 받은 훈장을 반납하고 투쟁하겠다고 나섰습니다. 이런 완강한 반대에 직면한 정부는 광복회에 대해 사과하는 한편 건국 60주년으로 하겠다는 그해의 행사를, '광복 63주년 및 건국 60주년'의 행사로 변경하여 거행했습니다. 그리고 광복회에서 요구한 대로, 대한민국의 건국이 1948년이 아닌 1919년에 이뤄졌다는 내용을 담은 책자를 간행하여 전국 중고등학교에 배포하기도 했던 것입니다.

2008년을 '건국 60'주년으로 인식했던 이명박 정권의 그런 역사인식은 당시 광복회에 사과하는 것으로 끝난 것이 아닙니다. 2015년 광복절 경축사에서도 '건국 67주년'이라고 언급함으로써 박근혜 정권에서도 그대로 계승되고 있음을 볼 수 있습니다. 한때의 해프닝으로 끝난 듯한 '건국절' 논란은 역사학계와 일반시민사회에 다음과 같이 상당한 충격과 파장을 불러 일으켰던 것이 사실입니다.

첫째, 1948년 8월 15일을 이제 어떻게 보아야 될 것인가 하는 문제를 학계와 시민사회에 아주 정직하게 제기했다고 생각합니다. 그때까지는 제헌헌법에 있는 대로 대한민국 정부수립일로 보기도 했지만, 때로는 대한민국 건국과 관련시켜 인식한 적도 없지 않았습니다. 그 두 개를 혼용해도 별로 불편함이 없었는데 이제 이것을 좀 정리해야 한다는 나름대로의 각성이 있게 되었습니다. 따라서 1948년을 '대한민국정부 수립의 해'로 볼 것인가, '대한민국 수립(건국)의 해'로 볼 것인가, 그 둘 중에 하나를 선택하지 않으면 안 되게 되었습니다.

둘째, 그동안 제헌헌법에 따라 당연시해온 대한민국 건국 시기(1919년)에 대한 문제도 같이 제기되었습니다. 대한민국의 건국시기에 대한 확인이 필요하게 되었습니다. 1948년에 대한민국이 건국되었다고 주장하는 뉴라이트의 주장이 사실과 다르다면, 대한민국은 언제 건국되었는가 하는 문제 제기가 당연히 주어졌던 것입니다. 더 나아가 대한민국의 뿌리를 대한민국 임시정부의 법통을 잇는 것으로 볼 것인가 일제 잔재와 연합국 승리의 부수적인 산물로 볼 것인가, 대한민국의 탄생을 독립운동의 관점에서 이해할 것인가 아니면 식민지근대화론의 관점이 가미된 식민지 연장선상에서 이뤄진 것으로 볼 것인가 하는 문제도 제기하게 되었습니다.

3. 대한민국 건국의 문제 : 대한민국 임시정부

대한민국의 건국을 밝힌 글은 무엇보다 제헌헌법과 그것을 이어받은 현행 헌법의 전문에서 확인할 수 있습니다. 제헌헌법은 대한민국 정부를 세울 때에 전 국민의 대표가 합의하여 만들었고 현행 헌법은 20여 년 이상 군사정권에 투쟁한 민주화 과정에서 만든 것이기 때문에 국민의 의사가 반영된 문건이라고 생각합니다. 그 헌법들 전문前文에 대한민국의 건국과 관련하여 이렇게 밝혀 놓았습니다.

[제헌헌법] 유구한 역사와 전통에 빛나는 우리들 대한국민은 기미 삼일운동으로 대한민국을 건립하여 세계에 선포한 위대한 독립정신을 계승하여 이제 민주독립국가를 재건함에 있어서 정의인도와 동포애로써 민족의 단결을 공고히 하며 모든 사회적 폐습을 타파하고 민주주의 제제도諸制度를 수립하여 정치, 경제, 사회, 문화의 모든 영역에 있어서 각인의 기회를 균등히 하고 능력을 최고도로 발휘케 하며 각인의 책임과 의무를 완수케 하여 안으로는 국민생활의 균등한 향상을 기하고 밖으로는 항구적인 국제평화의 유지에 노력하여 우리들과 우리들의 자손의 안전과 자유와 행복을 영원히 확보할 것을 결의하고 우리들의 정당 또 자유로히 선거된 대표로써 구성된 국회에서 단기 4281년 7월 12일 이 헌법을 제정한다.

[현행헌법] 유구한 역사와 전통에 빛나는 우리 대한국민은 3·1운동으로 건립된 대한민국 임시정부의 법통과 불의에 항거한 4·19민주이념을 계승하고, 조국의 민주개혁과 평화적 통일의 사명에 입각하여 정의·인도와 동포애로써 민족의 단결을 공고히 하고, 모든 사회적 폐습과 불의를 타파하며, 자율과 조화를 바탕으로 자유민주적 기본질서를 더욱 확고히 하여 정치·경제·사회·문화의 모든 영역에 있어서 각인의 기회를 균등히 하고, 능력을 최고도로 발휘하게 하며, 자유와 권리에 따르는 책임과 의무를 완수하게 하여, 안으로는 국민생활의 균등한 향상을 기하고 밖으로는 항구적인 세계평화와 인류공영에 이바지함으로써 우리들과 우리들의 자손의 안전과 자유와 행복을 영원히 확보할 것을 다짐하면서 1948년 7월 12일에 제정되고 8차에 걸쳐 개정된 헌법을 이제 국회의 의결을 거쳐 국민투표에 의하여 개정한다.

제헌헌법은 1948(단기 4281)년 7월 12일 제헌국회에서 제정한 것입니다. 1948년 5월 10일 총선거가 실시되었고 그해 5월 31일 국회가 개원되어 이승만이 의장으로 선출되었습니다. 이승만은 개회사에서 정부수립의 방향을 제시했는데 첫째는 헌법을 제정하여 대한독립민주정부를 재건설하자는 것, 둘째는 이 민국民國은 기미년(1919년)에 13도 대표들이 서울에 모여서 국민대회를 건설한 임시정부를 계승하는 것이라는 것, 셋째는 이 국회에서 건설하는 정부는 기미년에 서울에서 수립된 임시정부를 29년 만에 부활하는 것이므로 민국 연호를 계승하여 1919년부터 기산起算하겠다는 것입니다. 여기서 1919년 서울에서 수립된 정부라 함은 1919년 4월 23일 서울에서 국민대회 형식으로 선포된 것을 말합니다.

참고로 말한다면, 3·1운동에서 독립을 선언한 후 블라디보스토크와 상해, 서울에 각각 임시정부가 세워졌고 이를 통합하는 과정에서 한성정부의 정통을 잇는 통합임시정부가 1919년 9월 11일 상해에서 출범되었습니다. 여기서 주목할 것은 1948년에 수립하는 정부가 1919년에 수립된 대한민국 임시정부를 재건 부활하는 점을 분명히 했다는 것입니다. '대한민국'이라는 명칭을 처음 갖게 된 상해의 '대한민국 임시정부'의 성립은 이렇습니다. 이는 제헌헌법과 현행헌법에 대한민국은 기미 삼일운동으로 건립했다는 것을 다시 설명하는 것이 됩니다.

그러면 '대한민국'이라는 국호는 어떻게 나오게 되었을까요. 물론 상해에서 대한민국 임시정부를 건립할 때 '대한민국'이라는 말이 나오긴 했지만, 대한제국의 '제국'에서 '민국'이 나오게 된 데에는 혁명적인 변화가 있었기 때문에 가능했습니다. 그것은 우리의 독립운동의 성격과 깊은 관계가 있습니다. 대한제국이 1910년에 멸망된 후 독립운동이 연달아 일어났습니다.

초기의 독립운동은 구 왕조인 대한제국을 회복하려는 성격이 강했습니다. 그런 독립운동을 '복벽復辟운동'이라고 했는데 이는 구왕조를 회복한다는 뜻입니다. 그러나 1917년 7월의 「대동단결선언」에서 "황제권 소멸의 시기가 곧 민권 발생의 시기"라고 하여 1910년 황제권이 소멸되자 곧 민권이 발생, 민권에 의한 국가 건립에 대한 주장이 강하게 나타났고, 그때까지 갖고 있던 복벽적 사상은 점차 공화정 사상으로 바뀌기 시작했습니다. 3·1운동에서 독립을 선언한 대표들은 '백성이 주인이 되는 나라'를 세우겠다는 사상과 의지를 분명히 드러냈습니다. 이런 사상이 바탕이 되어 독립을 선언하고 그 독립정신에 따라서 세운 것이 대한민국입니다.

대한제국이 멸망한 뒤에 해외에서 활동하던 독립운동가들은 독립운동 단체나 자치기구를 만들어갔습니다. 제1차세계대전이 끝난 무렵, 상해에서는 신한청년당이 조직되고 파리강화회의에 김규식을 파견하는 한편 이를 지원하기 위하여 일본 만주 연해주 및 국내에 사람을 파견하여 독립선언을 주도하게 되었습니다. 1919년 2월 8일 동경유학생들이 독립을 선언했고, 3월 1일부터는 국내에서 거족적으로 독립선언을 발표하고 독립만세운동에 들어갔습니다. 이어서 3월 13일에는 간도 용정에서, 3월 17일에는 연해주에서, 4월 16일에는 미국 필라델피아에서 각각 독립을 선언했습니다.

3·1운동 때뿐만 아니라 그 뒤에도 여러 곳에서 독립을 선언했습니다. 독립을 선언했으니 그 다음 순서는 독립을 실행할 수 있는 국가를 건립하는 것입니다. 국내에서 독립선언을 한 후 1천여 명이 넘는 국내외의 많은 인사들이 상해로 모였습니다. 상해는 1917년 「대동단결선언」

을 통해 민족의 대표기구를 설치하자고 제안한 바가 있습니다. 1919년 4월 10일 현순 손정도 조소앙 이동녕 등 13도 대표 29명이 모여 임시의정원을 구성하고 의장 이동녕 사회 하에 의정원 회의에서 국호와 관제, 국무원 선출, 헌법제정 등을 진행했습니다. 신석우의 제안에 따라 국호는 대한민국으로 했습니다. 하필이면 1910년에 망한 '대한'을 사용해야 하느냐 하는 이견이 있었으나 '대한'이라는 이름에 '민국'을 합하여 '대한민국'으로 국호를 정했습니다. 이것이 한국사상 최초의 민주공화정 국가의 시작입니다.

「대한민국임시정부의정원문서」(1919.9) ⓒ독립기념관

이는 한국사에서 가히 혁명적인 사건이라고 할 수 있습니다. 의정원은 이어서 관제와 국무원을 선출하고 10개 항의 「대한민국임시헌장」을 정했는데 제1조가 "대한민국은 민주공화제로 함"이었습니다. 이때가 1919년 4월 11일이었습니다. 헌법 제1조는 임시정부하의 4번에 걸친 개헌 때에도 변함이 없었고, 1948년 제헌헌법에서도 그대로 계승되었습니다.

여기서 짚고 넘어갈 것은, 대한민국 임시정부가 1919년 4월 11일에 상해에서 출범했는데, 1948년 5월 31일 이승만이 새로 태어날 정식정부를 두고 "기미년에 서울에서 수립된 민국의 임시정부를 계승한다."고 한 것입니다. 앞에서 언급한 바와 같이, 3·1독립선언 이후에 임시정부가 여러 곳에서 태어났는데, 그 중 실체가 드러난 곳은 블라디보스토크의 대한국민의회 정부와 상해 대한민국 임시정부, 그리고 서울의 한성정부였습니다. 이 세 정부를 통합하려는 운동이 일어났는데, 이 문제를 가장 먼저 제기한 것은 대한국민의회 정부였습니다.

통합문제는 상해 임시정부의 내무총장으로 임명받은 안창호가 미국에서 상해로 부임하면서 본격화되었습니다. 그는 임시정부의 체제를 어떻게 할 것인가, 장소를 어디에 둘 것인가를 두고 고심하게 되었습니다. 그 못지않은 문제가 있었습니다. 당시 미주에 거주하던 이승만이 이미 임시정부의 명칭을 'Republic of Korea'라고 사용하고 한성정부에서의 자신의 직함 '집정관 총재'를 'President'로 사용하면서 자신이 임시정부의 대통령인 것처럼 활동하고 있었던 것입니다. 안창호는 고심 끝에 한성정부의 정통을 잇는 선에서 세 임시정부를 통합하되, 이승만이 주장하는 대통령제를 받아들이기로 했습니다. 그리고 임시정부는 상해에 두되 그동안 상해 대한민국 임시정부가 취했던 일체의 기존 전승도 인정하기로 했습니다.

그리하여 이승만을 임시정부의 대통령으로 하고 한성정부의 정통을 잇는 대한민국 임시정부가 상해에서 재탄생되었습니다. 이게 1919년 9월 11일 상해에서 재출범했던 통합 임시정부입니다. 뒷날 이승만이 한성정부의 정통을 잇는다고 한 것은 한성정부의 정통을 계승한 통합 임시정부를 잇는다는 것을 의미합니다.

4. 대한민국 정부수립 – 임정 계승

국회개원 이승만 개회사. 『동아일보』 (1948.6.1)

우리나라에서 처음으로 국회의원을 선거하는 총선거가 1948년 5월 10일 실시되었습니다. 총 200개 선거구에서 선출된 국회의원들은 5월 31일 개원된 국회에서 의장에 이승만을 선출했습니다. 이승만은 개회사에서 "기미년 3월 1일에 우리 13도 대표들이 서울에 모여서 국민대회를 열고 대한독립민주국임으로 세계에 공포하고 임시정부를 건설하여 민주주의에 기초를 세운 것이다"라고 언급한 후 "오늘 여기에서 열리는 국회는 즉 한민대회의 계승이요, 이 국회에서 되는 정부는 기미년에 서울에서 수립된 민국임시정부의 계승"이라고 했습니다. 앞으로 구성될 정부는 바로 29년 만에 그 민국을 부활시키는 것임을 공포하고 (대한)민국 연호를 기미(1919)년에서 기산할 것이라고 했습니다.

제헌국회는 헌법을 기초할 위원을 선출했습니다. 헌법기초위원들은 수십 차례 모여서 헌법을 논의, 기초했고 이 헌법은 그해 7월 12일 국회 본회의를 통과하고 7월 17일에 공포되었습니다. 이 과정에서 의장 이승만은 헌법기초위원회로 하여금 대한민국이 어떻게 이뤄지게 되었는가에 대한 설명을 헌법 전문前文에 넣어줄 것을 요청했습니다. 헌법 전문이라는 것은 다른 나라 헌법에서는 좀처럼 보이지 않는 것으로, 이 전문은 이승만의 특별한 요청에 따라 삽입되었던 것입니다. 이승만은 동시대인들과 후세가, 대한민국의 성립과정과 그 이상과 목표를 분명히 알도록 하기 위해 헌법 전문에 이를 명시했던 것입니다. 그 전문에서 우리가 눈여겨봐야 할 것은 "유구한 역사와 전통에 빛나는 우리들 대한국민은 기미 삼일운동으로 대한민국을 건립하여 세계에 선포한 위대한 독립정신을 계승하여 이제 민주독립국가를 재건"한다는 것입니다. 즉 우리 대한국민은 기미 삼일운동 때에 대한민국을 건립했고 지금(1948) 바로 그 민주독립국가를 재건한다는 것이었습니다. 이승만은 한성정부의 집정관 총재였고 통합 임시정부의 대통령으로서, 해방 후 수립되는 이 정부가 그 전에 존재했던 대한민국 임시정부와는 별개의 것이 아니고 그 계승이라는 점을 분명히 했던 것입니다.

대한민국의 임정 계승은, 한성정부에서 시작된 임정의 역사 계승뿐만 아니라, 헌법정신에서도 그 계승성이 분명히 드러나고 있습니다. 대한민국 임시정부는, 국가의 3대 요소인 영토·주권·국민의 부재에도 불구하고 이 3대 요소를 전제로 한 헌법안의 작성과 수정을 거듭해왔고, 1945년 귀국할 때까지 네 차례의 개헌을 통해 근대적 헌정체제를 지속해 왔습니다. 이것은 대한민국 임시정부가 단순한 독립운동단체가 아닌 중앙정부임을 자임한 것이며, 헌법개정을 통해 헌정체제를 지속시키려 했던 것입니다. 「대한민국 임시정부 헌법」(1919), 「대한민국 임시헌장」(1944.4.22)과 「제헌헌법」(1948)을 비교해보면 몇 가지 유

대한민국 「관보」 제1호. '大韓民國 三○年 九月 一日'이라 하여 연호를 '대한민국 30년'(1948)이라 쓰고 있다. ⓒ민족문제연구소

사점을 발견할 수 있습니다. 그 몇 가지를 들어보면 다음과 같습니다(서희경·박명림).

우선 '대한민국은 민주공화국(제)'이라는 민주공화국(제)에 관한 규정이 동일한데, 대한민국이라는 단순한 국호의 계승을 넘어 국체 역시 사실상 변함이 없습니다. 둘째 헌법정신과 이념면에서도 유사한데, 이들 헌법들은 3·1운동의 독립정신을 계승하였고, 민주공화국, 국민(인민)주권, 기본권 보장, 권력분립 등 헌법상의 기본 원칙들을 모두 수용하고 있습니다. 또 헌법 체계면의 유사성인데, 특히 「대한민국 임시헌장」과 「제헌헌법」은 거의 동일합니다. 이는 1948년 '제헌헌법'의 헌법적 틀이 명백히 독립 이전의 「대한민국 임시헌장」에 기반하고 있음을 의미합니다. 이 밖에 대한민국 임시정부의 「건국강령」이 대한민국 제헌헌법에 어떻게 반영되고 있었는가에 대해서는 여기서 언급하지 않겠습니다.

대한민국이 기미 삼일운동으로 건립되었다는 것을 좀 더 확실하게 하기 위해 이승만과 그의 정부는 연호年號의 계승을 통해서도 이를 분명히 했습니다. 임시정부에서 사용한 연호를 1948년에 수립된 정부에서도 그대로 사용하고 그 햇수도 임시정부 때부터 사용하던 연호에 덧붙여 계산했던 것입니다. 대한민국이 새로 발족하는 것이고 정부도 별개의 정부라고 한다면, 연호를 일치시키거나 연산延算할 필요가 없었을 것입니다. 그러나 연호를 일치시킨 것은 연호를 통해서도 1948년에 수립된 대한민국 정부가 대한민국 임시정부에서 계승되었음을 밝힌 것입니다. 대한민국 임시정부는 1919년을 대한민국 1년이라고 표기한 후 해방 후까지도 그것을 계속하여, 1948년은 대한민국 30년에 해당된다고 했습니다.

이승만 정부는 출발하면서 '대한민국 30년'이라는 연호를 정부의 공식문서에서도 밝혔고 관보 1호에도 간행일자를 '대한민국 30년 9월 1일'이라고 밝혔습니다. 거듭 말하지만 1948년 8월 15일에 재출발한 대한민국과 대한민국 정부는 임시정부에서 받들었던 대한민국과 별개의 대한민국이 아니었습니다. 이것이 1948년 대한민국 정부를 수립한 선진들의 역사의식이었습니다.

뒷날 국회에서 연호 사용에 문제를 제기했습니다. 당시 '단군기원(단기) 연호'와 '대한민국 연호'가 혼용되었기 때문입니다. 이렇게 연호 문제가 논란에 휩싸였을 때 '대한민국'이라는 연호를 계속 사용해야 한다고 주장하는 이들이 있었습니다. 그들은 대한민국 연호는 일제 치하에서 엄연히 독립국이었다는 것을 표시하는 유일한 방법이었고(제1회 국회속기록 제59호 국회사무처 / 제59차 국회본회의, 1948년 9월 7일), 일제 강점하에서 한반도에서는 통치권 행사를 못했지만 중국 방면에서는 대한민국 정권이 있었던 것을 부인할 수 없었기 때문에 대한민국 연호를 선호한다고 했습니다(제1회 국회속기록 제60호 국회사무처 / 국회 제60차회의, 1948년 9월 8일).

연호 문제는 논란 끝에 국회 63차 회의에서 '대한민국 연호'를 정지

하고 단기로 통일해서 사용한다고 공포했습니다. 그러나 이 논의에 참여한 의원 누구도 단기 연호를 사용하기 때문에 '대한민국 30년'을 부정했던 것은 아니었습니다. 단기 연호 결정에 이승만도 승복, 1948년 9월 26일 단기 연호를 공포했습니다. 그러나 수차례 담화문을 통해 대한민국 연호 사용을 재고해줄 것을 당부했습니다. 한편 그는 자신이 왜 대한민국 연호를 선호하는지를 나름대로 밝혔습니다.

이번 국회에서 대한민국의 공용 연호를 단군기원으로 하는 법률안이 통과되었으므로 본 대통령은 국회의 의사를 존중하여 이에 서명, 공포하는 바, 정부는 지금까지 공용 연호로 대한민국 기원을 사용하여 온 관계상 이에 관한 나의 의견을 발표해두려 한다. 내가 지금까지 대한민국 기원을 사용하기로 주장해온 것은 두 가지 이유가 있으니, 첫째는 민국이라는 명칭에 표시되는 민주정치제도를 우리는 이제 와서 남의 조력으로 수립한 것이 아니라 벌써 30년 전에 기미독립운동으로 민국정부를 수립하여 세계에 선포하였다는 위대한 민주주의를 자유로 수립한 정신을 숭상하기 때문이요 또 한 가지 이유는 우리나라 건국의 역사가 유구하여 외국에 자랑할 만한 전통을 이룬 것은 사실이지마는 4, 5천년 전의 신화시대까지 소급하여 연대를 계산하는 것은 근대에 와서 우리가 광영될 사적史蹟이 없다는 것을 인정하는 것으로 알게 되는 까닭이다. 우리가 기미년 독립을 선언한 것이 미국이 1777년에 독립을 선언한 것보다도 영광스러운 역사인 만큼 이것을 삭제하고 상고적 역사만을 주장한다는 것은 나로서는 충분한 각오가 못되는 바이다. 이것은 나의 사사 의견을 발표하는 것이다.(「공용연호는 단기/이대통령, 민국연호 포기 성명」,「동아일보」1948년 9월 26일)

위의 글을 통해 우리는 이승만이 '민국' 연호를 고집한 이유를 읽을 수 있습니다. 그 핵심은 민주정치제도를 남의 조력으로 수립한 것이 아니라 벌써 30년 전에 기미독립운동으로 민국정부를 수립하여 (이를) 세계에 선포하였다는 (그런) 위대한 민주주의를 자유로 수립한 정신을 숭상하기 위함이라고 했습니다. 한국의 민주정부는 연합국에 의해 해방되어 1948년에 이뤄진 것이 아니라 30년 전 기미독립운동에 의해 이뤄졌다는 것을 나타내자는 것이었습니다. 그가 1948년을 대한민국 30년이라는 연호를 고집한 것도 이런 역사를 가진 대한민국 원년이 1919년이라는 것을 주장하려는 데에 있었습니다. 그는 기미독립운동이 일어난 해를 연호의 시발로 쓰는 것이 우리나라 역사상의 광영을 나타내며 민주국의 기초가 그때에 잡힌 것을 표시할 수 있다고 했습니다. 그렇게 되어야 기미년의 독립선언이 미국의 독립선언보다 더 영광스러운 것이라고 자부심을 나타낼 수 있다는 것입니다.

그는 정부 출범 이듬해(1949)에도 기미독립운동 연호를 재고해 달라는 담화를 다음과 같이 발표했는데 거기에서도 3·1독립운동 연호에 대한 애정이 들어 있습니다.

단군기원 연호를 쓰는 것을 국법으로 시행하는 중이니 특별한 의논은 붙이고자 아니하나 이에 대해서 국회에서 한 번 다시 고려해 볼 것은 단군연호를 고쳐서 기미독립운동 연호를 쓰는 것이 우리나라 역사상 광영을 더 발전시키는 것이요, 또 민주국 기초가 이미 그때에 잡힌 것을 표시할 수 있고, 또 무저항주의를 우리가 시작해서 성공된 사적을 표명한 것이며, 독립을 위해서 목숨을 바친 남녀선열들의 위대한 공업을 인증하는 동시에 우리가 노상의 은택만 의뢰하고 아무 하는 일

없이 조상을 팔고 있다는 것보다 조상의 정신을 계승해서 영광스러운 사업을 성취한 것이 보이는 것이 또한 우리의 민족성일 것이므로 어느 방면으로 생각하든지 이와 같이 되는 것이 정당할 것이니, 지금 단군 연호를 쓰는 법안을 고쳐서 일조일석에 변경하라는 것은 아니나 동포들이 이만한 나의 의도를 알아서 서서히 순서적으로 교정되기를 바라는 바이다. 이것이 일시의 감상으로 하는 설명이 아니요, 오래 전부터 나의 확실히 믿는 바를 설명함이니 이에 협의하는 동포들이 많아서 몇 해 후라도 이와 같이 교정되는 날이 있기를 바라는 바이다."(「이승만 대통령의 개천절 경축사」『서울신문』1949년 10월 5일)

 아직도 이승만을 '국부國父' 혹은 '건국대통령'으로 추앙하려는 움직임이 없진 않지만, 그들에게 먼저 필요한 것은 이승만이 1948년을 대한민국 '건국'으로 보지 않았다는 역사의식입니다. 그가 "기미년 독립을 선언한 것이 미국이 1777년에 독립을 선언한 것보다도 영광스러운 역사"라고 강조한 대목에서 바로 그가 한국의 민주국가 원년 1919년을 얼마나 자랑스럽게 인식하고 있었는가 하는 역사의식을 읽을 수 있으며, 이러한 역사의식을 공유하는 데서 그에 대한 재평가가 시작되어야 한다고 생각합니다.
 1948년 정부수립에 참여한 이들은 대한민국이 기미년에 건립되었다는 것과 1948년에 수립된 대한민국 정부는 대한민국 임시정부를 계승한 것임을 분명히 했습니다. 그리고 임시정부가 사용한 '대한민국 연호'를 계속 사용함으로 자신들의 입장을 분명히 했던 것입니다.
 그러면 여기서 국가란 국토·국민·주권 이 세 요소를 갖추지 않으면 성립될 수 없다고 하는데, 1919년에 수립된 대한민국이 그런 요소를 갖추었는가를 묻는 이들에게 소극적으로나마 답할 차례입니다. 1948년 이승만이나 정부수립에 참여한 지도자들은 국가란 국토·국민·주권의 3대 요소를 갖춰야 한다는 것을 몰랐을까요. 당시 지도자들이나 정치권 언론 국민들도 그런 점을 알고 있었을 것이라고 생각합니다. 알고 있었음에도 그들은 굳이 대한민국은 1919년에 건국되었고 그것이 30년 후에 정식정부를 세우게 되었다고 인식했던 것입니다. 이런 인식의 배경에는 일제가 한국을 '강점'하고 있다는 역사인식도 작용했을 것으로 봅니다.

대한민국 정부수립 선포식(1948.8.15.)
ⓒ민족문제연구소

덧붙이고자 하는 것은 1948년 정부수립 당시에도 '건국'이라는 용어를 사용한 경우가 없지 않았다는 것입니다. 1941년 대한민국 임시정부에서는 '건국강령'을 공포한 바가 있고, 1945년 전후하여 건국동맹, 건국준비위원회 등 '건국'이라는 말이 사용되었던 것이 사실입니다. 그러기 때문에 1948년 정부수립에 앞장섰던 이들은 이런 상황을 고려하여 제헌헌법의 전문을 통해 이 점을 확실히 정리하려고 했던 것으로 보입니다. 정부수립의 시기까지 건국이라는 용어를 사용한 이들이 없진 않았지만, 제헌헌법 제정에 참여한 의원들과 국민들, 그리고 정부수립에 참여한 이들은 헌법제정을 계기로 이 문제를 정리하여, 1948년 8월 15

일을 '대한민국 수립(건국)일'이 아니라 '대한민국 정부수립일'로 정확하게 정리했던 것입니다. 1948년 8월 15일, 정부수립 축하식이 열리던 날, 옛 중앙청 식단 뒤에 '대한민국 정부수립 국민축하식'이라고 쓴 펼침막을 걸었던 것은 이 때문입니다.

5. 앞으로 예상되는 문제들

국사교과서를 국정화로 확정하면서 정부는 '1948년=대한민국 수립(건국)'설을 발표했습니다. 이는 종래 교과서에 서술된 '1919년=대한민국 수립' '1948년=대한민국 정부수립' 설을 뒤엎는 충격적인 주장입니다. 이는 대한민국사 이해에 엄청난 왜곡을 초래할 수 있다고 생각합니다. 정부가 발표한 그대로 진전되지 않기를 기대하지만, 정부가 그 발표를 그대로 밀고 나간다면 앞으로 다음과 같은 많은 혼란이 주어지지 않을까 걱정하지 않을 수 없습니다.

첫째, '1948년=대한민국 수립(건국)'설은 대한민국의 역사를 30년간 삭제할 가능성이 없지 않습니다. 그렇다고 1919년 삼일운동과 상해 임시정부 창건의 역사가 지워지지는 않겠지만, 세계에서 그 유례를 찾아볼 수 없을 정도의 오랜 역사를 가졌고 좌우합작의 정부조직에 정부군(광복군)을 유지한 대한민국 임시정부가 독립운동의 구심체로서의 성격보다는 초라한 한 독립운동단체로 전락, 인식될 가능성도 없지 않습니다. 이것은 3·1운동과 대한민국 임시정부의 존재 자체를 인정하지 않으려는 측에 좋은 빌미를 제공할 것입니다. 대한민국이 자신의 정통성을 대한민국 임시정부에 대고 거기에서 대한민국의 뿌리를 찾아왔는데, '1948년=대한민국 수립(건국)'설은 그러한 주장에 큰

타격을 주게 될 것입니다. 그러지 않아도 항일빨치산 세력에 그 연원을 두고 있는 북측은, 대한민국 임시정부에 뿌리를 대고 있는 대한민국에 역사성이 뒤졌음을 인정했음인지 '주체'라는 연호를 통해 자신의 역사성을 대한민국보다 먼저 두려고 노력해 왔습니다. '1948년=대한민국 수립(건국)'설은 북측의 그런 모험성에 박수치는 꼴이 될 것입니다. 북측은 '주체' 연호를 통해 자기의 역사를 연장시키려 안간힘을 쓰고 있는데, 남측은 있는 역사도 30년을 잘라버렸다는 비난을 면치 못할 것입니다.

둘째, '1948년=대한민국 수립(건국)'설은 대한민국사의 출발을 군사정권 하의 헌법에서 규정한 '모호함' 그것으로 되돌리려는 시도와 상통하고 있습니다. 군사정권 하에서 개정된 헌법 전문에는 "3·1운동의 숭고한 독립정신을 계승"한다는 구절은 있으나 3·1운동에 따라 대한민국이 건립되었다는 구절은 없습니다. "3·1운동의 숭고한 독립정신을 계승"한다는 구절을 넓은 의미로 해석하여 대한민국의 건립과 관련시킬 수 있을는지는 모르겠지만, 법문法文에 그런 상상력을 부여하는 것은 헌법재판소나 할 일입니다.

먼저 제헌헌법에서 제9차 개정헌법까지의 전문에서 대한민국 건국과 관련된 구절을 살펴보겠습니다.(밑줄은 필자)

① 최초(1948.7.12)헌법 및 1차(1952.7.7), 2차(1954.11.29), 3차(1960.6.15), 4차(1960.11.29) 개정 헌법 : "유구한 역사와 전통에 빛나는 우리들 대한국민은 <u>기미 삼일운동으로 대한민국을 건립하여 세계에 선포한 위대한 독립정신을 계승하여</u> 이제 민주독립국가를 재건함에 있어서…"

② 제5차(1962.12.26)·6차(1969.10.21) 개정 헌법 : "유구한 역사와 전

통에 빛나는 우리 대한국민은 3·1운동의 숭고한 독립정신을 계승하고 4·19의거와 5·16혁명의 이념에 입각하여 새로운 민주공화국을 건설함에 있어서…"

③ 제7차(1972.12.27) 개정 헌법 : "유구한 역사와 전통에 빛나는 우리 대한국민은 3·1운동의 숭고한 독립정신과 4·19의거 및 5·16혁명의 이념을 계승하고 조국의 평화적 통일의 역사적 사명에 입각하여 자유민주적 기본질서를 더욱 공고히 하는 새로운 민주공화국을 건설함에 있어서…"

④ 제8차(1980.10.27) 개정 헌법 : "유구한 민족사, 빛나는 문화, 그리고 평화애호의 전통을 자랑하는 우리 대한국민은 3·1운동의 숭고한 독립정신을 계승하고 (4·19 의거 및 5·16 혁명의 이념을 계승하고) 조국의 평화적 통일과 민족중흥의 역사적 사명에 입각한 제5민주공화국의 출발에 즈음하여…"

⑤ 제9차(1987.12.29) 개정 현행헌법 : "유구한 역사와 전통에 빛나는 우리 대한국민은 3·1운동으로 건립된 대한민국 임시정부의 법통과 불의에 항거한 4·19민주이념을 계승하고, 조국의 민주개혁과 평화적 통일의 사명에 입각하여…"

위에서 ②③④는 군사정권 하에서 개정된 헌법 전문의 관련 구절입니다. 제9차 헌법개정도 전두환 정권 하에서 이뤄졌지만, 그 헌법개정은 그해 6월 혁명의 산물로 이뤄진 것이어서 군사정권의 산물로 보기는 어렵습니다.

위의 헌법 서문들을 검토할 때, 제헌헌법과 제1차~제4차 및 제9차 개정 헌법에서는 대한민국이 3·1운동으로 건립되었다고 한 것을 분명히 했습니다. 그러나 5·16군사쿠데타 이후에 개정된 제5차~제8차에 이르는 개정헌법에서는 대한민국이 3·1운동의 결과로 이뤄졌다는 직접적인 구절을 피했습니다. 군사정권 하의 개정헌법에서는 다만 "3·1운동의 숭고한 독립정신을 계승"한다는 구절만 나열했을 뿐입니다. 이것은 대한민국의 건국을 3·1운동의 결과 혹은 독립운동의 산물로 보겠다고 시도한 것으로는 볼 수 없습니다. 한국인이라면 누구나 관례적으로 언급하는 데 부담이 없는 '3·1독립정신 계승' 정도를 표현한 것에 불과합니다. 어쩌면 제헌헌법 이래 "기미 삼일운동으로 대한민국을 건립"했다는 명문을 차마 삭제할 수가 없어서 그런 애매한 표현으로 남겨둔 것이라는 인상마저 받습니다.

이런 추측이 가능하다면, '1948년=대한민국 수립(건국)'설을 채택하게 될 신간 국정교과서는 대한민국 수립(건국)에 대한 역사인식을 과거 군사정권 하의 것과 다를 바가 없게 만드려는 것은 아닐까, 이런 의혹이 제기되지 않을 수 없습니다. 이제 3·1운동은 대한민국 건립과는 무관한 채 그 숭고한 독립정신만이 계승될 수 있는 한갓된 역사에 불과하다는 것입니다.

이런 추측을 뒷받침할 만한 증거가 없지 않습니다. 이 정권의 역사인식을 뒷받침하고 있는 뉴라이트는 제헌헌법 및 현행헌법에 명문화된 '1919년=대한민국 수립'설에 대하여 그것은 정신적으로만 계승한다고 언급해 왔습니다. 이렇게 함으로써 1919년 이후 계속된 대한민국의 정통성은 그 실체가 분명치 않은 '정신적인 계승'으로 변질시키려고 했던 것입니다.

셋째, 국정교과서에서 '1948년=대한민국 수립(건국)'설을 채택하게 된다면, 2008년에 제안했다가 철회한 바 있는 '건국절'을 다시 주장하거나, 역시 2008년에 제안했다가 2012년에 자동폐기된 '건국유공자예우에관한법률안'이 다시 재등장케 할 것으로 전망됩니다. 이 두 가지는 모두 1948년에 대한민국이 건국되었다는 인식에 근거한 것입니다.

2008년에 발의되었다가 2012년에 자동 폐기된 '건국유공자예우에관한법률안'이 폐기된 가장 중요한 이유는, 이 법률안은 "대한민국이 1948년 8월 15일에 건국되었다는 인식을 전제로 하고 있"는데, "대한민국이 언제 건국되었는가에 대해서는 여러 견해가 혼재하고 있"다는 것이었습니다.

이 말은 법안 제안자들은 대한민국의 건국을 1948년 8월 15일로 잡고 있으나 학계에는 그렇지 않기 때문에 먼저 대한민국이 언제 건국되었는지에 대한 인식이 정립되지 않으면 법률안이 성립될 수 없다는 것을 뜻하는 것입니다. 이것은 당시 학계가 대한민국의 건국을 1919년으로 보고 있다는 것을 의식해서 내린 결론이었습니다. 그 때문에 그 법률안은 국회 상임위원회에도 제대로 부의되지 못한 채 자동 폐기되었습니다. 그러나 국정교과서에서 '1948년=대한민국 수립(건국)'으로 확정되어 나타나게 된다면, 문제는 달라집니다. 이는 정부가 대한민국 건국연도를 1948년으로 확정했다고 볼 수 있기 때문입니다.

따라서 2012년에 자동 폐기시킨 그 법률안을 다시 재등장시킬 가능성이 충분히 있게 됩니다. 만약 이 법률안이 다시 등장하게 된다면 어떤 현상이 전개될까요? 당시 그 법의 적용대상으로 손꼽혔던 단체나 후손들이 다시 건국 공로 후보자로 등장하게 될 것입니다.

당시 그 법에 의해 건국 공로와 관련하여 상정될 수 있었던 단체는 민족통일총본부를 비롯하여 대한독립촉성청년연맹·한국광복청년회·청년조선총동맹(대한민주청년동맹)·서북청년회·대한독립청년단·조선민족청년단·대동청년단·국민회청년단·반탁전국학생총연맹·대한독립촉성국민회·대한민국촉성노동연맹·대한독립촉성부인회 등이었습니다. 이 중 서북청년회도 포함되어 있다는 것은 이 법의 적용 대상이 어떤 성격의 인물들인지 어렴풋이나마 이해할 수 있습니다. 이들 법 적용의 대상 중에는 해방 후의 혼란을 틈타 반공 일선에 나서서 자신의 일제하의 친일경력을 지우려는 사람들도 상당수 있었습니다. 해방 전 친일했던 사람들 중에는 해방 후 혼란한 틈을 타서 주로 반공이라는 그늘 속에 숨어들었던 것입니다. 그렇게 함으로써 지난날의 친일행각을 감추고 건국유공자로 변신할 수 있었습니다. 바로 그들이 이 '건국공로자 예우에 관한 법'의 혜택을 받도록 되어 있다는 것입니다.

건국유공자가 어떤 훈격을 받게 될지는 명확하지 않습니다. 그러나 '건국유공자'라는 명칭이 함의하는 바는 독립유공자에 버금갈 것입니다. 이렇게 되면 대한민국의 건국이, 소위 건국 공로자들에 의해 이루어졌는가, 일제하 독립운동자들에 의해 이루어졌는가 하는 문제로 또 혼선을 빚을 수도 있습니다.

다시 말하면 대한민국이 1945년 8월 15일부터 1948년 8월 14일까지 주로 반공활동한 사람들에 의해서 세워졌느냐, 가정생활 사회생활을 제대로 누리지 못하고 해외의 엄동설한염천지하에서 풍찬노숙하며 독립운동을 했던 투사들에 의해서 이뤄졌느냐 하는 문제가 다시 쟁점화될 수도 있습니다. 그 결과 자칫 친일세력이 다시 건국유공자라는 이름으로 독립유공자와 같은 반열에 놓이게 된다면, 앞으로 국정화 못지않은 역사투쟁이 다시 벌어질 것이라고 예고할 수 있습니다.

[참고문헌]

「대한민국 헌법」, 법률지식정보시스템(http://likms.assembly.go.kr)
황우여의원등 10명, 「건국유공자예우에 관한 법률안」, 『의안원문』, 2008.12.7

서희경·박명림, 「민주공화주의와 대한민국 헌법 이념의 형성」, 『정신문화연구』 2007봄호
한시준, 「대한민국 임시정부와 대한민국 정부의 관계」, 『대한민국임시정부기념관 건립을 위한 학술회의 자료집』, 2015

제 2 강

헌법이 증언하는 대한민국 정체성

한상권
덕성여대 교수·한국사국정화저지네트워크 상임대표

1. 대법원이 일깨운 헌법가치 경제민주화

　오늘 거리 역사 강좌의 주제는 '헌법을 통해 보는 대한민국의 정체성'입니다. 대한민국 출범이념을 '자유민주주의'와 '자유시장경제'로 잘못 알고 있는 사람들이 의외로 많습니다.
　실례로 서울대학교 이영훈 교수는 "대한민국은 정치적으로 자유민주주의와 경제적으로 자유시장체제를 국제國制의 기본으로 하여 출발하였습니다."라고 합니다. 박근혜 대통령 역시 "만약 자유민주주의와 시장경제라는 헌법적 가치를 지키고, 나라의 잘못된 부분을 고치는 것이 보수라면 저는 자랑스럽게 보수를 택할 것이고, 그런 게 진보라면, 자랑스럽게 진보를 선택할 것입니다."라고 하여(2007.2.8), 마치 자유민주주의와 자유시장경제가 대한민국의 헌법가치인 것처럼 말하였습니다.
　이명박 대통령 또한 2010년 광복절 경축사에서 "대한민국의 건국으로 우리 민족은 인류사의 보편적 길로 나아갈 길을 열었습니다. 자유민주주의와 시장경제를 두 바퀴로 삼아 '발전의 신화'를 창조할 토대를 닦았습니다."라고 하여, 자유민주주의와 자유시장경제가 대한민국 출범 이념인양 말하였습니다. 심지어 뉴라이트는 한국근현대사를 공부하는 목적이, "오늘날 한국의 자유민주주의는 어디서 왔는가?" "오늘날 한국의 자유시장경제는 어떻게 성립하였나?"라는 질문에 올바른 대답을 찾는 데 있다고까지 말합니다. 한국근현대사가 오로지 자유민주주의와 자유시장경제라는 목표를 향해 움직여 온 것처럼 설명함으로써, 우리 역사에서 다양하게 존재하였던 여러 흐름들을 애써 외면하려는 것입니다.
　과연 대한민국이 정부수립을 하면서 내세웠던 이념적 지향이 자유민주주의와 자유시장경제일까요? 이러한 생각이 맞는지 확인하려면 헌법을 들춰보아야 합니다. 헌법은 국가의 기본법이기 때문입니다. 대한민국은 정부수립과 함께 초대 국회인 제헌국회에서 헌법을 제정하였는데, 이를 제헌국회에서 제정한 헌법이라 하여 '제헌헌법制憲憲法'이라고 부릅니다. 헌법은 이후 아

한상권 덕성여대 교수

홉 차례 개정되어 현행 헌법에 이릅니다. 현행 헌법의 원형인 제헌헌법을 바탕으로, 1948년 정부수립과 함께 대한민국이 지향한 정치 이념과 경제 질서를 확인하려는 게 오늘 강의의 주제가 되겠습니다.

제헌헌법 검토에 앞서 최근 있은 판결 하나를 소개할까 합니다. 한국사교과서 국정화 저지운동이 한창이었던 지난 11월 19일 대형마트 영업규제에 대한 대법원 판결이 나왔습니다. 1심은 영업규제가 적법하다고 봤지만, 2심은 위법이라며 정반대로 판단했습니다. 엇갈린 판단에 대해 최종심인 대법원은 지방자치단체의 영업시간 제한(오전 0시부터 오전 10시까지) 및 의무휴업일 지정(매월 2, 4주 일요일) 처분이 적법하다며 1심 손을 들어주었습니다. 오늘 강의 내용과도 관련이 있는 상당히 중요한 판결이었는데, 다른 사회현안에 묻혀 그 의미가 그다지 부각되지 않은 것 같습니다. 대법원 판결이 우리 사회에 전하는 메시지는 다음 세 가지입니다.

하나는 공익을 위해 소유권 행사를 제한할 수 있다는 겁니다. 대법원은 대형마트 영업규제가 영업의 자유를 침해하며 소비자의 불편을

야기하는 등 사익私益을 침해하는 게 사실이지만, 경제민주화의 실현이라는 공익을 위해서는 불가피하다고 판단하였습니다.

다른 하나는 대한민국 헌법가치가 경제민주화라는 겁니다. 일부 보수 학자들은 우리 헌법의 경제원리는 '자유시장경제' 원리여야 하고, 재산권이나 영업의 자유는 불가침적인 헌법원리라고 주장하고 있습니다. 그러나 대법원은 대형마트 영업제한이 위법이 아니라며, 그 근거로 헌법 제119조 제2항을 들었습니다. 이번 대법원 판결은 헌법의 경제민주화 정신이 현실적으로 최고 규범으로서 실효성을 지니고 있다는 점을 확인시켜 주었습니다.

마지막으로 대한민국의 경제 질서가 사회적 시장경제(social market economy)라는 겁니다. 사회적 시장경제질서라 함은 사유재산제의 보장과 자유경쟁을 기본원리로 하는 시장경제질서를 근간으로 하되, 사회복지·사회정의·경제민주화 등을 실현하기 위하여 부분적으로 사회주의 계획경제(통제경제)를 가미한 경제 질서를 말합니다. 사회적 시장경제 원리를 규정한 헌법 제119조 제2항은 경제민주화의 근거가 되기에 경제민주화 조항이라고도 합니다. 이번에 대법원은, 우리 헌법의 경제원리는 제1항 즉 자유시장경제를 '기본원칙'으로 하면서 제2항 즉 사회적 시장경제를 '실천원리'로 두고 있다며, 어느 한쪽이 우월한 가치를 지니지 않는다고 판단하였습니다. 이번 대법원 판결은 헌법재판소의 기존 판단을 사법부가 다시금 확인하였다는데 의미가 있다고 하겠습니다.

2. 경제민주주의

경제민주화란 경제 질서에 대한 민주적 통제를 뜻합니다. 재벌과 대기업 권력 그리고 투기자본의 횡포를 민주적으로 견제함으로써, 공정경쟁·참여경제·분배정의를 실현하려는 것이 경제민주화입니다. 경제민주화의 근간이 되는 헌법 제119조 제2항은 헌법의 여러 조문 가운데 하나가 아니라 대한민국 정체성을 보여주는 핵심조항입니다. 이와 같은 경제민주화 정신이 우리 헌법에 자리 잡게 된 데에는 역사적 배경이 있을 텐데요, 이제부터 그에 대한 말씀을 드리겠습니다.

대한민국은 정부수립을 하면서 정치현실을 규제하고 기본적인 가치질서를 확립하기 위해 헌법을 제정하였습니다. 헌법을 제정하면서 무엇보다도 큰 어려움을 느낀 것은 헌법의 기본정신을 어디다 두느냐 하는 문제였습니다. 헌법기초위원회에서 헌법안을 국회에 상정하자, 위원회를 대표하여 유진오 박사가 의원들 앞에서 헌법의 기본정신을 다음과 같이 설명합니다(1948.6.23.).

> 이 헌법의 기본정신은 정치적 민주주의와 경제적·사회적 민주주의와의 조화를 꾀하려고 하는데 있다고 말씀할 수 있습니다. 다시 말씀하면 불란서혁명이라든가 미국의 독립시대로부터 민주주의의 근원이 되어 온 모든 사람의 자유와 평등과 권리를 위하고 존중하는 동시에, 경제적 균등을 실현해 보려고 하는 것이 이 헌법의 기본정신이라고 말할 수 있습니다. 그러므로 우리는 모든 사람의 자유와 평등을 기본원리로 하면서, 이 자유와 평등이 국가전체의 이해와 모순되는 단계에 이르면, 국가권력으로써 이것을 조화하는 국가체제를 생각해 본 것이올시다.

유진오 박사의 설명에 따르면, 제헌헌법의 기본정신은 다음 세 가지라는 겁니다.

첫째, 정치적 민주주의의 이념인 자유를 추구한다.

둘째, 경제적·사회적 민주주의 이념인 평등을 추구한다.

셋째, 자유와 평등이 모순에 이르면 국가권력이 나서서 조화롭게 조정한다.

유진오 헌법기초위원 발언의 의미를 이해하기 위해서는 부연 설명이 필요합니다. 헌법이 부여한 국민의 기본적 권리는 자유권과 사회권(수익권)으로 양분할 수 있습니다. 자유권이란 법률에 의하지 않고는 국가의 명령, 강제 또는 제한을 받지 않는 권리를 말하는데, 국가의 불법적이고 부당한 행위에 대해 개인의 생명·재산·자유 등을 요구하는 권리입니다. 제헌헌법의 국민의 평등권, 신체의 자유, 거주이전의 자유, 통신의 자유, 신앙과 양심의 자유, 언론·출판·집회·결사의 자유, 학문과 예술의 자유, 재산권의 보장 등이 여기에 해당합니다. 자유권은 개인권리의 수호를 목표로 하기 때문에 소극적 권리, 수동적 권리 또는 시민·정치적 권리라고 합니다.

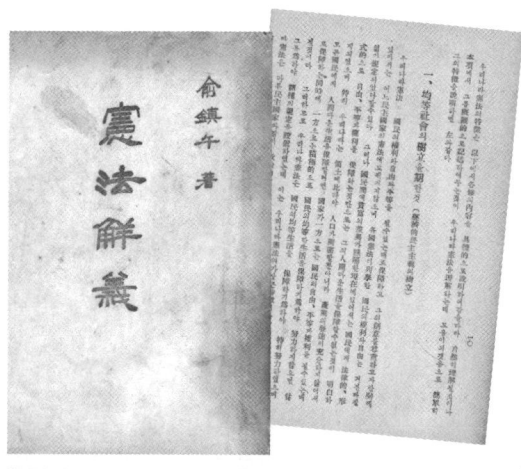

『헌법해의』. 제헌헌법을 기초한 유진오의 헌법 해설서 (1949.2.) ⓒ민족문제연구소

자유권은 미국 독립혁명과 프랑스혁명을 겪은 뒤 확보된 시민적 권리로써, 19세기까지 국민의 기본권이라면 이를 지칭하였습니다. 이런

자유권을 보장하는 국가를 야경국가, 경찰국가 또는 자유방임국가라고 부릅니다. 이때까지 국가의 의무는 공공질서를 유지하고 국민의 생명과 재산을 보호해주는 데 국한되었으며, 개인의 소유권은 절대불가침이라고 생각하였습니다. 이런 자유권 보장을 내용으로 하는 민주주의가 자유민주주의입니다. 자유민주주의는 자유롭고 공정하고 주기적인 선거, 평등한 투표권을 수단으로 하는 정치적 참여의 권리, 선출된 대표에 의해 통치되는 정부, 신체적 자유와 표현 양심 집회 결사 언론 등의 자유 등을 골자로 하는 정치적·절차적 민주주의입니다.

그런데 여기서 어떤 문제가 생기냐 하면, 지금 길거리 역사 강의를 하는 저한테는 자신의 생각을 자유롭게 표현할 수 있고, 집회에 참가할 수 있으며, 양심을 침해받지 않는 자유인 자유권이 소중하겠지만, 그렇지 않은 사람, 가령 서울역사에서 잠을 자야만 하는 노숙자라든가 병든 노약자한테는 이보다 더 시급히 보장되어야할 권리가 따로 있습니다. 굶주린 노숙자한테는 따뜻한 한 끼 식사가 제공되어야 하며, 병든 노약자한테는 병원에 가서 치료를 받을 수 있는 의료혜택이 보장되어야 할 겁니다. 그런 자유가 있어야지 그 다음에 표현의 자유, 양심의 자유, 학문의 자유, 종교의 자유 그런 걸 누릴 수 있는 것이지 인간답게 살 수 있는 생존권이 보장되지 않으면 자유권은 너무나 멀리 떨어져 있는 소극적인 자유인 겁니다. 그래서 20세기에 들어서면서 사회적 기본권 즉 사회권 보장을 국가의 책무로 여기는 새로운 사상이 대두합니다.

사회권은 수익권이라고도 하는데, 국민이 국가의 특정한 행위를 요구한다든가, 국가의 특별한 보호를 받는다든가, 적극적으로 국가로부터 특정한 이익을 받는 것을 내용으로 하는 권리를 말합니다. 사회권이 헌법에 등장한 것은 제1차 세계대전 이후입니다. 자본주의의 발전에 따른 부의 편재, 빈곤의 확대와 실업자의 범람, 그로 인한 노사 간의 대립의 격화 등이 심각한 사회문제로 제기되자, 이를 계기로 모든 사회구성원들의 최저한의 인간다운 생존을 보장하고, 나아가 사회정의를 구현하기 위해 사회적 기본권사상이 강조되었습니다. 제헌헌법의 균등하게 교육받을 권리, 근로권, 근로자의 이익분배균점권, 노령·질병자 등이 보호받을 권리, 가족의 건강을 보호받을 권리, 청원권, 재판청구권, 무죄 받은 형사피고인의 보상청구권, 공무원파면청구권 등이 국가가 보장해야 하는 사회권에 해당합니다.

사회권은 국민이 국가에 그 이행을 적극적으로 요구하는 권리로써, 권리의 성취를 목표로 한다는 의미에서 능동적이므로, 적극적 권리 또는 경제·사회·문화적 권리라고 합니다. 인간다운 생활을 할 수 있는 사회적 기본권을 보장하는 국가를 사회국가 또는 복지국가라고 합니다.

사회국가(복지국가)란 모든 국민에게 그 생활의 기본적 수요를 충족시키는 것이 국가의 책임이며, 그것에 대한 요구가 국민의 권리로서 인정되는 국가를 말합니다. 국가의 성격이 자유권을 보장하는 야경국가(경찰국가)에서 사회권을 보장하는 사회국가(복지국가)로 바뀜에 따라, 민주주의도 자유민주주의에서 사회민주주의로 한 단계 더 심화 확장됩니다. 사회민주주의는 자유민주주의가 형식적 평등에 치우쳐 경제적 약자의 경제적 불평등을 해결하지 못하자, 이에 대한 반성으로 실질적 평등과 분배정의를 핵심 내용으로 내걸고 대두한 새로운 민주주의입니다.

자유민주주의가 정치적·형식적·절차적 평등을 추구하는 반면, 사회민주주의는 경제적·사회적·실질적 평등을 추구합니다. 자유민주주의가 소유권의 신성불가침을 내걸고 시민의 자유권 보장을 최고이념으로 삼는 민주주의인데 반해, 사회민주주의는 경제민주화를 강조함으로써 자유민주주의에 사회 정의와 복지를 가미한 민주주의입니다. 자유권을 강조하는 자유민주주의는 정치생활영역에서의 민주주의 이념으로 간주되고, 사회권을 강조하는 사회민주주의는 경제생활영역에서의 민주주의 이념으로 이해되고 있습니다. 자유민주주의가 절차적 제도적 측면을 강조하는 반면, 사회민주주의는 실질적 평등을 통해 인간의 생존권과 존엄성을 보장하려는 민주주의인 것입니다.

이상의 기본 지식을 바탕으로 앞서 유진오 헌법기초위원이 설명한 제헌헌법의 기본정신을 다시 읽어보시면 그 가치가 새롭게 다가올 겁니다. 그리고 대한민국이 자유민주주의와 자유시장경제를 기본이념으로 삼고 출범하였다고 발언하는 두 대통령의 무지몽매함과 자유민주주의와 자유시장경제를 역사발전의 목표로 삼는 뉴라이트 주장의 황당무계함 또한 확인할 수 있을 겁니다.

유진오 헌법기초위원은 제헌헌법의 특징으로 "균등사회의 수립을 기한 것(경제적 민주주의 수립)"을 들고, "이는 우리나라 헌법의 가장 큰 특징이라 할 수 있다"고 하였습니다. 그리고 아래와 같은 설명을 덧붙였습니다.

> 우리나라 헌법은 국민의 권리와 자유와 평등을 될 수 있는 대로 보장하고 그의 창의를 존중하고자 한 점에 있어서는 어느 민주국가의 헌법에도 뒤지지 않으며, 각국 헌법이 열거한 국민의 자유와 권리는 거진 빠짐없이 규정되었다 할 수 있다.

우리나라 헌법이 개인의 생명·재산·자유 등 자유권을 충분히 보장하였다는 얘깁니다. 앞서 말씀드린 제헌헌법 기본정신의 첫째에 해당합니다.

그러나 국민 간에 빈부의 차이가 현격한 현재에 있어서는 국민에게 법률적, 형식적으로 자유, 평등과 권리를 보장하는 것만으로는 그의 인간다운 생활을 보장할 수 없는 것이 명백하게 되었으며 (……) 모든 국민에게 인간다운 생활을 보장하려면 국가가 일방으로는 국민의 자유, 평등과 권리를 될 수 있는 대로 보장하는 동시에 일방으로는 적극적으로 국민의 균등한 생활을 보장하기 위하여 노력하지 않으면 안 될 것이다.

자본주의체제에서 발생하는 빈익빈 부익부, 약육강식 등의 폐단을 치유하기 위해서는 헌법이 자유권을 보장하는 것만으로는 한계가 있다는 겁니다. 자유민주주의의 한계를 지적한 것이죠.

그러하므로 우리나라 헌법은 국민의 균등생활을 보장하기 위하여 특히 노력하였으며 그를 위하여 제종의 규정을 설치하였는데 이는 우리나라 헌법의 가장 큰 특징이라 할 수 있다. 즉 우리나라 헌법은 다른 민주국가와 같이 정치적, 법률적 민주주의 국가를 수립하고자 하였을 뿐만 아니라 경제적, 사회적, 실질적으로 민주주의를 수립하고자 한 것이다.

제헌헌법은 경제·사회·문화적 권리인 사회권을 충분히 보장하기 위해 노력하였으며, 균등사회의 수립 즉 경제적 사회적 민주주의 선언이 우리 헌법의 가장 큰 특징이라는 겁니다. 앞서 말씀드린 헌법 기본정신의 둘째에 해당합니다.

> 우리나라 헌법의 이상의 특징은 헌법 제5조에서 '우리나라는 정치, 경제, 사회, 문화의 모든 영역에 있어서 각인의 자유, 평등과 창의를 될 수 있는 대로 존중하고 보장하는 것을 원칙으로 하나, 공공복리의 향상을 위하여 필요할 때에는 그를 적극적으로 보호하고 조정할 의무를 진다'고 규정함으로써 그의 대원칙을 선명宣明하였으며(……)

헌법이 정치적 민주주의와 경제적 민주주의의 조화를 선언하였지만, 만약 양자가 모순 대립하게 되면 공공복리를 위하여 국가가 적극 나서서 조정할 수 있도록 강제의무를 부여했다는 것입니다. 앞서 말씀드린 헌법 기본정신의 셋째에 해당합니다.

제헌헌법 제5조 경제 민주주의의 대원칙을 좀 더 구체적으로 천명한 것이 제84조입니다. 제84조는 제6장 경제 장章에 배치되어 있습니다. 헌법에 경제에 관한 규정을 별도로 장을 마련하여 두고, 경제민주화에 관한 원칙을 구체적으로 밝혔다는 점이 제헌헌법의 특징입니다.

19세기까지는 자유방임주의가 지배했기 때문에 경제 문제가 헌법상 논의의 대상이 되지 못했습니다. 헌법에 경제조항을 처음으로 규정한 것이 1919년에 제정된 바이마르공화국헌법입니다. 제헌헌법 역시 바이마르공화국헌법을 준용하여 제6장 경제조항(제84조~89조)을 배치하였습니다. 이는 헌법 전문前文에서 밝힌 '균등경제'의 원칙과 제5

조에서 선언한 경제민주화를 구체화하여, 우리나라가 채용하고 있는 경제적·사회적 민주주의 제 원리를 천명하기 위해 마련한 것입니다.

헌법 제84조는 대한민국 경제 질서의 양대 원칙으로 '사회정의의 실현'과 '균형 있는 국민경제의 발전'을 선언하였습니다. 또한 국가의 통제기능을 강조하였습니다. 국가는 경제 질서를 방임하는 방관자가 아니라, 평등권과 사회권을 실현하기 위해 사회적 안전·정의에 적합한 경제 질서를 형성해야 할 권한과 의무가 있다는 겁니다. 제헌헌법 제84조는 대한민국이 경제적 민주주의 수립을 위해 사회적 시장경제질서를 채택하였음을 말해주고 있습니다. 헌법재판소 역시 우리나라 헌법의 경제 질서는 사회적 시장경제질서라며 다음과 같이 판단하였습니다.

대한민국 헌법상의 경제 질서는 사유재산제를 바탕으로 하고 자유경쟁을 존중하는 자유시장경제 질서를 기본으로 하면서도 이에 수반되는 갖가지 모순을 제거하고 사회복지·사회정의를 실현하기 위하여 국가적 규제와 조정을 용인하는 사회적 시장경제 질서로서의 성격을 띠고 있다.

3. 사회국가(복지국가)

자유시장경제 질서를 기본으로 하면서, 사회적 시장경제 질서에 상응하는 국가형태가 사회국가입니다. 사회적 시장경제질서는 사회국가라는 국가유형에 상응하는 경제 질서인 겁니다. 사회국가란, 복지국가라고도 하는데, 모든 사람이 인간다운 생활을 할 수 있는 경제적·사회적 정의를 적극적으로 실현하고자 하는 국가체제를 의미합니다.

사회국가(복지국가)의 원리를 구현하기 위해서는, 재산권의 사회적 기능이 강조되며, 경제민주화가 실현되어야 하고, 사회복지정책이 추진되어야 합니다.

사회국가(복지국가) 원리를 최초로 명문화한 헌법이 바이마르헌법입니다. 바이마르헌법은 "경제생활의 질서는 모든 사람에게 인간다운 생활을 보장할 목적으로서 정의의 원칙에 적합하지 않으면 안 된다."라고 하여, 사회적 기본권을 강조하였으며, "적정한 근로의 기회가 부여되지 않는 자에게는 필요한 생계비를 지급한다."라고 하여, 인간다운 생활을 할 권리를 인정하였습니다. 특히 바이마르헌법은 사회국가(복지국가)의 원리를 구현하기 위해, 재산권의 사회적 유보(사회적 구속성)를 강조하였습니다. 재산권의 사회성·공공성을 강조하고 의무를 수반하는 상대적 권리로 간주한 것입니다.

정치적 민주주의와 경제적·사회적 민주주의와의 조화를 기본정신으로 삼은 제헌헌법 역시 사회국가(복지국가) 원리를 수용하였습니다. 그 기본 취지에 대해 유진오 헌법기초위원은 다음과 같이 설명하였습니다.

> 자유방임시대에는 모든 활동을 될 수 있는 대로 국민의 자유에 맡겼으므로 국민이 국가의 행위나 국가의 특별한 보호를 요구하는 일은 적었으며 따라서 그때에 있어서는 수익권은 겨우 재판청구권과 청원권의 두 가지가 대표적이었다. 그러나 현대에 이르러서는 전술한 바와 같이 국가의 기능이 사회적 경제적 영역에 확대되어 국가는 국민에게 인간다운 생활을 확보할 의무를 가지게 되었으므로 근로권, 교육을 받을 권리, 노령 폐질자 등이 보호를 받을 권리

등 새로운 일련의 수익권이 등장하게 된 것이다.

제헌헌법은 사회국가(복지국가) 원리를 실현하기 위해, 사회적 시장경제질서를 수용하였으며, 각종 사회권(수익권)에 관한 규정을 두었으며, 소유권의 사회적 의무와 계약의 자유 제한 등을 규정하였습니다. 헌법학계에서는 사회국가(복지국가) 원리를 대한민국헌법의 기본원리로 설명하고 있으며, 헌재 또한 같은 입장입니다.

우리 헌법은 자유시장경제 질서를 기본으로 하면서 사회국가 원리를 수용하여 실질적인 자유와 평등을 아울러 달성하려는 것을 근본이념으로 하고 있다.

대한민국은 출발부터 사회국가(복지국가)를 지향하였습니다. 대한민국은, 뉴라이트가 주장하는 것처럼 자유민주주의와 자유시장경제 체제를 표방한 것이 아니라, 경제적·사회적 민주주의에 입각하여 사회적 시장경제질서와 통제경제질서를 채택한 사회국가(복지국가)를 이념으로 내걸고 출범하였습니다. 대한민국이 사회국가(복지국가)를 채택한 까닭은 자본주의의 모순을 인식하면서 그 폐해를 최소화하려는 생각 때문이었습니다.

4. 재산권의 사회적 의무성

이제 제헌헌법이 사유재산에 대해서는 어떤 생각을 가졌는지 알아보겠습니다. 먼저 뉴라이트 주장부터 살펴보겠습니다. 뉴라이트는 "대한민국은 국민의 재산권과 경제활동의 자유를 보장하는 시장경제체제로 출발하였다."라고 하여, 마치 대한민국이 유산자의 권리를 무제한 보장하는 것처럼 말하고 있습니다. 그러나 이 역시 역사적 사실과 맞지 않는 터무니없는 주장입니다. 그 이유를 세 가지로 나누어 말씀드리겠습니다.

먼저, 초기자본주의 하에서 절대적 사권絕對的私權으로 확립된 소유권은 바이마르헌법에 이르러 의무를 수반하는 상대적 권리로 바뀌었다는 사실부터 말씀드리겠습니다. 근대입헌주의헌법은 자유시장경제 질서를 경제체제로 하면서 재산권을 국민의 중요한 기본권으로 삼았습니다.

프랑스 인권선언은 "소유권은 불가침이고 신성한 권리이므로, 법에 의해서 공공필요를 위하여 명백히 요구되는 것이 인정되고 또 정당한 보상이 지불될 조건이 아니면 이를 박탈할 수 없다."(제17조)라고 하여, 근대 소유권의 신성불가침성을 선언하였습니다. 미국 헌법에서도 "적법 절차에 의하지 않으면 재산은 박탈되지 아니하며, 정당한 보상 없이는 사유재산은 공용을 위하여 수용당하지 아니한다."(수정 제5조)라고 하여 재산권의 절대성을 보장하였습니다. 그러자 세계 각국의 모든 입헌국가에서 이를 본받아 사유재산제도 보장 규정을 두게 되었습니다. 그리하여 18~19세기를 통하여 사유재산권의 신성불가침 사상은 근대 입헌국가의 기본원리가 되어 왔고, 이는 근대 자본주의 발전에 크게 공헌하였습니다.

그러나 절대적 재산권을 행사한 결과, 노동자의 생존을 침해하여, 노자勞資 간의 계급갈등으로 인한 사회적 불안을 가중시켰습니다. 자본주의의 발달로 인한 여러 폐해가 발생함에 따라, 20세기에 들어오면서 재산권의 신성불가침사상에 대한 반성과 수정이 불가피하게 되었습니다. 그리하여 현대 사회국가헌법의 초석이 된 바이마르헌법은 "소유권은 의무를 수반한다. 그 행사는 공공복리를 위하여 하여야 한다."(제153조)라고 하여, 재산권 행사의 공공복리 적합성, 재산권의 사회적 구속성을 강조하기에 이르렀습니다.

다음, 제헌헌법이 바이마르헌법의 영향을 받았다는 점입니다. 제헌헌법은 "모든 국민의 재산권은 보장된다."라고 하여 소유권 보장의 원칙을 선언하면서도, "재산권의 행사는 공공복리에 적합하도록 해야 한다." 하여, 재산권 행사의 사회적 의무성을 아울러 강조하였습니다. 다음은 이에 대한 유진오 헌법기초위원의 해설입니다.

> 20세기에 들어와서는 경제적 사회적 민주주의의 급격한 대두로 말미암아 재산권 절대불가침의 사상도 국민에게 인간다운 생활을 보장하기 위하여서는 이를 수정하지 않으면 안 되게 되었으며, 20세기 초두의 대표적 헌법이라 할 수 있는 독일 와이말 헌법은 제153조에 "소유권은 헌법에 의하여 보장된다. 그 내용과 한계는 법률에 의하여 정한다."고 규정하고, 다시 동조 제3항에서는 "소유권은 의무를 포함한다. 소유권의 행사는 동시에 공공의 복리를 위함을 요한다."고 규정하여, 소유권은 절대불가침한 것이 아니고 그 내용과 한계는 법률로 정해지는 것이며, 또 소유권을 가진 자는 공공복리를 위하여 그를 이용할 의무가 있는 것을 선명宣明하였다. 이는 18, 19세기의 소유신성불가침의 사상으로 볼 때에는 획기적 변천이라 할 수 있으며, 우리나라 헌법의 규정은 와이말 헌법 제153조에 유사한 내용을 가진 것이라 할 것이다.

제헌헌법 상의 재산권의 보장은 절대적인 것이 아니며, 바이마르헌법의 영향을 받아 재산권을 의무화하였다는 겁니다. 유진오 박사는, 재산권의 행사의 공공복리 적합 의무 규정은 국민에게 될 수 있는 대로 균등한 생활을 보장하고, 경제적, 사회적, 실질적으로 민주주의 국가를 수립하고자 설치한 규정이라고 설명하였습니다.

마지막으로, 현행 헌법이 소유의 사회적 의무성을 강조한 제헌헌법을 계승하였다는 점을 말씀드릴 수 있겠습니다. 현행 헌법은 "모든 국민의 재산권은 보장된다."라고 하여, 소유권 보장 원칙을 선언하면서도, 후단에 재산권의 "내용과 한계는 법률로 정한다."라 하고, 이어 "재산권의 행사는 공공복리에 적합하도록 하여야 한다."라고 하여, 법치국가원리에 입각한 재산권의 사회적 유보(사회적 구속성)을 규정하고 있습니다. 이에 대해 헌재는 다음과 같이 판단하였습니다.

> 우리나라의 경우 일제의 식민지지배에서 해방되어 미군정기간을 거쳐 1948.7.12. 제헌헌법이 제정되었는바, 이 헌법 제15조에서 위와 같은 재산권 관념의 변천에 상응하여 재산권의 상대성, 재산권 행사의 공공복리 적합의무를 명시하고 있으며, 그 후 제정된 우리 민법(1958.2.22. 법률 제471호)에서도 소유권의 내용을 규정함에 있어서 …… '절대 무제한으로 목적물을 이용하고 처분할 권리'라든가 '하고 싶은 대로 이용하는 권리'라는 내용으로 규정하고 있지 않은 것이다.

헌재는 소유권의 제한 정신이 바이마르헌법에서 제헌헌법으로 다시 민법으로 이어지고 있음을 분명히 하고 있습니다. 이어 헌법에서 재산권행사의 사회적 의무성을 규정하게 된 까닭을 다음과 같이 설명하였습니다.

재산권행사의 사회적 의무성을 헌법 자체에서 명문화하고 있는 것은 사유재산제도의 보장이 타인과 더불어 살아가야 하는 공동체생활과의 조화와 균형을 흐트러뜨리지 않는 범위 내에서의 보장임을 천명한 것으로서, 재산권의 악용 또는 남용으로 인한 사회공동체의 균열과 파괴를 방지하고 실질적인 사회정의를 구현하겠다는 국민적 합의의 표현이라고 할 수 있으며, 사법私法 영역에서도 신의성실의 원칙이라든가 권리남용금지의 원칙, 소유권의 상린관계 등의 형태로 그 정신이 투영되어 있는 것이다.

실질적인 평등이라는 사회정의의 구현을 위해 재산권 행사를 제한하였다는 겁니다. 이를 앞서 살펴본 대형마트 영업제한을 예를 들어 설명해 보겠습니다. 대형마트 측 주장은 내 돈을 가지고 내가 영업을 24시간 하든 말든 일요일에 쉬든 말든 국가가 왜 그걸 간섭하느냐 이 말입니다. 이게 소유권의 절대성을 내세우는 주장이죠. 그렇지만 대형마트가 그렇게 영업을 함으로써 동네 슈퍼마켓이 다 죽고 골목상권이 다 죽는데, 그렇다면 남의 생존권을 침해하는 게 아니냐. 강자의 소유권 행사를 조금 자제하여 약자의 생존권을 보호해 주어 공동체가 더불어 살아야 하는 게 아니냐. 이런 주장도 나올 수 있는 거죠. 이게 소유권의 사회적 의무성을 강조하는 주장입니다. 고등법원은 전자의 생각이 옳다고 하였고, 대법원은 후자가 헌법가치에 부합된다고 판단한 겁니다.

5. 독립운동의 전통

 지금까지 말씀드린 것처럼 제헌헌법은 국민의 권리를 자유권에서 사회·경제권으로 확대 심화하여 민주주의가 실체화할 수 있도록 하였습니다. 제헌헌법은 소유권의 사회적 의무성을 강조함으로써 국민의 삶을 높은 수준에서 유지해주는 사회국가(복지국가)를 추구했습니다. 따라서 "대한민국의 국제國制가 정치적으로 자유민주주의이고 경제적으로 자유시장 체제이며, 소유권의 절대성을 보장하였다"는 주장은 역사적 사실과 맞지않는 궤변일 뿐입니다.

 그렇다면 대한민국은 왜 정치적 민주주의를 뛰어넘어 경제적·사회적 민주주의를 추구하는 헌법을 만들었을까? 이런 의문이 들지 않을 수 없습니다. 이게 오늘 강의의 핵심이기도 합니다. 당장 생각할 수 있는 것은 당시 세계 여러 나라가 사회국가(복지국가) 형태를 채택하니까, 우리나라도 그것을 모방했을 것이라는 거죠. 즉 독일 바이마르헌법의 영향을 받아서 그랬다는 겁니다. 바이마르헌법은 민주주의 원리의 바탕 위에서 독일국민의 통일을 지도이념으로 하고, 다시 사회국가(복지국가) 이념을 가미한 특색 있는 헌법이었습니다. 바이마르헌법은 근대 헌법상 처음으로 소유권의 사회적 의무성을 인정하고, 재산권 행사의 공공복리 적합성을 규정하였으며, 생존권을 보장하였다는 점에서 20세기 민주주의 헌법의 전범典範입니다. 유진오 박사가 제헌헌법을 해설하면서 여러 차례 바이마르헌법을 인용하는 점으로 볼 때, 이의 영향을 받은 것은 분명합니다.

 그러나 바이마르헌법의 영향만으로 다 설명되는 것은 아닙니다. 앞서 대형마트의 사례에서 본 것처럼, 소유권을 제한하고 분배정의를 강조하면 당연히 가진 자들이 반발하지 않겠습니까? 자본가들의 반발을 제압할 수 있는 힘이 있어야 경제민주화도 가능한 것 아니겠습니까? 저는 제헌헌법의 경제민주화는 독립운동의 전통에서 찾아야 한다고 생각합니다. 제헌헌법을 제정하는 1948년 당시까지만 해도 독립운동의 전통이 사회적으로 영향력을 발휘할 수 있었고, 또 자본가들의 힘이 지금처럼 강하지 못해 가진 자들이 쉽게 저항할 수도 없었습니다. 헌법조문을 축조심의하는 과정에서 드러난 다음 사례가 이를 잘 말해줍니다.

(1) 제6장 경제로 들어가자 몇몇 의원이 원안은 통제의 색채가 너무 강하다고 반대의견을 말하였다. 그러나 이 문제에 관해서는 조봉암 의원과 이청천 의원이 강력하게 원문 지지의 태도로 나왔다.

(2) 제92조 "공공필요에 의하여 사영기업을 국유 또는 공유로 이전하거나 또는 그 경영을 관리함은 법률이 정하는 바에 의하여 행한다."는 조문이 토의되던 때에는, 이 조문대로 한다면 자유경제가 위축된다는 주장이 강력하게 제기되자, 이청천 의원이 격앙된 태도로 자리를 일어나 회의장 중앙(북편 쪽)으로 걸어 나오면서, 두 번, 세 번 조문을 낭독해 가면서 "이 조문이 왜 나쁘냐. 무엇이 어째서 나쁘냐"고 열변을 토하던 광경이 지금도 나에게는 엊그제 일 같이 기억된다.

제헌헌법에는 '사회정의에 입각한 수탈 없는 국민경제체제'의 발전을 지향하는 입장이 잘 드러나 있는데, 이는 아직 극우반공체제가 고착된 형태로 진전되지 않았음을 보여주는 것입니다. 그것은 이 시기까지는 일제시기의 민족해방논리와 해방 후의 민족해방논리 위에 선 민족국가건설의 논리가 숨 쉬고 있고, 그것이 꽤 널리 공유될 수 있는 분위기가 있었음을 말해주는 것입니다.

실제로 유진오 헌법기초위원은 제헌헌법을 기초하는 과정에서 대한민국임시정부의 「건국강령」을 참고했다고 하였습니다. 건국강령은 대일 선전포고를 앞둔 시점에서 좌우를 망라한 모든 독립운동세력이 합의한 미래사회의 준칙이었습니다. 삼균주의三均主義에 바탕을 둔 건국강령은 민족통합의 핵심이념으로 평등주의를 추구하였습니다. 평등주의를 핵심 가치로 한 독립운동 이념이 제헌헌법에 지대한 영향을 주어 대한민국의 기본가치가 된 것입니다.

한편 해방정국에서 자유시장경제는 우익세력조차 배척하였는데, 이 역시 민족독립운동 기본이념인 균등주의에 위배되기 때문이었습니

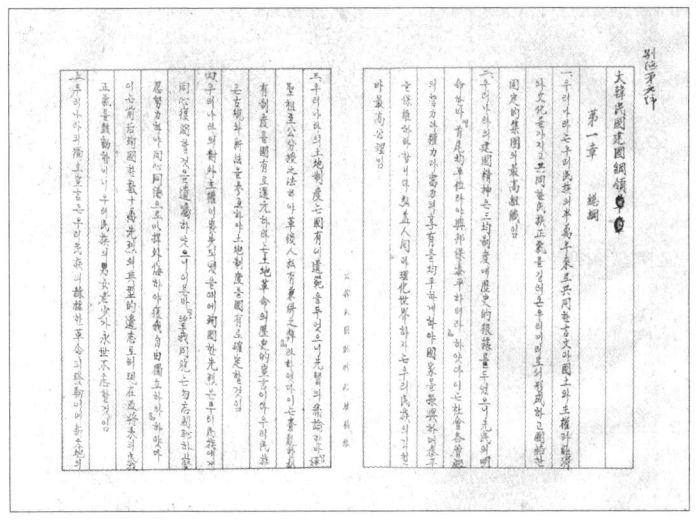

「대한민국건국강령」. 대한민국임시정부가 발표한 새 민주국가의 건설을 위한 강령 (1941.11.) ⓒ독립기념관

다. 당시 가장 우파적인 헌법이 행정연구위원회가 기초한 한국헌법입니다. 경제 질서의 기본원칙과 관련하여, 한국헌법은 임시정부 헌법, 건국강령의 균평·균등 이념을 대체적으로 계승하고 있습니다. 즉 가장 우파적인 헌법임에도 불구하고, "국민 각개의 균등생활의 확보"와 "민족전체의 발전" 및 "국가보위"를 위한 정의의 원칙을 경제의 기본원칙으로 규정하고 있었습니다. 그리고 개인의 경제상 자유도 이 한계 내에서만 보장되고 있습니다. 이러한 한국헌법의 기본원칙은 임시정부의 건국강령의 내용과 동일하며, 제헌헌법과도 거의 동일합니다.

우리 민족은 독창적으로 새로운 사상을 창조해가면서 수준 높은 독립운동을 전개했습니다. 이러한 사실을 잘 보여주는 것이 건국강령에 나타난 독립국가 건설 방략입니다. 그리고 독립운동이 추구했던 공화주의와 평등주의 이념을 바로 제헌헌법이 계승한 것입니다. 제헌헌법의 경제민주주의는 단순히 바이마르헌법을 모방한 것이 아니라, 제국주의의 착취와 억압에 맞서 싸운 독립운동 정신의 정수인 것입니다.

한편 미국은, 자본주의 시장만능주의를 지양하고 사회적 시장경제 체제를 지향하는 한국 제헌헌법의 경제조항들을 일종의 국가사회주의(state socialism)헌법으로 인식하고 있었습니다. 이는 제헌헌법의 경제조항들을 시장경제지향으로 바꾸려는 미국의 집요한 노력으로 이어졌습니다. 국유화 조항 등을 개정하고 민간기업 중심 경제체제로 전환하라는 미국의 압력으로 인해 대한민국이 자본주의적 자유시장 경제체제를 처음으로 채택한 것은 1954년 제2차 헌법 개정에서였습니다. 이때 제헌헌법의 중요산업 국유화 조항이 삭제되었습니다. 이승만은 주요 기간산업과 지하자원 등에 국유를 명시하는 등 국가자본주의적 요소를 상당히 갖고 있었던 제헌헌법을 자유시장경제 원칙에 맞추어 수정하고 귀속재산불하 은행민영화 등을 과감하게 시행했습니다. 1954년 헌법 개정은 사회적 시장경제를 완전한 시장경제체제로 전환하였다는 점에서 한국 헌정 및 자본주의 역사에서 커다란 의미를 갖습니다.

제헌헌법 제84조의 경제민주화 이념이 훼손되는 것은 1962년 제5차 헌법 개정에서입니다. 박정희는 5·16군사쿠데타를 일으키고 이듬해에 헌법을 개정하였는데, 이때 제헌헌법 제84조가 제111조 제1항과 제2항으로 바뀝니다.

> 제1항 대한민국의 경제 질서는 개인의 경제상의 자유와 창의를 기본으로 한다.
> 제2항 국가는 모든 국민에게 생활의 기본적 수요를 충족시키는 사회정의의 실현과 균형 있는 국민경제의 발전을 위하여 필요한 범위 안에서 경제에 관한 규제와 조정을 한다.

제1항은 제5차 헌법 개정 당시 새롭게 제정한 것이며, 제2항은 제헌헌법 제84조를 계승하면서 내용을 조금 바꾼 것입니다. 박정희 정권은 제1항을 새로 만들어 자유시장경제원리가 대한민국 경제 질서의 기본원리라고 선언하고, 제헌헌법의 사회적 시장경제원리를 제2항에 배치함으로써 독립운동의 정수인 경제민주주의 정신을 희석시켰습니다. 제111조 제1항과 제2항은 1987년에 9차 개정된 현행헌법에서 다시 제119조 제1항과 제2항으로 바뀝니다.

> 제1항 대한민국의 경제 질서는 개인과 기업의 경제상의 자유와 창

의를 존중함을 기본으로 한다.

제2항 국가는 균형 있는 국민경제의 성장 및 안정과 적정한 소득의 분배를 유지하고, 시장의 지배와 경제력의 남용을 방지하며, 경제주체간의 조화를 통한 경제의 민주화를 위하여 경제에 관한 규제와 조정을 할 수 있다.

제5차 개정 헌법에서는 제1항이 단지 '개인'의 경제상의 자유와 창의를 존중하는 것으로만 되어 있었는데, 현행 헌법에서 '개인과 기업'의 경제상의 자유와 창의를 존중하는 것으로 바뀌어, 기업이 개인과 똑같은 자격으로 들어갔습니다. 기업이 개인, 즉 사람과 똑같은 기본권을 갖는다는 것은 아주 중대한 문제입니다. 왜냐하면 기업, 특히 대기업은 단지 제도일 뿐 아니라 그 자체 경제 권력체이며 사물은 물론 인간을 지배하고, 경제는 물론 사회 정치에 대해서도 부당한 지배력을 행사하기 때문입니다. 그럼에도 불구하고 제헌헌법 제84조를 계승한 제119조 제2항이 대한민국 경제 질서의 실천원리로써 여전히 남아 있어 경제민주주의의 명맥을 유지하고 있다가, 이번 대법원 판결로 빛을 보게 된 겁니다.

6. 우리사회의 미래가치

이제 강의를 마무리할 때가 되었습니다. 뉴라이트를 비롯한 냉전-수구세력들은 대한민국이 자유민주주의와 자유시장경제를 표방하고 출범하였음을 강조하는데 이러한 주장이 터무니없음은 이제 충분히 납득하셨으리라 생각됩니다. 그런데 문제는 냉전-수구세력들도 제가 지금까지 말씀드린 내용을 익히 알고 있다는 데 있습니다. 일반인이라면 모를까 학자이면서 자신의 주장을 실증적으로 비판하는 글이 도처에 널려있는데 어떻게 모른다고 할 수 있겠습니까? 저는 냉전−수구 이데올로그들이 대한민국의 정체성을 일찍이 알고 있으면서 고의적으로 왜곡하고 있다고 봅니다. 학문연구가 진리탐구가 아닌 이데올로기 선전수단으로 전락하였다는 겁니다. 왜 그렇게 되었을까요? 바로 친일−독재−분단을 합리화하려고 하기 때문입니다. 냉전−수구 이데올로그들은 식민지 지배를 미화하며, 공화주의와 평등주의의 전통을 지닌 독립운동의 역사를 왜곡하거나 애써 외면합니다. 독재의 불가피성을 홍보하며, 모든 억압, 착취, 배제, 차별에 저항한 민주화운동의 역사를 폄하합니다. 냉전체제를 선호하며, 남북 간의 화해와 협력을 통한 평화체제구축과 평화통일을 비난합니다.

위와 같은 역사인식에 사로잡혀 있기 때문에 독립운동의 정수이며 대한민국의 정체성인 경제민주주의를 부정하는 겁니다. 그러나 대한민국 헌법정신은 전문에서 밝힌 것처럼 다음 세 가지입니다.

첫째, 대한민국은 불굴의 독립운동 정신을 계승하여 세운 나라입니다. 헌법은 반침략·반독재의 역사적 경험을 계승하여, 정치적·경제적·사회적·문화적 민주주의를 지향합니다.

둘째, 대한민국은 자본주의의 폐해를 막기 위해 사회국가(복지국가)를 지향합니다. 헌법이 지향하는 민주주의는 사회적 약자의 자유를 보장하는 정치적·사회적·경제적 민주주의인 것입니다.

셋째, 대한민국은 남북 화해와 협력을 바탕으로 평화통일과 세계평화를 지향합니다.

저는 우리사회가 추구해야 할 미래가치가 균등주의를 추구하는 독립운동 정신을 계승한 제헌헌법에 오롯이 담겨 있다고 생각합니다. 그 실례를 하나 들어볼까요? 지금 미국에서는 대선 후보 경선이 한창인데 최대 이슈가 소득불평등이라고 합니다. 그래서 '공유자본주의(Shared Capitalism)' 공약 경쟁이 벌어지고 있는데, 대표적인 공유자본주의 제도가 기업이 창출한 이윤을 노동자와 적극적으로 나눠 갖는 '이익공유제'입니다. 공유자본주의는 '포용적 성장(Inclusive Growth)'으로 연결됩니다. 포용적 성장이란 성장을 하되 기존의 경제성장 중심에서 벗어나 삶의 질 향상, 사회의 불평등 해소, 분배의 확대를 동시에 추구하는 개념입니다. 포용적 성장은 글로벌 금융위기 이후 주요 20개국(G20)과 경제협력개발기구(OECD), 국제통화기금(IMF)에서 최우선 다뤄지고 있으며, 유럽연합은 2010년 '유로 2020'을 제안하면서 지속적이고 포용적인 성장을 위한 전략을 채택했습니다.

그런데 놀랍게도 제헌헌법에 이러한 정신이 담겨 있습니다. 제헌헌법은 "영리를 목적으로 하는 사기업에 있어서는 근로자는 법률의 정하는 바에 의하여 이익의 분배에 균점할 권리가 있다."(제18조 제2항)라고 하여, 이미 반세기 전에 노동자에게 '이익분배균점권'을 부여하였습니다. 이를 유진오 헌법기초위원은 우리나라 헌법의 하나의 특색이라고까지 말하였습니다.

자본주의 경제는 근로자는 노임을 받고, 기업가는 이윤(이익)을 받는 것을 기본구조로 삼고 있는 것인데, 본 항은 근로자의 이익분배균점권을 인정하여 근로자가 기업이윤의 일부를 취득할 수 있는 것을 규정하였음으로 이 규정에 의하여 우리나라는 사회주의국가에 가까운 성격을 갖게 되었다고 할 수 있다.

유진오 박사는 이익분배균점권 조항은 노동자를 생산의 중심에 두려는 시대정신을 반영한 것이라고 하였습니다. 노동자를 임금노예로 전락시키는 자본주의체제를 비판하고 노동도 자본으로 간주(노동과 자본의 공동출자)하는 민주사회주의를 지향하면서 마련한 조문이라는 것입니다. 그러나 제헌헌법의 이익분배균점권 조항은 박정희의 5·16군사쿠데타 직후에 이루어진 제5차 헌법 개정에서 삭제되어 현행 헌법에는 남아 있지 않습니다.

현재 우리나라 경제 규모는 세계 10위권입니다. 그러나 빈부격차와 가계부채는 이미 심각한 수준에 이르렀으며, 청년들은 대한민국 현실을 '헬조선'과 '금수저'로 비꼬고 있습니다. 임금격차, 자살률, 비정규직비율, 노인빈곤율, 가계부채증가율, 저출산율, 공교육비 민간부담률, 조세불평등이 경제협력개발기구에 가입한 국가 가운데 모조리 1위입니다. 가장 기본적인 생활 욕구라 할 수 있는 주거, 의료, 교육, 양육, 노후, 취업, 결혼 등 7대 부문이 모두 불안정한 상태에 있습니다. 저출산과 고령화 그리고 사회양극화의 삼중고를 겪고 있는 대한민국은 국민행복지수 또한 세계 최하위입니다. 지난 2012년에 치른 제18대 대통령선거의 최대 이슈는 경제민주화와 보편적 복지였습니다. 이는 경제민주화를 통해 자본의 민주적 통제를 이루고, 노동의 가치를 존중하는 복지정책을 실시함으로써, 극단적으로 치닫고 있는 사회양극화문제를 치유해야 하는 우리사회의 절박한 현실을 반영한 것입니다.

이런 현실에 비추어 볼 때, 독립운동의 공화주의와 평등주의 정신을 계승하여 경제민주주의와 사회적 시장경제질서, 사회국가(복지국가)원리와 재산권의 사회적 의무성을 규정한 제헌헌법이야말로 대한민국이 추구해야 할 미래가치라 하지 않을 수 없습니다. 제헌헌법은 대한민국의 '오래된 미래'입니다. 추운 날씨에도 끝까지 경청해주셔서 감사합니다.

[참고문헌]

「제헌헌법」,「헌법」,「바이마르헌법」
「대법원 2015두295 영업시간제한등처분취소(전원합의체 판결)」(2015.11.19) ;「헌법재판소 88헌가13 국토리용관리법 제21조의3 제1항, 제31조의2 위헌심판(전원재판부[합헌·위헌])」(1989.12.22)「헌법재판소 92헌바47 축산업협동조합법 제99조 제2항 위헌소원(전원재판부)」(1996.4.25) ;「헌법재판소 96헌가4 자동차손해배상보장법 제3조 단서 제2호 위헌제청 등(전원재판부[합헌])」(1998.5.28) ;「헌법재판소 2002헌마52 저상버스도입의무불이행위헌확인(전원재판부)」(2002.12.18)
「미대선 이슈 '소득불평등'... 한국도 총선 '핵심이슈' 예약」,『경향신문』, 2015.11.27
이병천,「정의, 경제민주화, 보편복지 : 보편복지국가와 시민정치3」,『프레시안』, 2011.7.20
교과서포럼,『대안교과서한국근·현대사』, 기파랑, 2008
권영성,『헌법학원론』, 법문사, 2010
박명림,「한국의 초기 헌정체제와 민주주의-'혼합정부'와 '사회적 시장경제'를 중심으로」,『한국정치학회보』 37집 1호, 2003
서중석,『조봉암과1950년대(상)』, 역사비평사, 1999
서희경·박명림,「민주공화주의와 대한민국 헌법 이념의 형성」『정신문화연구』 봄호 30권1호(통권 106호), 2007
유진오,『헌법해의』, 명세당, 1949
유진오,『헌법기초회고록』, 일조각, 1980
이영훈,『대한민국이야기』, 기파랑, 2007
조동걸,「대한민국임시정부의 건국강령」,『한국의 독립운동과 광복50주년』, 광복회, 1995

제 3 강

국정교과서가 지우려는
독립운동사 이야기

이준식
민족문제연구소 연구위원
전 친일반민족행위자재산조사위원회 상임위원

1. 대한민국은 독립운동의 산물이다

오늘 강의 내용을 한마디로 이야기 하면 이런 겁니다. 현재의 대한민국은 그리고 대한민국에서 살아가는 우리 대한국민은 독립운동으로부터 굉장히 큰 빚을 지고 있습니다. 쉽게 이야기해 독립운동이 없었으면 오늘날의 대한민국은 없습니다.

현행 헌법에도 이 사실이 분명히 적혀 있습니다. 혹시 헌법 전문을 외우는 분 있습니까? 헌법 전문 아주 중요합니다. 대한민국이 어떤 정신, 어떤 가치 아래 세워졌고 그렇기 때문에 무엇을 반드시 지키고 이루어내야 하는지 규정하고 있기 때문입니다.

1987년 6월 민주화운동의 산물로 개정된 현행 헌법 전문을 보면 "유구한 역사와 전통에 빛나는 우리 대한국민은 3·1운동으로 건립된 대한민국임시정부의 법통과 불의에 항거한 4·19민주이념을 계승하고, 조국의 민주개혁과 평화적 통일의 사명에 입각하여 정의·인도와 동포애로써 민족의 단결을 공고히 하고"라는 문장으로 시작됩니다. 이 문장이야말로 헌법의 정수입니다. 정수가 또 있네요. "대한민국은 민주공화국이다"라는 헌법 1조 1항, "대한민국의 주권은 국민에게 있고 모든 권력은 국민으로부터 나온다"라는 헌법 1조 2항도 아주 중요합니다. 오늘 강의 주제와도 연결된 건데 대한민국은 민주공화국이라는 발상 자체가 독립운동 과정에서 만들어진 겁니다. 이 이야기는 조금 있다 다시 하겠습니다.

독립운동이 없었으면 대한민국도 대한국민도 없다는 사실은 헌법 전문에 아주 분명하게 적혀 있습니다. 표현은 3·1운동과 대한민국임시정부라고 되어 있지만 이걸 좁은 의미로 보지 말고 독립운동 전반을 의미하는 것으로 보아야 합니다. 저만 그렇게 생각하는 게 아닙니다. 역사학자들 다수가 그렇게 보고 있습니다. 법원과 헌법재판소도 헌법 전문의 3·1운동과 대한민국임시정부는 독립운동 그 자체로 보아야 한다고 해석합니다.

이준식 민족문제연구소 연구위원

저는 참여정부 시절에 출범한 친일재산조사위원회에서 친일반민족행위자들의 재산을 국가에 귀속시키는 활동을 했습니다. 후손들의 반발이 거셌습니다. 당시 한 방송이 이 문제를 다루면서 제목을 이렇게 뽑았습니다. "명예는 포기할 수 있어도 재산은 포기할 수 없다." 친일파 후손들이 위원회의 결정이 잘못되었다고 행정소송을 수도 없이 제기했습니다. 일부 후손들은 아예 헌법소원까지 제기했습니다. 그런데 법원도 헌법재판소도 친일재산을 국가로 귀속시키는 것이 정당하다고 판단했습니다. 판단의 중요한 논거가 바로 헌법 전문이었습니다. 헌법 전문에 나와 있듯이 대한민국은 독립운동을 계승했는데 독립운동가들이 청산의 대상으로 삼았던 친일파의 재산을 되찾아오는 것은 헌법정신에 부합한다는 겁니다.

독립운동의 역사를 제대로 잘 가르치는 건 아주 당연한 일입니다. 지난 10여 년 동안은 그래 왔습니다. 그런데 최근 들어 정부가 그걸 바꾸려는 작태를 벌이고 있습니다. 2013년에는 친일·독재를 미화한 교학사 교과서를 밀어붙이더니 급기야는 중·고등학교 역사 교과서를 국정으로 내겠다고 합니다. 교학사 교과서가 얼마나 독립운동사를 왜곡 폄하했는지는 더 길게 이야기하지 않겠습니다. 그런데 그것도 모자라 아예 교과서를 국정으로 내면서 독립운동사를 왜곡하고 또 축소하려고 합니다. 그래서 오늘은 국정교과서가 지우려는 독립운동사라는 주제로 박근혜 정권과 그를 뒷받침하는 일부 세력이 극도로 싫어하는, 그래서 국정교과서에는 실리지 않을 독립운동사 이야기를 하겠습니다.

먼저 이 이야기부터 하겠습니다. 1945년 8월 15일 일본의 항복과 동시에 우리는 해방이 되었습니다. 일제 식민통치에서 바로 해방되었다는 게 중요합니다. 2차 세계대전 이전에 제국주의 식민지는 많았지만 한국만 연합국으로부터 사전에 독립을 약속받았습니다. 원래 한국 독립운동에 관심이 없던, 그래서 임시정부를 승인조차 하지 않던 미국이 카이로선언에서 마지못해 한국의 독립을 인정한 이유가 바로 독립운동 때문입니다. 한국의 독립운동을 가장 가까이에서 본 중국 국민당의 장제스가 미국과 영국에 한국의 즉각 독립을 요구한 겁니다. 그래서 절충안으로 카이로선언에서 '적절한 시기', 영어로 'in due course'라는 단서를 붙여 한국의 독립을 약속한 거죠. 카이로선언에 적힌 한국 독립의 약속이야말로 독립운동의 성과입니다.

그런데 제가 어렸을 때는 이렇게 배웠습니다. 우리가 독립을 이룬 것이 아니다, 우리가 스스로 독립을 이루지는 못했지만 어떻게 하다 보니까 2차 세계대전에서 승리한 연합국이 우리에게 독립을 가져다 주었다 이런 식으로 배운 겁니다. 말하자면 우리 민족의 독립이란 게 스스로 이룬 것이 아니라 연합국 그 중에서 미국이 선물한 것이라는 식의 역사교육을 받은 거죠. 물론 노골적으로 그렇게 가르친 것은 아니지만 은연중에 그랬습니다.

　그런데 대학교에 들어가서 역사를 공부하면서 어렸을 때 배운 게 잘못되었다는 사실을 하나씩 둘씩 알았습니다. 우리가 직접 일본으로부터 항복 선언을 받고 독립을 이룬 것은 아니지만 적어도 사오십 년에 걸친 긴 독립운동이 있었기 때문에 연합국이 우리에게 우리의 독립을 인정해 주었다는 사실을 알았습니다. 독립운동이 없었으면 1945년 8월 15일의 해방도 없었고 1948년 8월 15일의 대한민국 정부수립도 없었고 2015년의 대한민국도 존재할 수 없다는 걸 알게 되었습니다.

　저는 중·고등학교를 유신시대 때 다녔습니다. 박정희 정권이 강요한 국민교육헌장을 외우지 못하면 선생님에게 한 대씩 맞던 시대였습니다. 박정희 대통령만이 대한민국을 지킬 수 있는 존재이고 박정희 대통령이 곧 국가라고 배웠습니다. 그 영향일까요. 지금도 나이 든 사람들 가운데는 박정희를 신처럼 생각하는 사람이 꽤 있습니다. 뭐 반인반신이라나요. 그래서 박정희교라는 말까지 나오는데 박정희교 신도들의 특징이 독립운동을 아주 싫어한다는 겁니다. 박정희가 친일군인 출신이니 그럴 수밖에 없겠죠. 또 박정희의 형인 박상희가 일제 때 경북의 유명한 사회주의자여서 그런지, 아니면 박정희가 해방 이후 남로당 프락치로 활동하다가 죽기 싫어서 전향한 경력이 있어서 그런지 레드콤플렉스에 사로잡혀서 공산주의, 사회주의라면 치를 떱니다. 시도 때도 없이 반공의 잣대를 들이댑니다. 독립운동 이야기만 해도 종북 종북 그럽니다.

　지금도 많은 국민이 존경하는 인물이 임시정부의 마지막 주석인 김구입니다. 얼마 전에 정부에서 5만원권과 10만원권 지폐를 새로 내기로 하면서 여론조사를 했더니 김구를 10만원권의 도안인물로 해야 한

남북연석회의에 참가하고자 삼팔선 앞에서 선 김구
(1948.4) ⓒ백범김구기념관

다는 여론이 압도적이었습니다. 그런데 10만원권 발권이 어떻게 되었습니까? 보류되었습니다. 아니 사실상 폐기되었습니다. 김구 때문입니다. 극우세력이 들고 일어난 겁니다. 빨갱이고 대한민국을 부정한 김구를 도안인물로 하는 건 말도 안 된다는 겁니다. 결국 이명박 정권이 극우세력의 손을 들어주었습니다. 그래서 신사임당이 들어간 5만원권만 나온 겁니다. 김구는 젊었을 때 열렬한 반공주의자였습니다. 그런데 나중에 독립운동세력의 단결을 위해 임시정부 안에서 좌우합작을 이룬 걸 두고 빨갱이라고 그러는 겁니다. 해방 후에는 분단정부가 들어서는 것을 막기 위해 평양에 가서 김일성을 만난 걸 반국가사범인 것처럼 몰아세웁니다.

만약 임시정부의 상징처럼 되어 있는 김구가 빨갱이면 다른 독립운동가도 빨갱이로 몰리는 건 시간문제입니다. 좌우합작에 참여한 독립운동가, 분단에 반대하고 통일정부 수립을 추진한 독립운동가는 전부 빨갱이가 되고 맙니다. 대한민국의 적이 되고 맙니다. 김구를 빨갱이로 만들어서 결국 독립운동을 대한민국의 역사에 지워버리려는 게 김구를 공격하는 이유라면 이유겠죠.

이야기가 조금 옆으로 샜는데, 우리 세대는 대학교에 들어가 역사관의 전환을 경험했습니다. 고등학교에서 아무리 박정희를 믿으라고 가르쳤어도 대학에서 그렇지 않은 역사를 가르쳤기 때문에 박정희에 대한 맹목적 신앙에서 벗어나는 것이 가능했습니다. 그래서 박정희 유일신앙이 얼마나 잘못된 것인지 알았고 그랬기 때문에 유신체제에 반대하는 시위가 대학에서 격렬하게 일어났습니다. 대학의 역사교육이 살아 있었기 때문에 가능한 일이었습니다.

대한민국이 독립운동에 빚진 게 많기 때문에 독립운동의 역사를 초·중·고등학교에서부터 제대로 가르치는 게 중요합니다. 지난 10여 년 동안 중·고등학교에서 제대로 된 독립운동사를 참 잘 가르쳐왔습니다. 그런데 갑자기 이상한 정권이 들어서더니 지금까지 가르쳐온 독립운동사가 자학사관에 입각한 것이라면서 독립운동사를 가르치지 말라고 그럽니다. 아 정확히 말하자면 가르치지 말라는 얘기는 안합니다. 왜? 독립운동사를 가르치지 말라고 공식적으로 얘기했다가는 난리가 나니까 공식적으로는 그렇게 얘기를 안 합니다. 독립운동사를 가르치라고 그럽니다. 그런데 어떻게 가르치라고 그러느냐? 축소해서 왜곡해서 폄하해서 가르치라고 그럽니다.

지금 중·고등학교 검정 교과서를 보면 일제시기를 서술할 때 독립운동사는 큰 비중을 차지합니다. 독립을 이루기 위해 유명 무명의 수많은 독립운동가들이 다양한 방식으로 노력했다는 사실이 비교적 잘 서술되어 있습니다. 참 예외도 있군요. 교학사 교과서는 예외입니다. 교학사 교과서 같은 쓰레기 교과서를 제외하면 검정 교과서는 독립운동에 대해 제대로 쓰려고 많은 노력을 했습니다. 그 결과 학생들은 수업 시간에 제대로 된 독립운동사 교육을 받을 수 있었습니다.

2. 독립운동의 역사를 제대로 기억하자

제가 제대로 된 독립운동사라는 표현을 몇 차례 썼는데 그 의미를 이야기하려는 게 오늘 강좌의 주요 내용입니다. 특히 몇 가지를 강조하려고 합니다.

먼저 독립을 위해 헌신한, 목숨을 포함해 모든 것을 바친 분들을 제대로 기억하고 제대로 평가하는 게 중요합니다. 1910년 대한제국의 주권이 일본에게 넘어갔습니다. 나라가 망했습니다. 우리는 그냥 나라가 망했다고 생각하는데, 그냥 나라가 망한 게 아니죠. 나라가 망하기 전에 많은 사람들이 나라의 주권을 지키기 위해서 피를 흘렸습니다. 대표적인 게 의병전쟁이죠. 일반적으로는 의병운동이라고 하지만 의병전쟁이라고 부르는 사람들도 많이 있습니다. 왜 의병전쟁이라고 부르느냐? 대한제국의 지배층이 일제가 침략하는 데 제대로 맞서지 못하니까 민중이 들고 일어나서 의병을 조직해 나라를 대신해서 관병을 대신해서 일본과 맞서 싸웠기 때문에 의병전쟁이라고 그럽니다. 의병전쟁의 결과는 우리가 잘 아는 것처럼 의병의 패배로 끝났습니다. 처참한 패배였습니다. 나중에 임시정부 대통령이 되는 박은식은 역사학자이기도 한데『한국독립운동지혈사』라는 노작을 남겼습니다. 이 책에서 추정한 바에 따르면 의병전쟁 과정에서 희생된 사람들의 숫자가 10만 명이 넘는다고 합니다. 물론 모두 의병은 아닙니다. 의병을 돕는 사람들이라는 혐의로 학살된 사람들이 더 많기는 합니다.

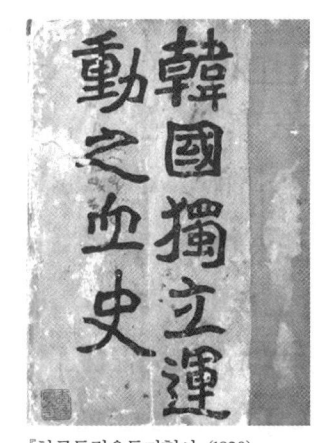

『한국독립운동지혈사』(1920)
ⓒ독립기념관

어쨌거나 10만 명 이상으로 추산되는 사람들이 피를 흘렸지만 전쟁에서 우리가 졌기 때문에 주권을 빼앗긴 겁니다. 자 그러니까 빼앗긴 주권을 찾아야 되죠. 어떻게 찾습니까? 전쟁을 통해서 빼앗겼으니까 다시 전쟁을 통해서 되찾는 게 최선의 방법입니다. 그래서 1910년을 전후해 많은 사람들이, 많은 애국지사들이 주권을 되찾기 위해서 해외로 망명했습니다. 독립군 기지를 만들고 독립군을 기르기 위해서입니다. 그래서 독립전쟁을 준비했죠, 무장투쟁을 벌였습니다. 총을 들고 일제와 맞서 싸웠습니다.

재작년인가요, 문창극이라는 사람이 총리후보로 지명되어 큰 논란이 벌어졌습니다. 일제 식민통치를 미화하는 자격미달의 인물이었는데 나중에는 급하니까 독립운동가의 후손이다 이런 식의 대응을 했습니다. 할아버지가 1921년에 만주의 무장투쟁 단체인 대한독립단의 단원으로 국내진공작전을 벌이다가 삭주에서 일제 군경에게 피살되었다는 겁니다. 이게 사실은 연도도 틀렸고 입증되지도 않는 이야기입니다. 어쨌거나 문창극 사태 때문에 만주의 독립군이 벌인 국내진공작전이 사람들의 주목을 끌게 되었습니다.

그렇습니다. 1919년 3·1혁명 이후 이 땅의 뜻있는 많은 젊은이들이 독립운동의 새로운 길을 찾아 만주로 갔습니다. 독립군이 된 겁니다.

만주에서 수많은 독립군 부대가 만들어졌습니다. 그리고 대부분의 독립군 부대가 소규모 부대를 편성해 국내에 진공하는 작전을 펼쳤습니다. 압록강과 두만강을 건너 국내에 들어와 주재소나 행정관청을 습격하고 친일파를 처단했습니다. 작전에 성공하고 돌아간 독립군도 있었지만 상당수의 독립군은 일제 군경과 전투를 벌이다가 장렬하게 산화했습니다.

그런데 불행하게도 우리는 국내진공작전으로 순국한 독립군의 정확한 숫자도 이름도 다 파악하지 못하고 있습니다. 일제 기록에 따르면 1920년 한 해에만 1,651회의 국내진공작전이 있었고 106명의 독립군이 피살되었다고 합니다. 독립군의 희생은 1921년에는 259명, 1922년에는 219명으로 늘어납니다. 일제가 파악한 숫잡니다. 어쨌거나 우리는 현재 얼마나 많은 독립군이, 어떤 독립군이 국내진공작전에서 목숨을 잃었는지 실상을 모릅니다.

어디 국내진공작전뿐입니까? 만주에서 전투를 벌이다가 산화한 독립군의 숫자는 더 많을 겁니다. 만주의 3대 대첩하면 1920년의 봉오동전투, 청산리전투, 그리고 1933년의 대전자령전투를 꼽습니다. 이외에도 독립군이 벌인 크고 작은 전투가 무수하게 많습니다. 독립군이 크게 이긴 전투도 있지만 독립군에게 큰 희생을 가져다준 전투도 있습니다. 이긴 전투이든 진 전투이든 전투에는 늘 희생이 따릅니다. 그런데 우리는 승리에만 주목하고 희생된 분들은 제대로 기억하지 않습니다. 그러다 보니 얼마나 많은 독립군이 독립전쟁 과정에서 피를 흘렸는지 정확한 숫자조차 모릅니다. 숫자만 모르나요. 희생된 분들의 이름도 대부분 남아 있지 않습니다. 이렇게 목숨을 바쳐 독립운동을 하신 분들을 우리는 제대로 기억할 의무가 있습니다. 대한민국 국민으로서의 의무입니다.

　무장투쟁을 길게 이야기했지만 무장투쟁 외에도 우리 선조들은 다양한 방식으로, 자신들이 할 수 있는 최선의 방법으로 여러 갈래의 독립운동을 벌였습니다. 독립운동의 이념·방향·노선에 대해서 길게 이야기할 시간은 없지만 한 마디로 이야기하면 나라의 주권을 빼앗기기 시작할 때부터 다른 말로 일제가 한반도를 강점하기 시작한 이래 1945년 8월 15일 해방이 될 때까지 단 하루도 쉬지 않고 이 땅의 민중은 독립을 쟁취하기 위해서 해방을 쟁취하기 위해서 다양한 방식으로 싸웠습니다. 그것이 한국독립운동의 중요한 특징입니다. 총을 들고 전투를 벌인 사람들도 있고 학교를 세워서 실력을 기르려고 한 사람들도 있고 정부를 만들어서 주권을 회복하려고 한 사람들도 있고 다양한 방식으로 독립을 이루기 위해서, 해방을 이루기 위해서 싸웠습니다. 교사는 학교에서 학생들에게 민족의식을 고취했고 학생들은 동맹휴교와 시위로 식민지 노예교육 철폐를 외쳤습니다. 노동자와 농민은 대중투쟁을 통해 일제 식민통치로부터의 해방을 꿈꾸었습니다. 그리고 모든 투쟁에는 희생이 따랐습니다.

　예를 몇 개 들어볼까요. 3·1혁명 당시, 일반적으로는 3·1운동이라고 하지만 저는 3·1혁명으로 부르겠습니다. 한국 근·현대사의 방향을 민주공화제로 바꾼 혁명적 사건이라는 의미에서 3·1혁명으로 부르는 게 마땅하다고 생각합니다. 3·1혁명 당시 만세시위에 나선 사람들의 숫자는 어마어마합니다. 백만 명 이상이라고 추산됩니다. 일제는 만세시위를 벌이는 사람들에게 무차별 사격을 가했습니다. 그래서 많은 사람들이 피를 흘렸습니다. 일제는 사망자 숫자가 400명이라고 그랬다가 1,500명이라고 그랬다가 계속 말을 바꿨지만 그보다 많은 사람들이 희생당한 건 분명합니다. 『한국독립운동지혈사』에는 사망자 숫자가 7,509명이라고 적혀 있습니다. 당시 독립운동가들은 대개 6,000명 이상이 사망한 것으로 보고 있었습니다.

일각에서는 만 명이 넘는다고도 주장합니다. 당시 인구가 2천만 명 안팎이었다는 것을 감안하면 엄청난 희생을 치른 겁니다. 보수세력이 좋아라 하는 유관순은 수많은 희생자 가운데 한 명일 뿐입니다. 그러니 3·1혁명을 이야기할 때 33인을 찾고 유관순 이름을 거론하는 것만으로는 부족합니다. 현재 독립운동을 하다가 순국하면 기본적으로 건국훈장 애국장을 수여하는데 3·1혁명의 희생자 가운데 서훈된 경우는 극히 일부에 지나지 않습니다. 왜일까요? 이름을 모르는 겁니다. 일제가 사망자의 기록을 남기지 않아서 지금도 누가 어디서 죽었는지 정확한 내용을 모르는 겁니다. 다만 어느 지역의 몇 명 사망이라는 식으로 기록이 남아 있으니 훈장을 주려고 해도 줄 방법이 없습니다. 독립운동으로 희생되신 분들의 처지가 이렇습니다.

다른 예를 들어보겠습니다. 경상북도 울진 이야기입니다. 지금은 경상북도이지만 일제 때는 강원도였습니다. 울진에는 원래 울진농민조합이라는 사회주의계열의 농민운동 단체가 있었는데 일제의 대대적인 탄압을 받았습니다. 그러자 울진농민조합 탄압사건에서 체포를 면한 사람들과 옥고를 치르고 나온 사람들이 당시 농촌에 남아 있던 계라는 조직을 활용해 다시 항일운동을 모색합니다. 임시정부와의 연락을 시도했다고도 합니다. 준향계와 창유계라는 두 이름이 등장하는데 1943년 일제에게 발각되어 많은 농민들이 체포됩니다. 그 숫자가 무려 102명입니다.

일제 말기 그 엄혹한 상황에서 100명이 넘는 농민들이 잡히면 큰일이 나는, 고문 끝에 목숨을 잃을 수도 있는 독립운동을 벌인 겁니다. 실제로 경찰의 취조과정에서 6명이 고문으로 사망합니다. 당시는 본 재판에 앞서 예심이라는 것을 했는데 예심과정에서 6명이 사망합니다. 실형을 언도받고 복역하던 중에 4명이 또 사망합니다. 그러니까 준향계·창유계 사건으로 불과 1~2년 사이에 모두 16명이나 순국한 겁니다. 이런 일은 울진에서만 일어난 게 아닙니다. 일제강점기 내내 전국에서 이런 일이 벌어지고 있었지만 역시 우리는 내용을 다 파악하지 못하고 있습니다. 그나마 울진에서 희생되신 분들은 이름이라도 남아 있으니 다행이지만 그렇지 않은 경우도 많습니다.

누군가가 민주주의는 피를 먹고 자라는 나무라고 그랬는데 감히 거기에 빗대 이야기하자면 독립운동도 피를 먹고 자란 겁니다. 독립운동에는 엄청난 희생이 따랐습니다. 수천 수만의 독립운동가가 독립운동의 제단에 피를 바쳤고 더 많은 사람이 땀을 흘렸습니다. 동작동 국립현충원에 가면 무후선열제단이 있습니다. 모두 133명의 독립운동가 위패를 모신 곳인데, 이름 그대로 독립운동을 하다가 순국했지만 후손도 없고 유해도 찾을 수 없는 분들의 위패가 모셔져 있습니다. 대부분 독립운동에 큰 발자취를 남긴 분들입니다. 유관순 위패도 있고 봉오동전투의 주역 홍범도 위패도, 헤이그 밀사 사건의 이상설 위패도 있습니다.

그런데 후손이 없는 겁니다. 절손이 된 겁니다. 저는 현충원에 갈 때마다 이곳에 들리는데 늘 가슴이 뭉클해지고는 합니다. 독립운동은 그렇게 전개된 겁니다. 많은 분들의 헌신과 희생을 바탕으로 독립운동이 이어졌습니다. 그러니 독립운동사를 제대로 기억해야죠. 그게 국민의 의무 아니겠습니까?

3. 독립운동을 통합과 연대의 관점에서 보자

다음으로는 독립운동을 분열과 대립의 관점에서 보지 않고 통합의 관점, 연대의 관점에서 본다는 게 중요합니다. 이게 역사나 사회를 보는 기본 관점의 문제와 관련된 건데요. 어느 사회에나 갈등과 분열이 존재합니다. 문제는 그런 갈등과 분열을 역사가 발전하는 동력으로 만드느냐 아니냐 하는 겁니다. 독립운동에도 갈등과 분열은 있었습니다. 그러나 시간이 지나면서 독립운동가들은 그걸 극복합니다. 독립운동의 목표가 뭡니까? 일제 식민통치에서 벗어나는 거죠. 그 목표를 이루기 위해서는 조그마한 차이는 극복하고 서로 손을 잡아야 한다는 걸 깨달은 겁니다. 그래서 긴 시각에서 본다면 독립운동의 역사는 이념과 노선을 달리하던 여러 독립운동세력이 하나로 뭉쳐가는 과정이었다, 이렇게 해석해야 합니다.

그걸 상징적으로 보여주는 게 임시정부입니다. 임시정부가 처음 출범할 때는 상하이에 있는 몇몇 독립운동가만의 조직이었지만 출범한 지 다섯 달 만에 다른 임시정부와 통합을 이룹니다. 그러면서 이동휘 같은 사회주의자들이 대거 임시정부에 합류합니다. 그런데 얼마 지나지 않아 임시정부에서 다시 분열이 일어나죠. 분열 상태의 임시정부는 독립운동을 이끌만한 힘이 없었습니다. 임시정부의 위상이 다시 확고해진 건 중국 관내, 그러니까 만리장성의 관문인 산해관 이남에서 활동하던 독립운동세력과의 통합을 추진한 1930년대 말 이후의 일입니다. 그래서 임시정부 밖에서 활동하던 여러 세력을 통합해 합작정부가 되었을 때 임시정부의 활동이 가장 활발했습니다. 심지어 임시정부에 대해 상당히 비판적이었던 화북의 조선독립동맹조차 임시정부의 대표성을 인정할 정도였습니다.

　이런 관점에서 사회주의계열의 독립운동에 대해 다시 생각해볼 필요가 있다는 이야기를 하려는 겁니다. 먼저 설명할 게 있습니다. 저는 오늘 강의에서 공산주의라는 용어를 될 수 있으면 쓰지 않으려고 합니다. 긴 이야기는 생략하고 공산주의의 핵심은 프롤레타리아 독재 그러니까 공산당에 의한 독재가 이루어지는 공산사회를 만들자는 겁니다. 프롤레타리아 독재를 추구하지 않으면 공산주의가 아닙니다. 한국의 초기 사회주의자들은 어땠냐 하면 말로는 공산주의라 그러면서 실제로는 프롤레타리아 독재를 목표로 한 운동이 아니라 민족해방을 위한 운동을 벌였습니다. 그러니 공산주의운동이 아니라 사회주의운동이라고 보는 게 맞지 않나 하는 생각입니다.

　흔히 일제강점기 독립운동을 민족주의계열과 사회주의계열로 구분합니다. 그리고 민족주의계열을 다시 좌파와 우파로 나누기도 합니다. 그러니까 이분법 내지는 삼분법으로 독립운동세력을 나누는 겁니다. 맞습니다. 크게 보면 그렇게 나눌 수 있습니다. 그런데 이런 구분법에는 함정이 있습니다. 마치 두 계열의 독립운동이 완전히 다른 것이었다고 생각하는 겁니다. 그런데 실제 독립운동사를 들여다보면 사회주의와 민족주의의 경계가 분명하지 않습니다. 초기 사회주의들 대부분이 민족주의자였습니다. 실제로 상해파 고려공산당의 지도자이던 이동휘는 한말 대표적인 민족주의 비밀결사인 신민회 출신으로 1910년대 중반까지 민족주의자로 활동했습니다. 그리고 사회주의를 받아들인 뒤에도 민족주의자로서의 면모를 잃지 않습니다. 민족주의세력과 힘을 합해 독립운동을 해야 한다고 본 겁니다. 그러면 이동휘는 민족주의자입니까 아니면 사회주의자입니까? 저는 둘 다 맞는다고 봅니다. 민족주의를 바탕으로 사회주의를 받아들인 거죠. 그래서 최근 학계에서는 한국 사회주의운동은 민족주의의 혁명적 세력에서 갈려 나왔다고 해석하기도 합니다.

독립운동을 민족주의계열과 사회주의계열로 나눌 때 생기는 다른 문제는 사회주의계열의 독립운동은 사회주의운동이니까 독립운동이 아니었다고 보는 겁니다. 반공주의가 횡행하던 박정희정권 때나 전두환정권 때 그랬습니다. 사회주의운동은 독립운동이 아니다 이렇게 보았습니다. 아니 독립운동이 아닌 정도가 아니라 독립운동에 해악을 끼쳤다, 암영暗影 그러니까 어두운 그림자를 던졌다, 이렇게 교과서에 썼습니다.

분명히 할 게 있습니다. 일제강점기의 사회주의운동은 독립운동이었습니다. 친일파들이 일본'천황'을 위해 충성을 맹서할 때 사회주의자들은 목숨을 버려가면서까지 나라의 독립과 민족의 해방을 위해 일본제국주의자들과 싸웠습니다.

사회주의자 가운데 다수가 공산사회 만드는 게 일차적인 목표가 아니라 민족해방을 이루는 게 급선무라고 보았습니다. 민족해방이 없으면 계급혁명도 없다는 거죠. 그래서 일제 때 만들어진 사회주의운동 단체는 대부분 민족해방이 최우선 과제라는 강령을 내걸었습니다.

제가 1980년대 초 대학원에 다니면서 처음 독립운동사를 공부할 때 특히 참고한 책이 있습니다. 김준엽과 김창순이 같이 쓴 『한국공산주의운동사』라는 책입니다. 모두 다섯 권으로 나왔죠. 공동저자의 한 사람인 김준엽은 광복군 출신이고 고대 총장을 지낸 분입니다. 조금 전에 연구에 참고했다고 했지만 사실 극복의 대상으로 삼았다는 게 더 정확한 표현일 겁니다. 왜냐하면 이 책은 독립운동 가운데 사회주의

계열의 운동에 대해서는 시종일관 분열과 대립을 거듭한 것으로 묘사했습니다. 그리고 사회주의운동이 코민테른과 소련의 지시에 따라 민족의 독립보다는 계급혁명을 추구했고 따라서 독립운동에 이바지한 것이 별로 없다는 식으로 파악했습니다. 사회주의운동의 부정적 측면만이 극도로 부각되었습니다. 반공주의 서슬이 시퍼렇던 박정희정권 아래 중앙정보부의 후원을 받아 나온 책이니 반공주의 입장에서 사회주의운동을 서술하는 게 어쩌면 당연한 일이었는지도 모르겠습니다.

저를 비롯한 우리 또래의 연구자들은 독립운동사를 공부하면서 반공주의로 독립운동사를 재단하는 외눈박이식 역사인식을 극복해야 한다는 문제의식을 공유하고 있었습니다. 그때로부터 30년 정도 지난 오늘날에는 사회주의운동도 독립운동이었다는 건 이제 역사연구자들에게는 상식입니다. 일반 시민들도 마찬가지입니다. 박정희 정권이나 전두환 정권 때만 하더라도 전향한 사회주의자 외에는 아무리 독립운동을 열심히 했어도 대한민국이 독립운동의 공적을 인정하지 않았습니다. 그러다가 민주화가 진전되면서 사회주의운동에 대한 평가도 바뀌었습니다.

정부 부처 가운데 보훈 업무를 담당하는 게 국가보훈처인데 여기서 관리하는 공훈전자사료관이라는 사이트가 있습니다. 여기에 들어가면 그동안 독립유공자로 서훈을 받은 독립운동가들의 이름과 주요 활동내용을 확인할 수 있습니다.

예를 들어 이재유라는 이름을 검색하면 2006년 건국훈장 독립장을 받았다고 나옵니다. 독립장이면 서훈 등급 가운데 세 번째로 높은 훈격입니다. 제일 높은 게 대한민국장이고 다음이 대통령장 그리고 그 다음이 독립장입니다. 독립장을 받을 정도면 일단 대단한 독립운동가라고 보아도 됩니다. 요즘 한국판 노블리스 오블리제의 상징처럼 많이 이야기되는 이회영 6형제 가운데 가장 유명한 이회영 선생이 받은 게 독립장입니다. 대한민국임시정부 수반을 지낸 이상룡 선생도 독립장을 받았습니다. 이 두 분의 경우는 활동과 업적에 비해 너무 낮은 훈격이라는 게 문제가 되겠지만 어쨌거나 독립장이 이 정도라는 겁니다. 그런데 이재유는 유명한 사회주의자입니다. 1930년대의 대표적인 사회주의자를 한 명만 꼽으라면 이재유를 꼽는 사람이 많습니다. 그런데 이재유는 모진 고문 때문에 해방의 날을 보지 못하고 감옥에서 죽었습니다. 이재유가 살아 있었으면 해방 이후 박헌영의 경쟁자가 되었을 거고 그러면 우리 역사가 많이 달라졌을지도 모른다고 생각하는 사람들이 꽤 있습니다. 그런 이재유가 대한민국 건국의 공로로 독립장이라는 높은 등급의 훈장을 받았으니 세상이 많이 바뀐 거죠.

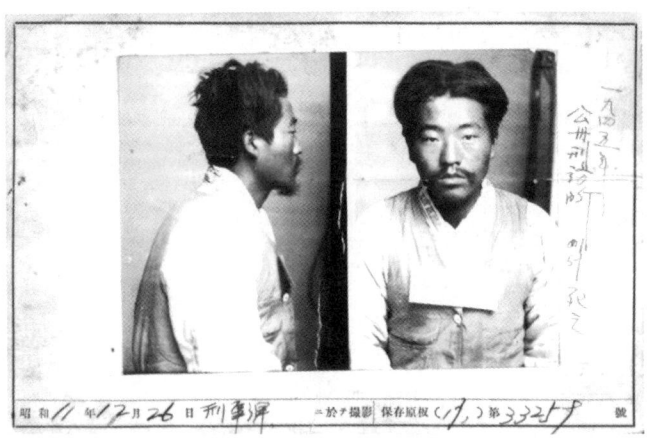

이재유 수형기록표(1936) ⓒ서대문형무소역사관

1995년에 대한민국임시정부의 국무총리를 지낸 이동휘가 사회주의 계열로서는 이례적으로 건국훈장 대통령장을 받은 적도 있지만 사실

임시정부 국무총리를 지냈다는 이력 때문에 받았다고 보아야 할 겁니다. 민주화 이전에는 사회주의자를 독립운동가로 인정하는 건 정말 이례적이었습니다. 사회주의자들에 대한 대대적인 서훈이 이루어진 건 민주정부가 들어서면서의 일입니다. 광복 60주년을 맞은 2005년에 조선공산당 책임비서를 지낸 김철수와 차금봉을 비롯해 사회주의자들이 대거 훈장을 받았습니다. 이제 정부의 이름으로 사회주의운동도 독립운동이라고 인정한 겁니다. 물론 모든 사회주의자가 서훈의 대상이 되는 건 아닙니다. 아직도 분단 상황이기 때문에 대한민국에 반대하는 활동을 하지 않았다든지 북한 정권에 참여하지 않았다든지 하는 몇 가지 조건이 충족되어야 합니다. 지난해 영화 〈암살〉로 화제가 된 김원봉이 아직 서훈을 받지 못한 이유도 이 때문입니다. 나중에 숙청되기는 했지만 북한정권에 참여해 장관급의 요직에 있었으니 서훈할 수 없다는 겁니다.

일각에서는 정부가 사회주의자들에게 훈장을 수여하는 걸 대한민국 체제 정통성에 대한 위협이라고 흥분합니다. 그렇지만 사회주의자에 대한 포상은 1980년대 이후의 민주화, 그리고 학계의 역량축적 때문에 가능한 일이었습니다. 사회주의자를 독립유공자로 인정하는 것이 논란이 되고 있던 2004년에 실시한 여론조사에 따르면 "좌익과 우익을 떠나 독립운동 활동은 인정해야 한다"는 응답이 62.8%에 달했습니다. 시대가 바뀐 거죠.

일제강점기 국내 3대 독립운동 하면 3·1운동, 6·10만세운동, 광주학생운동을 꼽습니다. 뒤의 두 운동은 사회주의와 불가분의 관계를 맺고 있었습니다. 두 운동을 처음부터 계획하고 주도한 것은 사회주의자들이었습니다. 사회주의자들이 없었다면 지금 우리가 알고 있는 6·10

만세운동이나 광주학생운동은 없었다고 해도 지나친 말이 아닙니다. 그런데도 1979년판 『고등학교 국사』에는 "6·10만세운동과 광주학생운동에도 공산주의세력이 끼어들기는 했어도 그들의 역할은 보잘 것이 없었고 도리어 민족분열의 상처만 만들었다"고 적혀 있었습니다. 이제 국정교과서가 나오면 똑같은 일이 벌어지지 않는다고 누가 장담하겠습니까?

4. 독립운동은 민주공화제와 균등경제를 지향했다

사회주의계열의 독립운동이 중요한 이유는 또 있습니다. 한국 독립운동의 또 다른 특징인 독립운동 과정에서 독립운동가들이 지향하는 바가 대개 한 군데로 수렴되었다는 사실을 이해하는 데도 사회주의는 중요합니다.

그 하나가 바로 민주공화제입니다. 1919년 4월 임시정부가 「대한민국임시헌장」이라는 아주 짧은 헌법문서를 만듭니다. 이 헌장의 첫번째 조항이 "대한민국은 민주공화제로 함"이라는 겁니다. 그러면서 우리 역사상 처음으로 대한민국이라는 국호가 등장하고 우리 역사상 처음으로 민주공화제 국가가 출범했습니다. 그 이후 해방이 될 때까지 어떤 독립운동가도 민주공화제를 부정하지 않았습니다. 극히 일부는 민주공화제가 아니라 다른 길을 모색했습니다. 이른바 복벽주의자들은 민주공화제가 아니라 다시 군주제로 되돌아가는 길을 모색했지만 대부분의 독립운동가들은 민주공화제에 동의했습니다. 우리가 독립을 이룬 다음에 새로 만들 정부는 민주공화제 정부여야 한다는 사실에 대해서 거의 모두가 동의하고 있었습니다. 임시정부만 그런 게 아닙니다. 사회주의계열 독립운동가들도 민주공화제로 가야 한다는 생각을 갖고 있었습니다. 앞에서 이야기한 것처럼 프롤레타리아 독재가 아니라 민주공화제를 지향한 겁니다.

또 하나 독립운동 진영에서 동의한 내용은 독립이 된다면 더 많은 사람이 더 골고루 잘사는 사회를 만들어야 한다는 생각이었습니다. 이른바 균등에 대한 동의입니다. 균등경제, 균등사회가 바로 그것이죠. 그래서 독립운동가들이 이구동성으로 동의한 게 중요한 산업은 국가가 소유해야 된다, 토지는 직접 농사를 짓는 농민들에게 나눠줘야 된다, 교육은 국가가 의무적으로 모든 국민에게 실시해야 된다, 여성과 남성은 모두 평등하다는 생각이었습니다. 이런 생각에 대해 독립 운동가들이 동의했습니다. 물론 처음에는 생각들이 좀 달랐겠죠. 주로 사회주의자들이 이런 주장을 먼저 내놓았습니다. 상대적으로 민족주의 진영에서는 좀 소극적이었는데 시간이 지나면서 사회주의자들의 균등 주장을 받아들입니다. 독립운동을 전개하는 과정에서 균등이라는 이상에 대해서 동의가 이루어집니다. 합의가 이루어집니다.

1930년 중국에서 안창호가 임시정부의 이동녕, 조소앙 등과 함께 한국독립당이란 당을 만듭니다. 민족주의계열 정당입니다. 이 한국독립당의 당의黨義가 무엇인지 아십니까? "국토와 주권을 완전히 광복하며, 정치·경제·교육의 균등을 기초로 하는 신민주국을 건설한다"로 되어 있습니다. 균등이라는 말이 나오죠. 강령은 더 구체적이어서 '토지와 대생산기관의 공유', '공비 의무 교육' 등 도저히 우파의 생각이라고 볼 수 없는 내용이 들어 있습니다. 물론 한국독립당은 사회주의 정당이 아니었습니다. 그런데도 평등이라는 사회주의의 대의에는 공감하고 있었던 겁니다. 이런 생각을 가진 건 안창호나 조소앙만이 아니었습니다. 일제로부터의 해방을 꿈꾸고 그 꿈을 현실화하기 위해 힘쓰던 적지 않은 민족주의자가 운동역량을 극대화하기 위해 사회주의자와 손을 잡자는 생각을 갖고 있었습니다. 그랬기 때문에 사회주의자들이 내세운 토지와 대생산기관의 국유화 같은 주장을 수용하고 있었던 거죠.

여담이지만 일부에서 '건국의 아버지'로 부르는 이승만도 해방 직후에는 '공산주의'의 경제정책에 대해 호의적인 반응을 보였습니다. 이승만은 자신의 건국구상을 밝힌 귀국 직후의 첫 저작에서 스스로를 "자초로 공산당에 대하여 호감을 가진 사람"이라고 밝히면서 "이후 우리 정부에서 경제정책을 세울 적에 공산주의에서 채용할 것이 여러 가지"가 있다고 주장했습니다. "자본주의나 계급주의를 혁제革除"해야 한다는 언급만 놓고 보면 이게 과연 반공주의자 이승만이 맞는가 하는 의심이 들 정도입니다. 이승만이 경제정책에서만큼은 공산주의를 적극 수용해야 한다고 할 정도로 독립운동을 거치면서 균등경제·균등사회의 지향이 보편적으로 된 겁니다.

이제 1930년대 중반을 넘어가면 민주공화제, 균등경제, 균등사회라는 부분에 대해서 이의를 제기하는 독립운동가는 없었습니다. 김구의 임시정부도, 김원봉이 이끌던 민족혁명당도, 만주의 항일무장투쟁 세력도 다 비슷한 생각을 하고 있었습니다. 제대로 된 독립운동가들은 모두 이러한 부분에 대해 동의했습니다. 자 독립을 이룬 다음에 만들어야 할 나라, 또는 만들어야 할 사회에 대한 상이 같아지면 어떻게 되죠? 독립운동의 노선도 점점 비슷해집니다. 그래서 1930년대 중반을 넘어서면 그동안 여러 갈래로 나뉘어서 독립운동을 하던 여러 세력이 이제 손을 잡기 시작합니다.

우리가 잘 아는 것처럼 1940년대에 임시정부가 합작정부가 될 수 있었던 이유도 바로 이 노선상의 합의가 있었기 때문에 가능한 일이었습니다. 심지어는 임시정부뿐만 아니라 당시 해외 3대 독립운동 세력이라고 하는 화북의 조선독립동맹, 그리고 만주의 항일무장투쟁세력, 거기에다가 국내의 중요한 독립운동 세력인 조선건국동맹이 모두 편지를 주고받거나 사람을 보내면서 연대를 모색하고 있었습니다. 그래서 독립을 이루기 위해서는, 일제의 패전이 가시화되고 있는 상황에서 우리가 독립을 이루기 위해서는 독립운동세력 모두가 손을 잡고 공동투쟁을 해야 된다는 부분에 대해서 거의 합의가 이루어지고 있었습니다.

다만 실질적인 합의에는 이르지 못했습니다. 해방이 너무 갑자기 다가온 겁니다. 예상과는 달리 일본 '천황'이 1945년 8월 15일 항복선언을 한 겁니다. 그래서 당시 중국에 있던, 당시 서안에서 한국광복군 부대가 국내로 진공하기 위해서 출발하는 것을 지켜보려고 중국 서안에 머물고 있던 김구 주석이 개탄했다는 거죠. 일본이 항복선언을 했다는 말을 듣고 탄식했다는 겁니다. 며칠만 더 시간이 있었으면 그래서 우리 광복군이 한반도에 진공했으면 임시정부가 2차 세계대전에 참전한 것이 되고 그렇게 되면 세계대전이 끝난 다음에 우리가 승전국으로서의 지위를 누릴 수 있었는데, 더 떳떳하게 독립을 주장할 수 있었을 텐데 그런 기회를 뺏겨버렸다는 부분에 대해서 김구가 탄식을 했다고 그럽니다.

어쨌거나 너무나 빨리 다가온 일본의 항복선언 때문에 우리가 직접 일본으로부터 독립을 쟁취한 것은 아니지만 사오십 년에 걸친 긴 독립운동이 있었기 때문에 우리는 독립을 이룰 수 있었다, 그리고 대한민국 정부를 수립할 수 있었다. 이런 부분을 강조하고 싶고요. 흔히 독립운동의 역사를 분열의 역사, 갈등의 역사 이렇게 해석하는 사람들이 있는데 저는 동의하지 않습니다. 독립운동의 역사를 길게 보면 늘 갈등과 분열을 극복하고 통합과 연대를 향해서 나아간 역사다, 그렇게 해석하는 것이 맞습니다. 그렇기 때문에 해방 이후에 그 어려운 상황에서도 독립운동을 하시던 분들 가운데 일부가 서울을 떠나서 평양에 가서 김일성, 김두봉과 4자회담도 할 수 있었던 겁니다.

또 하나 독립운동의 중요한 특징은 우리 독립운동하기도 바빠 죽겠는데 우리 독립운동하는 것도 힘들어 죽겠는데 중국혁명, 일본혁명, 러시아혁명에 그렇게 관심이 많았다는 점입니다. 무슨 이야기냐면, 독립운동을 하면서 독립운동가들이 좁은 민족주의의 틀 안에 사로잡혀 있는 것이 아니라 늘 국제적 연대를 생각하고 있었다는 겁니다. 물론 중국에서도 혁명이 일어나고 일본에서도 혁명이 일어나고 러시아에서도 혁명이 성공하면 그 혁명이 조선의 독립에 유리한 정세를 조성할 것이라는 기대도 있었지만 그것보다도 근본적으로는 제국주의의 침략을 받은 또는 제국주의의 침략에 앞에 놓인 피압박 민족의 연대야말로 세계인류의 평화를 이루는 데 무엇보다 필요한 가치라는 생각이 있었기 때문에 그런 국제주의적인 인식이 가능했다고 생각합니다.

5. 독립운동사를 왜곡하려는 역사쿠데타는 막아야 한다

이런저런 특징을 가지고 있는 것이 독립운동사인데 그런 독립운동사를 박근혜 정권은 이상하게 바꾸려고 합니다. 어떻게 바꾸려고 하느냐 지금부터 이제 그 얘기를 해야 하는데 시간이 얼마나 갔는지 모르겠습니다. 사실은 국정화 문제에 가려져 있어서 그렇지 박근혜 정권이 국정교과서로 가지 않고서도 사실 자기들 입맛에 맞게 역사교육을 통제할 수 있는 모든 준비를 이미 마쳤습니다.

역사교과서는 그냥 쓰는 것이 아니라 교육부가 만든, 정부가 만든 교육과정이라는 것에 따라 씁니다. 국정화를 강행하기 얼마 전에 박근혜정권이 '2015 개정 역사과 교육과정'이라는 것을 발표했습니다. 2015 교육과정의 중학교 역사와 고등학교 한국사 교육과정의 특징을 한마디로 요약하면 근현대사 축소입니다. 근현대사는 가르치지 말라는 겁니다. 될 수 있으면 학교에서 학생들에게 근현대사를 가르치지 말라고 그러는 겁니다. 내용을 들여다봤더니 현대사는 별로 줄어들지 않았습니다. 현대사는 박근혜 대통령이 하고 싶은 얘기가 많거든요. 그래서 현대사 줄이라는 얘기는 별로 안합니다. 대신 줄어든 게 뭐냐, 근대사입니다. 일제강점기에 해당되는 근대사를 대폭 줄였습니다. 기존의 검정교과서에 비해서 거의 반 수준으로 토막을 내놨습니다. 기존의 검정교과서는 대개 7장 체제였는데 2015 교육과정에 따르면 고등학교 한국사는 근대사가 7장에서 3장으로 줄어듭니다. 반 이하로 줄어드는 거죠. 또 근대사에서 뭐가 줄어드는지 내용을 자세히 들여다봤더니 줄어든 건 다 독립운동사입니다. 독립운동사는 아주 기본적인 것 몇 가지만 가르치고 나머지는 가르치지 말라는 겁니다.

지금 국사편찬위원회에서 국정교과서를 쓰기 위한 전제조건으로 준거안이란 것을 만들고 있는데 이를 검정교과서 시절에는 집필기준안이라고 그랬습니다. 그런데 국사편찬위원회에서 만든 시안에 따르면 참 친절합니다. 역설적으로 참 친절합니다. 학생들을 걱정하는 마음이 넘쳐납니다. 학생들이 근대사와 관련해서, 특히 독립운동사와 관련해서 학습 부담을 많이 느끼고 있으므로 될 수 있으면 가르치지 말라는 겁니다. 그런데 이해를 못하겠는 건 그렇게 학생들의 학습부담이 걱정되면 정말 학생들이 어려워하는 수학 같은 과목은 왜 될 수 있으면 조금만 가르치라고 이야기하지 않는가 하는 겁니다. 수학은 쉽게 가르쳐라 조금만 가르쳐라 그러지 않으면서 한국사 그것도 독립운동사만 될 수 있으면 가르치지 말라는 게 말이 됩니까? 요는 독립운동사를 학생들이 배우는 게 못마땅한 겁니다. 독립운동사를 제대로 공부해서 한국 근현대사의 정통이 독립운동으로부터 비롯되었다는 걸 학생들이 알게 되는 게 두려운 겁니다. 독립운동가인 김구를 친일파를 비호한 이승만보다 더 존경하고 광복군 출신인 장준하가 만주군 출신인 박정희보다 역사적으로 더 높게 평가받는 걸 두고 볼 수 없다는 겁니다. 그러지 않고서는 국사편찬위원회와 교육부가 나서서 왜 독립운동사를 가르치지 말라고 그러겠습니까?

 이제 정리를 해야겠습니다. 오늘의 대한민국은 독립운동의 산물입니다. 우리는 온갖 어려움에도 불구하고 피땀 흘려 조국의 독립과 민족의 해방을 이룬 선열들에게 위대한 독립정신을 물려받았습니다. 이것이야말로 자랑스러운 우리 역사입니다. 그 자랑스러운 역사를 지워버리려는, 왜곡하려는 정권의 음모, 역사쿠데타 음모에 맞서 끝까지 싸워야 합니다. 그것만이 우리가 선열들에게 보답할 수 있는 길이라고 굳게 믿습니다.

[참고문헌]
강만길, 『통일지향 우리 민족해방운동사』, 역사비평사, 2000
김정인, 이준식, 이송순, 『한국근대사 2 식민지 근대와 민족해방운동』, 푸른역사, 2016
박찬승, 『대한민국은 민주공화국이다』, 돌베개, 2013

이이화, 『한국사이야기 21 해방 그날이 오면』, 한길사, 2015
이준식, 「박근혜 정부의 역사 왜곡과 2015 교육과정 근·현대사 구성의 문제점」, 『2015개정 역사
 과 교육과정과 국정교과서 논란 자료집』, 2015
임경석, 『잊을 수 없는 혁명가들에 대한 기록』, 역사비평사, 2008
한국근현대사학회, 『한국 근현대사 강의』, 한울아카데미, 2016

제 4 강

역사교과서의 국정화,
무엇이 문제인가

·
조 광
고려대 명예교수·서울시 시사편찬위원회 위원장

1. 국정화는 40년 전 이야기

역사교과서의 국정화, 무엇이 문제인가? 이러한 주제를 가지고 여러분을 모시게 되었습니다. 그런데 제가 이 강의를 하면서도 대단히 착잡한 생각이 듭니다. 저는 40년 전에 이 국정화의 문제에 대해 고민했던 사람입니다. 그리고 그 후 1980년대와 1990년대에, 그리고 오늘에 이르기까지도 바로 이 국정화 문제를 계속 논한다고 한다면 뭔가 역사가 비정상으로 흘러간 결과가 아닌가 하는 생각이 들기 때문입니다.

한 번은 제가 종합편성방송인 TV조선에 출연한 적이 있습니다. 국정화 문제가 발생했던 초기에 TV조선에서도 이에 반대하던 2015년 10월 초였습니다. 그때 방송국에서는 사전에 질문지를 별도로 보내지 않고 인터뷰했습니다. 그러나 저는 "이 문제를 40여 년 동안 생각해오던 사람이므로 자신 있게 대답할 수 있다"고 말했습니다. 그리고 "우리나라 역사는 40년 동안 장족의 발전을 했는데, 이 국정화 문제는 왜 이다지도 맴돌고만 있는 것입니까? 40년 전에 생각했던 문제를 지금 또 이야기하게 된다면 이것이 바로 비극입니다."라는 말로 그 인터뷰를 시작했던 기억이 납니다.

원래 이 역사교과서에 관한 문제는 역사학계 내지는 역사교육계에서 논의할 문제입니다. 정치현장에서 논의할 문제가 아니라는 것이죠. 즉 이 역사교과서는 진영의 논리와는 별개로 논의되어야 될 학문적인 분야란 말입니다. 이 점을 우리는 먼저 전제해야 할 것입니다. 그래야지 헌법에 규정되어 있는 '교육의 정치적 중립성'이 보장되고, 다원화된 현대사회에 적응해 나가야 하는 학생들에게 다양한 사고와 해석 방법

조광 고려대 명예교수

을 가르쳐줄 수 있기 때문입니다. 그런데 역사교과서의 국정화문제가 뜬금없이 나왔다고 볼 수 있겠죠? 지난 40년 동안, 잘 나가다가도 갑자기 국정화 이야기가 나오고, 아니면 교사용 지도서 문제라든지 집필 규정 문제 등 시대착오적 내용들이 거의 주기적으로 거침없이 제기되어 왔습니다.

검정교과서에서 주로 문제가 제기된 부분은 현대사 부분에 집중되었다고 생각됩니다. 그러나 이번의 역사교과서의 국정화 문제는 근현대사 전공자들뿐만 아니라 전근대사, 즉 고대사나 중세사 전공자 등 한국사 전공자 모두가 반대하는 일입니다.

지금 역사학자들이 역사교과서의 국정화를 왜 반대하느냐 하면, 현재 시도되고 있는 역사교과서의 국정화 획책은 유신시대에 시행되었던 유신교과서나 다를 바가 없기 때문입니다. 이를 추진하는 사람들은 국정 교과서를 '올바른 교과서'라고 말하고 있지만, 유신교과서는 양두구육羊頭狗肉의 역사책이었습니다. 유신의 '정당성'을 강변하기 위해 국정교과서를 강요했던 것입니다. 국정교과서는 '올바른 교과서'가 아니라 유신교과서의 재판再版으로 규정되어야 합니다. 유신은 1970년대 독재자 박정희가 민주주의를 말살시킨 비극적 사건임은 사법부에서도 판정하였습니다. 박근혜 대통령도 선거운동 당시에 자신의 부친이 저질렀던 이 일을 사과한 바 있습니다. 유신은 그만큼 비극적 사건이었습니다. 그러므로 정부는 유신시대의 국사교과서가 다시 살아나는 일을 마땅히 막아야 하지 않겠습니까?

그런데 지금 저는 거리에 섰고, 여기에는 시민 여러분들께서 와 계십니다. 왜 시민사회나 정치권에서 이 문제에 관여하게 되었는가 하는 점도 잠깐 좀 살펴보아야 하겠죠. 현재 박근혜 정부의 교육부에서 국정화를 강행하려 하고 있기 때문이죠. 역사교과서의 국정화는 단지 역사학계의 문제에만 국한되지 않습니다. 대한민국 국민들이 가지고 있어야 할 올바른 역사관, 세계관이나 인생관에 직결되는 문제입니다. 그러므로 역사교과서의 국정화 문제는 지식인 사회뿐만 아니라 시민 모두, 국민 모두에게 공통적으로 제기된 문제입니다. 역사교과서의 국정화라는 부당한 시도는 당연히 국민 모두의 문제로 바뀔 수밖에 없는 것입니다.

국정화 문제는 시민 여러분들도 도외시할 수 없는 정치현안이기 때문에, 엄동설한 이 추위에도 불구하고 여러분은 이 자리에 나와 계시리라 생각합니다. 그러나 생각해 봅시다. 이 국정화 문제를 누가 야기했습니까?

현 정부를 중심으로 한 정치권에서 제기한 문제입니다. 그들은 이른바 '뉴라이트'라고 불리는 정치세력을 앞장세워 역사교과서를 학문의 문제가 아닌 정치의 영역에 포함시켜 버린 것입니다. 그리고 다시 이를 받아들여 적극 지지하고 그 주장을 관철하려고 하는 집단이 지금의 정부입니다. 그 책임자는 대통령과 교육부장관, 집권 여당의 책임자 등등입니다. 이들이 바로 교과서의 문제를, 학문적이고 역사교육의 문제여야 될 현대사의 여러 과제들을 현실 정치의 문제로 만들어 버렸습니다.

2. 교과서 발행체제

여기에서 박근혜 정부에 의해 국정 한국사교과서가 등장하게 되었습니다. 우리는 왜 국정화가 거론되고 있으며, 이것이 왜 문제인가 하는 점을 살펴보아야 하겠습니다. 역사교과서 발행 체제에는 몇 가지가 있습니다. 여기 오신 분들은 이미 다 교과서의 발간 체제에 대해 사전 지식을 가지고 계실 것입니다. 그러나 이를 다시 확인해보자면, 거기에는 우선 국정체제가 있죠. 국가가 교과서를 간행하는 체제입니다. 국정화 제도라고 한다면 과거 나치 독일이라든지, 대동아전쟁기의 일본, 과거의 일부 공산주의 국가 그리고 일부 근본주의적 회교 국가들, 그리고 지금 방글라데시 등과 같은 국가들이 채택했거나 채택하고 있는 제도입니다. 학문적인 수준이 매우 저급한 국가나 전체주의를 지향했던 국가들이 역사교과서의 국정화를 시도하고 있는 것입니다. 이와 같은 국가들은 전체주의의 관철에 필요하다고 생각되는 유일한 역

거리 역사강좌에 참석해 강의를 경청하고 있는 시민·학생들 ⓒ한국사교과서국정화저지네트워크

사 해석의 기준을 국민들에게 제시하고 강요하고자 하는 것입니다.

한편, 교과서를 발행하는 데에는 검인정제도가 있습니다. 이 제도를 적용하고 있는 가장 대표적인 나라가 일본입니다. 검인정교과서는 검정교과서와 인정교과서로 나누어집니다. 검정교과서는 정부에서 제시한 검정기준에 부합되는지의 여부를 따져서 이에 합치된다고 인정할 때 교과서로 인정하는 것입니다. 현재 우리나라의 역사교과서는 검정제도를 채택하고 있습니다.

인정제도는 이미 간행된 교재들 중에서 일부를 교과서로 쓸 수 있다고 인정하는 체제로서 일부 미국의 몇몇 주에서 시행되고 있는 제도입니다. 그러나 이러한 제도 이외에 우리가 바람직한 발행체제라고 생각하는 자유발행제가 있습니다. 이것은 미국 상당수의 주 정부들이나 유럽의 여러 나라들이 시행하고 있는 제도입니다. 이른바 민주주의를 국가의 기본적인 가치로 삼고 이를 지향하는 나라에서는 검정, 인정 대신 자유발행제로 나갑니다. 그러면서 교과서 발행에 국가가 간섭하지 않습니다. 국가의 간섭도 없고 실제로 교사라든지 학부형이라든지 교육담당자들이 이것을 교재로 채택하면 좋겠다 하여 채택하는 그러한 체제가 바로 자유발행제인 겁니다.

이러한 4가지 종류의 역사교과서 발행체제가 있습니다. 역사교과서는 그 간행 체제에 따라서 교과서 안에 담고 있는 내용과 그 교육의 결과가 달라질 수밖에 없습니다. 우리는 철학에서 형식이 내용을 규제한다는 말을 들어왔습니다. 어떤 특정 형식 내지는 체제가 있다면 그것은 곧 그것의 구체적인 내용을 간섭하고 그것을 규제할 수밖에 없는 것입니다. 예를 들어, 전체주의적인 사고방법을 담는 데 가장 적절한 체제는 국정교과서입니다.

이 때문에 국정교과서는 전체주의 사상을 담을 수밖에 없습니다. 그리고 역사교과서의 자유발행제라고 한다면 국가의 간섭이 일체 없는 것이죠. 그것은 역사학자라든지 역사교육자들이 자유롭게 자신이 생각하는 사관에 입각해서 글을 쓰고 이를 학생들에게 전달함으로써 그들의 비판력을 키워주는 제도입니다. 이것이 바로 자유발행제가 가지는 특징입니다. 우리는 이러한 점을 감안하면서 형식이 내용을 규제할 수밖에 없기 때문에 역사교과서의 국정화에 반대한다는 점을 분명히 해야 합니다.

현재 우리나라의 중고등학교 과정에 사용되는 역사교과서는 검정제도 아래에서 발행되고 있습니다. 아쉽기는 하지만, 교육현장에서는 검정교과서를 통해서라도 좀 더 다양한 역사해석의 틀을 제시하면서 풍부한 해석방법을 유도해냅니다. 역사교사는 학생들에게 역사적인 비판 의식을 제시해주면서 이를 통해서 현실사회를 보다 아름답게 이끌어내려는 데에 목적을 둔 교육을 하고 있습니다.

그러나 현재 우리나라에서 시행되고 있는 역사교과서 검정제도에도 한계가 있습니다. 왜냐하면 검정 기준으로 역사교과서가 서술해야 할 편목과 세목까지 자세히 규정하고 그 서술의 방향까지도 정해주고 있기 때문입니다.

이는 정부에서 일정한 범위 안에서만 역사를 서술하라는 규정이기 때문입니다. 예를 들자면 어느 부분에 어떠한 단어가 꼭 들어가야 한다는 등과 같은 구체적 지시까지 내리고 있습니다. 그러니 아쉬운 점이 많기는 하지만, 이 검정교과서가 국정교과서보다는 월등히 우월하기 때문에 국정화에 반대하고 검정제도를 고수하고자 하는 것입니다.

3. 국정화 반대 이유(1)

여기에서 우리는 현재 국정화를 반대하는 이유가 어디에 있는가 하는 점을 다시 한 번 정리하고 넘어가야 하겠습니다. 즉, 국정화를 시도하는 사람들은 왜 국정화를 해야 된다고 주장하는가를 알아야 하고, 그들의 주장에서 드러나는 문제점을 분명히 해야 할 것입니다. 그들은 우리 역사해석의 방향을 역사학계의 합의에 맡기지 않고 현실정치에 예속시키고자 합니다. 과거의 역사 특히 우리가 살고 있는 현대사와 직결되는 상황들에 대한 자의적 해석을 통해 자신의 입지를 강화하고, 자신들의 정치적 지배를 영속화하는 데에 역사를 활용하고자 하고 있기 때문입니다.

오늘날 한국역사학계가 역사교과서의 국정화를 반대하는 데에는 대략 다섯 가지의 이유가 있다고 생각됩니다. 즉, 첫번째 현재의 국정화 시도는 일제강점기 독립운동의 가치를 상대적으로 약화시키고 식민지 지배의 긍정적 측면을 드러내야 한다는 입장과 연결되어 있다고 판단하기 때문입니다. 국정화를 주장하는 사람들은 그 정신적 구조나 혈연적 연결을 통해서 식민지 지배세력과 연계되어 있습니다. 그들은 근현대사 서술을 통해 일제강점기 독립운동의 가치를 떨어뜨리고 친일파를 미화합니다. 여기에 가장 큰 문제가 있지 않나 생각됩니다. 친일파 미화론의 한 갈래로서는 식민지 근대화론과 같은 잘못된 이론이 있습니다.

여기에서는 과거 일본인들이 조선에 대한 식민지 지배의 성과로 내세웠던 근대적 교통시설이나 교육에 관한 사례의 허구성만을 지적해보고자 합니다. 우선 철도 부설과 관련한 문제입니다. 일제가 조선에 철도를 부설하고자 할 때, 그들은 조선왕조가 제공하는 토지를 무상으로 활용하였습니다. 조선왕조는 철도부지를 무상으로 제공해야 됐던 것입니다. 철도를 건설하는 과정에서도 그들은 우리나라 사람들의 부역노동 또는 강제노동을 상당 부분 제공받았습니다. 이러한 과정에서 일제가 우리나라의 철도를 만들었던 것입니다.

그렇다면 당시 우리는 철도를 만들 능력이 없었느냐? 아니죠. 민족자본가들에 의해서 철도를 건설하려는 노력이 진행되었지만 일제는 그 민족자본가들의 철도건설 노력을 철저히 파괴하였습니다. 그러면서 그들은 침략전쟁을 수행했고, 이를 위해 철도를 만들었습니다. 그리고 철도의 운영에 있어서도 그들은 불평등한 가격제도를 적용했습니다. 예를 들자면 화물운임은 매우 저렴하게 했습니다. 화물운임이 저렴했던 까닭은 당시 철도로 운송되는 화물이란 식민지 조선에서 그들이 팔아먹을 일본의 자본주의 상품이거나, 아니면 조선에서 약탈해 갈 원료 제품이기 때문이었습니다. 운송비가 올라가게 되면 국제 경쟁력에서 그만큼 불리하기 때문에 화물비용은 최대한 낮추려고 했던 것입니다. 반면 일반 여객운임은 높였습니다. 왜냐하면, 그 철도를 이용하는 사람은 조선인들이었기 때문입니다. 그러니까 조선인을 철저히 착취하기 위한 방법으로 여객운임을 높이고 화물운임은 낮추었던 것이 철도 운영의 실상이었습니다. 그들의 철도 건설이 조선의 자발적인 철도 건설 노력을 물리치고 자신의 침략정책을 수행하기 위해서 감행한 것이라면, 그들은 철도 건설을 자랑해서는 안됩니다.

교육의 경우에도 마찬가지입니다. 교육현장에서 노력하시는 중고등학교 선생님들도 이 자리에 나와 계신 것으로 알고 있습니다. 이미 아시는 바와 같이, 구한말 도처에서 민족교육운동이 일어나고 있었습니다. 민족교육운동이 매우 활발하게 일어나던 때가 바로 애국계몽운동의 시기였습니다. 그러나 애국계몽운동이라는 교육운동 그 자체가 일제에게는 눈엣가시였습니다. 그러니까 그들은 교육을 자신들이 완전히 장악하고 사립학교에서 진행되는 독립사상 교육을 막고자 했습니다. 그래서 통감부에서는 '사립학교령'을 만들었습니다. 이 '사립학교령'에 의해서 그 당시 전국에서는 2천여 개의 학교가 문을 닫아야만 했다고 합니다. 그들이 '사립학교령'을 강행해 나갈 때 내세운 명분이 있습니다. 학교시설의 수준을 높여야 하고 전문가들이 편찬한 교과서를 사용해야지 올바른 교육이 된다고 말했습니다. 지금 정부가 올바른 국사 교과서 운운한 것과 마찬가지로, 그들도 '올바른' 시설, '올바른' 교과서, '올바른' 교사를 논하면서 우리의 민족교육운동을 탄압했습니다.

그러나 이들이 사립학교 교육을 탄압했던 부당성은 일본에서 의무교육이 시행되던 과정을 검토해 보면 확연히 드러납니다. 일본에서 의무교육이 시행된 건 1880년대였습니다. 이는 일본의 역사연표만 보면 바로 금방 드러납니다. 그런데 의무교육이 시행된 지 3년 있다가 제정된 희한한 법률이 하나 있습니다. 그것은 '나체금지법'입니다. '나체금지법'이 나왔다는 것은 1880년대 당시까지도 아직 일본에서는 벌거벗고 길거리를 활보하는 사람들이 있었다는 말입니다. 그들은 놀랍게도 '나체금지법'보다 먼저 국민교육이라고 하는 개념을 파악하고 의무교육을 강행시켜 나갔던 것입니다. 그들은 이렇게 의무교육을 강행하는 과정에서 자신의 모든 자본과 시설을 총동원했습니다. 열악한 학교 시설과 교재나 교사들의 수준을 올리는 일보다 국민교육이 더 급선무였기 때문에 이렇게 했습니다. 그러나 불과 20여 년 후에 그들이 조선에 강박한 '사립학교령'은 당시 일본에서 통용되던 시설기준과 교과서와 교사의 자격을 요구했던 것입니다. 그들은 우리나라의 식민지화를 위해서는 바로 민족교육 자체를 말살해야 한다는 관점에서 '사립학교령'의 시행을 강행하였습니다. 이렇듯이 일제가 우리나라를 위해서 시행했다는 근대교육은 허구에 불과한 것입니다.

무엇보다도 국정화론자들은 독립운동을 상대화시킵니다. 독립운동의 상대화 시도는 독립운동에 대한 서술의 약화나 생략을 뜻하기도 합니다. 독립운동을 깎아 내려야지 친일파들의 침략협조행위나, 친일파들의 활동이 면죄부를 받을 수 있지 않겠습니까? 이러한 저의를 전제로 할 때만 국정화를 위한 현재의 시도를 이해할 수 있으리라 생각됩니다.

4. 국정화 반대 이유(2)

현재 우리 학계가 국정화를 반대하는 두번째 이유는 역사교과서의 국정화를 통해서 군부독재를 미화하려는 저의가 있다고 보기 때문입니다. 과거 군부독재자들은 자신들이 경제건설의 주체임을 내세워 쿠데타의 정당성을 주장했고, 자신들이 한국 현대사에서 반드시 필요한 세력이었음을 주장한 바 있습니다. 그들은 바로 이 점을 강조하여 자라나는 세대의 머리에 5·16군사쿠데타 세력의 정당성에 대한 인식이 뿌리를 내리도록 하기 위해서 국정화를 추진하고 있습니다. 그들은 현대 한국사회의 성취를 산업화세력과 민주화세력의 노력이라고 평하기도 합니다. 물론 그들은 군부를 산업화세력의 대표로 설정하고 있습니다. 따라서 국정화 시도는 국민 모두의 노력 결과인 경제 성장을 식민지 협력자인 친일잔재세력이나 군부 독재세력의 몫으로 둔갑시키고, 그 성장의 결과와 역사적 평가를 탈취하려는 시도와 연결되어 있다고 판단됩니다.

한국의 근대적 산업화는 당시 국민 모두가 합의한 사실이었습니다. 산업화는 많은 노동자들이 묵묵히 희생을 감수한 결과였습니다. 이들의 희생 없이 산업화는 불가능했습니다. 또 거기에는 산업화 과정에서 묵묵히 국산품을 사용한 소비자의 공도 컸습니다. 예를 들어 보겠습니다. 저는 어렸을 때 초등학교에서 국산품 애용의 교육을 철저히 받았습니다. 우리가 어렸을 때는 손톱을 깎을 때 가위를 사용했습니다. 그러다가 국산품 손톱깎이가 나왔습니다. 그러나 당시 국산 손톱깎이는 쇠의 질이 물러서 손톱이 잘 깎이지 않았고, 때에 따라서는 손톱을 찢어내기까지 했습니다. 그러나 저는 국산품 애용이라는 합의 때문에 찢어진 손톱을 다시 가위로 다듬더라도 외국제 손톱깎이를 쓰기가 미안했습니다. 아마도 이것이 당시 소비자들이 가지고 있던 결단의 한 측면이 될 수 있을 것입니다. 물론 산업화 과정에서는 군부독재자나 자본가들의 공도 일부 인정됩니다. 그러나 그것은 국민 모두가 합의한 사실의 일부에 지나지 않습니다. 이와 같은 국민의 각성과 협조 없이는 산업화가 불가능한 일입니다.

우리가 산업화를 추진하던 시절 중남미와 동남아 여러 나라에서는 군부 쿠데타가 자주 일어났습니다. 그 나라에서 쿠데타를 강행한 군부 세력도 한결같이 경제개발을 쿠데타의 명분으로 내세웠습니다. 그러나 그 가운데 어느 나라도 산업화에 성공하지 못했습니다. 그것은 바로 경제개발에 대한 국민적 합의를 이끌어낼 수 있는 민주주의를 발전시키는데 성공하지 못했기 때문입니다. 그러나 우리 국민은 민주주의를 확대해 나갔습니다. 이 힘이 바로 산업화의 원동력으로 작용했습니다. 그렇다면 산업화는 군부독재의 결과가 아니라 민주화의 결과로 해석되어야 마땅할 것입니다. 그리고 산업화세력과 민주화세력이 따로 존재하는 게 아니라 하나인 것입니다.

민주주의가 경제발전을 이루었다는 점은, 그리고 민주주의를 지향하는 노력이 경제발전을 이루었다고 하는 점은 필리핀과 우리나라의 비교를 통해서도 가능하지 않을까 생각됩니다. 1949년이면 6·25전쟁이 일어나기 바로 직전입니다. 그 당시 우리나라의 국민소득은 87달러였습니다. 1950년 6·25가 일어나니까 그것이 52달러로 떨어집니다. 물론 우리나라가 87달러일 때 미국의 국민소득은 3,800달러 정도니까 오늘날의 달러와 그 가치가 다르다는 것을 전제로 해야만 되겠습니다. 그런데 우리나라는 계속 민주주의를 지향해왔고 민주주의를 위해서 많은 노력을 했습니다. 4·19 혁명이라든지 6·10항쟁 등 민주주의의 신장을 위한 노력을 줄곧 이어왔습니다.

그런데 필리핀은 어떠했나요. 필리핀은 우리 국민소득이 87달러였을 때 두 배 이상 잘 살던 나라, 1인당 184달러였던 나라입니다. 그런데 민주주의 정치가 아닌 가문정치로 흘렀습니다. 오늘날 필리핀의 경우에는 50여 개의 가문이 필리핀 전체 국부의 80%를 차지하고 있다고 합니다. 그 결과가 어떻게 나타났는가 보면, 민주주의를 위해서 자신을 희생하고 각종의 희생을 아끼지 않았던 우리나라는 2014년 현재 2만 9,901달러입니다. 세계 19위의 국민소득을 기록하게 되었던 것입니다. 반면에 필리핀은 2014년 국민소득이 3,930달러입니다. 전 세계 102위입니다. 100위권 밖으로 밀려났습니다. 가문정치를 추구하던 필리핀, 가문정치를 용인했거나 묵인했던 필리핀과 민주주의를 꾸준히 추진해왔던 우리들의 현재 상황을 비교해 볼 수 있을 것입니다. 여기에서 민주주의가 결국은 경제발전도 가능하게 한 것이므로, 경제발전의 결과로 민주주의가 생겨났다는 얘기는 본말이 전도되었음을 알 수 있습니다. 또한 우리는 민주화세력과 산업화세력이라는 이분법적인 사고방법을 강조하는 것이 이른바 산업화세력을 자칭하고 싶은 군사 독재자들이나 그 후예들이 자신의 입지를 마련하기 위한 고육책에 불과하다는 것을 알 수 있을 것입니다.

　최근 『뉴욕타임즈』에서 사설을 통해 한국에서의 국정화 파동에 대해서 언급한 바가 있습니다. 즉, 2015년 11월 19일자 『뉴욕타임즈』의 사설을 보면 "박근혜 대통령은 식민지 시대의 일본제국주의의 장교였으며 1961년부터 1979년까지 한국 군부의 독재자였던 박정희 장군의 딸이다. 자기 아버지의 이미지를 회복시키는 것이 한국의 역사, 특히 민주주의적 자유가 산업화의 장애물로 여겨지던 그 시대의 역사를 미화하는 버전을 한국 학생들이 배우도록 하려는 한 가지 동기로" 이를 강행하고자 하고 있다고 보도했습니다. 이러한 보도를 접하게 된 오늘의 한국 국민은 불행한 존재입니다. 그러나 우리는 노력 여하에 따라서 이 불행을 행운으로 전환시킬 수 있습니다. 이와 같이 군사독재를 합리화시키기 위한 방법으로 국정교과서 문제가 정치권에서 제기되었기에, 이것은 역사학자뿐만이 아니라 우리나라의 시민들, 정치인들 모두가 나서서 막아야 하는 문제입니다.

5. 국정화 반대 이유(3)

　한편 오늘날 우리 학계에서 국정화를 반대하는 세번째 이유는 분단체제를 고착화시키려는 의도가 보이기 때문입니다. 국정화를 추진하는 사람들은 흔히 좌익적인 시각을 가진 역사학자들에 의해서 교과서가 왜곡되고 있기 때문에 그것을 바로잡아야 한다고 말합니다. 그들은 이에 관한 구체적인 예로, 검정 역사교과서에서 북한은 건국이라고 하고 남한은 정부수립이라고 했다는 것을 지적합니다. 그리고 이는 북한의 정통성을 더 강화해주려는 의도가 있는 것이며, 바로 북한을 지지하는 사람들이라고 규정해 버립니다. 그러나 대한민국 정부 수립이라는 표현은 1948년 정부 수립 당시의 기록에 철저히 입각한 것입니다. 대한민국에서는 정부 수립으로 자신의 행위를 규정했지만 북한은 건국이라고 했습니다. 그들이 건국이라고 했던 것은 그들이 이어받을 나라가 없었기 때문입니다. 그러나 대한민국 정부는 엄연히 임시정부의 법통을 이어받았습니다. 그래서 당시 임시정부의 법통을 이어받고 새로운 정부를 세운다는 의미에서 정부 수립이라 표현했던 것이고, 그것을 국가의 건국이라고 본 것은 아니었습니다.

우리는 이렇게 역사적 사실에 근거하여 정부 수립과 그리고 건국 등등의 용어를 역사교과서에서 제시했던 것입니다. 그러나 국정화 세력은 바로 이러한 점을 전혀 도외시하고서 현행 검정교과서에서 건국이라는 용어를 통해서 북한을 두둔하려고 했다며 매카시즘(McCarthyism)적 방식으로 몰아붙이고 있습니다. 그들이 대한민국 정부 수립을 건국으로 보고자 하는 것은 사실이 아니라 그 사실에 대한 해석과 관련되는 것입니다. 그러나 국정화 세력은 자신들의 해석을 사실로 둔갑시켜 이를 학생들에게 강요하려는 것입니다.

그리고 국정화론자 가운데에는 검정교과서에 김일성 사진은 3번 나오지만 이승만 사진은 1번 밖에 나오지 않았다고 공격하기도 합니다.

그런데 검정교과서는 그 한 종류만 있는 게 아닙니다. 여러 교과서 가운데 한 종류가 그랬다고 하여 이를 전체 검정 교과서의 문제점으로 몰아가서는 안됩니다. 그리고 이러한 점이 정 마음에 안 든다면 검정 과정을 통해서도 적절히 수정할 수 있는 것입니다. 그러나 그들은 한 권의 교과서에 서술된 내용을 가지고 검정교과서 전체를 공격하고 있습니다. 그들은 부분을 일반화시켜 역사교과서는 국정화되어야 한다고 합니다. 이건 논리적인 비약에 불과한 것입니다.

우리나라 헌법은 평화적 통일을 지향하고 있습니다. 대통령도 취임 선서를 통해서 평화통일을 위해 노력할 것임을 국민 앞에 선서합니다. 이를 위해서는 남북 대결이 아닌 민족 화해를 논해야 합니다. 또한 평화통일을 위해서는 북한의 실상을 잘 알아야 합니다. 북한에 대한 편견을 갖고 있는 한 평화통일은 멀어져 가고, 분단체제는 고착화됩니다. 분단체제의 고착화는 막대한 분단비용을 우리 국민에게 요구합니다. 우리는 나라와 민족의 발전을 위해 교육과 문화 발전 그리고 국민복지를 위해 투자해야 할 많은 부분을 남북 대결 때문에 국방비로 돌리고 있습니다. 남북화해를 통해서 우리는 국가와 민족의 발전을 이룩할 수 있기 때문에 분단을 고착화시키려는 어떠한 시도에도 반대합니다.

6. 국정화 반대 이유(4)

역사교과서의 국정화를 반대하는 네번째 이유는 전체주의적 사상통제의 시도를 반대하기 때문입니다. 국정화 세력이 '올바른' 역사관이라고 우리에게 강요하고 있는 내용이 있습니다. 그러나 그들이 주장하는 내용은 전체주의적 역사인식일 뿐입니다. 그들은 과거의 역사에 긍정적 시각의 역사관을 가져야 된다고 주장하며 실제로는 전체주의를 강화시키고자 합니다. 전체주의는 민주주의의 적입니다. 공산주의나 파시즘 이 둘은 모두 다 우리가 추구하고 있는 진정으로 올바른 민주주의에 반대되는 것입니다. 그런데 국정화를 시도하는 사람들은 전체주의를 강화하려는 하나의 목적을 가지고 사상통제의 방법으로 국정교과서를 관철시키고자 한다는 혐의를 충분히 받을 만합니다.

국정화론자들은 국민에게 올바른 역사관을 제시해야 된다고 강변합니다. 올바른 역사관, 물론 좋은 이야기이죠. 여기에 계신 분들은 모두 올바른 역사관을 가지고 있습니다. 역사의 올바름을 판정하는 것은 국가가 아닙니다. 그것은 모든 국민의 몫입니다. 그러나 올바른 역사관이 단 하나밖에 없는 것으로 간주하고 정부가 이를 가려서 국민에게 주려 한다면, 그것은 곧 전근대적 봉건시대의 정사正史가 오늘날에도 필요하다는 말과 같습니다. 그러나 근현대 사회는 역사에서 정사를 거부합니다. 하나의 해석만을 강요하던 정사 대신에 다양한 역사해석을 인정하고 그 역사해석의 다양성은 인간의 자유를 보장해 줍니다.

물론 근현대 사회에서도 정사가 있을 수도 있습니다. 그러나 오늘의 정사는 정부가 만들어 주는 게 아니라 학자들의 연구와 국민들의 동의에 의해서 다져지는 것입니다. 그러나 오직 한 가지만 옳다고 주장하는 국정화된 교과서는 현대 사회와 사상과는 전혀 반대되는 것입니다. 민주주의는 의견이 다름을 뜻합니다. 그리고 국가가 올바른 역사를 편찬한다는 것은 19세기 이전에나 있었던 일일 뿐 오늘날 정사를 편찬하는 국가는 이 지구상에 존재해서도 안 되고 존재할 수도 없는 것입니다.

긍정적 역사관을 가져야 된다? 물론 긍정적인 역사관이 중요한 것도 사실이겠죠. 그러나 역사는 긍정적인 측면만 있는 것이 아니고 양측면을 가진 것입니다. 부정적인 측면도 얼마든지 있고 오히려 역사의 교훈이라고 할 때에는 바로 이 부정적인 측면에 대한 비판과 반성을 통해서 얻을 수가 있습니다. 과거의 실패나 오류를 통해서 우리는 배우기 마련이기 때문이죠. 이 비판적 시각을 거부하는 행위는 역사의 교훈을 무시하는 일이고 또 현실 상황에 대한 비판이나 저항을 미리 막아보고자 하는 음흉한 흉계일 수 있습니다. 이렇게 학계와 우리 국민 대부분이 국정화를 반대하는 이유는 전체주의에 대해 반대하기 때문입니다. 민주주의의 반대는 전체주의라고 했습니다. 대표적 전체주의는 독일 히틀러의 나치즘이라든지, 이탈리아 무솔리니의 파시즘입니다. 지금 일부 남아있는 공산국가에서 추구하고 있는 것도 어찌 보자면 변형된 전체주의(Totalitarianism)일 뿐인 것입니다.

그런데 보십시오. 최근에 대한민국 국무총리 황교안은 교학서 교과서를 거부한 99.9%의 역사학자와 역사교사들, 그리고 교육자들을 좌편향으로, 적으로 돌렸습니다. 대한민국 국무총리가 99.9%를 거부한 것입니다. 이것은 독단이요, 대한민국 헌법 제1조에서 규정한 민주공화국에서는 일어날 수 없는 일입니다. 국무총리가 헌법 제1조를 무시하는 나라가 세상 어디에 있겠습니까? 그게 현재의 우리나라라면 우리는 불행한 국민입니다. 그밖에 검정교과서를 잘못된 교과서로 규정한 사람으로는 집권당 대표 김무성도 있습니다. "90%의 역사학자들이 좌편향이다"라고. 대통령 박근혜도 있습니다. "80%의 역사교과서 집필진들이 좌편향이다"라고 단정적으로 말했습니다. 좌편향의 기준이 무엇인가를 우리는 따져봐야 하겠습니다. 자신이 맨 오른쪽에 앉아서 왼쪽을 바라본다면 자기를 빼놓고는 다 좌편향이 되기 마련 아닙니까? 우리나라의 정치지도자들이 이러한 생각을 가지고 있다는 것은 매우 심각한 문제입니다. 황교안 국무총리나 김무성 집권당대표, 그리고 박근혜 대통령마저도 이런 잘못된 시각을 가졌다면 이것은 우리나라의 비극인 것입니다.

그러므로 역사학계에서는 국정화 주장을 반대하는 것입니다. 현재의 검정교과서 집필자나 많은 역사학자들, 그리고 국정화를 반대하는 국민들을 종북 좌편향으로 규정하는 일은 자신이 바로 전체주의자=토탈리테리어니스트이고 히틀러의 후예이며, 무솔리니의 후예, 도조 히데키의 후예라는 이야기밖에 되지 않습니다. 국정교과서 사례만 가지고 말한다면 황교안, 김무성뿐만 아니라 박근혜 대통령도 전체주의자라고 규정해도 크게 틀리지는 않을 것입니다.

또한 이것은 국격에 관한 문제입니다. 그들은 자신의 역사관이 옳다는 말을 하기 전에 먼저 내가 전체주의자인가, 내가 파시스트인가를 먼저 밝혀야만 될 것입니다. 이러한 현상은 다 불행한 일입니다. 물론 그들은 결코 자신을 전체주의자라고까지 생각하지 못 할 것입니다. 그러나 역사의 교훈은 우리에게 이러한 말을 하는 사람들은 전체주의로 나아가고, 그 전체주의는 하나의 민족을 하나의 국가를 멸망으로 이끈다는 점을 기억하라고 합니다. 그들도 이를 알아야만 될 것입니다.

7. 국정화 반대 이유(5)

우리 학계가 이 국정교과서를 반대하는 까닭을 한 마디로 줄여서 말한다면 대한민국의 헌법정신을 수호하기 위해서입니다. 우리의 헌법

정신은 민주주의입니다. 민주주의의 적은 전체주의라고 했습니다. 전체주의적인 정신에 반대한다는 것은 민주주의를 수호하기 위해서입니다. 또한 평화통일을 추구하기 위해서입니다. 우리는 북한과의 대결과 투쟁이 아니라 평화를 논해야만 되는 것입니다. 평화를 논하고 평화를 수행해야지 우리 민족의 미래가 있는 것입니다. 이를 위해서 북한을 객관적으로 이해하고 그 객관적인 이해를 강화시키고 보급시켜 나아가야만 된다는 것이죠.

우리 국시는 5·16 직후에는 반공이었을지 모릅니다. 그러다가 통일로 바뀌었습니다. 그러나 여기에 그치지 않고 우리는 남북 간의 대립을 물리치고 민족화해로 나아가야 되며, 민족화해를 통해서 민족의 평화로운 통일로 나아가는 것입니다. 평화통일이 우리나라의 헌법정신이며, 올바른 정책의 방향으로 보아야 하는 것입니다. 그렇기 때문에 대한민국 헌법정신을 수호하기 위해서라도 국정화 저지가 반드시 이루어져야 한다고 생각합니다.

역사는 인류가 공유하는 세습재산입니다. 이 역사는 인류의 공동소유물이라는 것이죠. 그런데 일부의 사람들은 지배의 정당성을 확보하기 위해서 자신이나 자신이 속한 집단만을 역사의 주역으로 만들고자 했습니다. 물론, 역사가 인류의 공동소유물이라는 점을 거부하고 특정 영웅이나 위대한 인물만의 역사를 쓰려고 했던 적도 있었던 것이죠. 이걸 영웅주의사관이라고 했습니다. 영웅주의사관은 19세기 후반기에 제시된 바 있고, 150년 전이죠. 우리 할아버지의 할아버지 그 할아버지 때에 제시되었던 이론이 영웅주의 역사이론이었습니다. 그러나 이 역사이론은 극복되었죠. 오늘의 역사는 인류공동체가 이룩한 공동자산이 바로 역사이고 인류 모두, 특히 여기에서 일반 민중들이 역사의 주역임을 얘기해주고 있습니다. 먼저 이러한 점을 구체적으로 생각해봅시다. 공동자산으로서의 민주화 문제, 공동자산으로서의 산업화 문제를 제시함으로써 역사란 인류의 공동자산이요 우리가 바로 그 주역이었다고 하는 점을 확인할 수 있으리라 생각되기 때문입니다.

민주주의의 발전에 대해서 같이 생각해봅시다. 민주주의는 해방 이후 우리가 갈구하고 우리가 지향할 수 있었던 새로운 정치적 가치였습니다. 그리고 인류가 도달한 가장 좋은 정치체제를 우리는 민주주의로 확신하고 있습니다. 그런데 민주주의의 개념이 뭔가? 여러 가지 있겠죠. 그 중에서 60년 전에 우리나라에서 규정한 민주주의의 개념이 뭔가를 좀 살펴보려고 합니다. 60년 전이면 1955년인데 대한민국 문교부에서 만든 국민학교 6학년 교육과정에서 민주주의를 설명하는 부분이 있습니다. 적어도 그 시절 대한민국에서 국민학교를 나온 사람이라면 이러한 개념의 민주주의를 알고 있을 것입니다. 거기에는 첫째, 민주주의란 자유를 뜻한다. 둘째, 민주주의란 스스로 다스림을 뜻한다. 셋째, 민주주의란 의견이 서로 다름을 뜻한다. 넷째, 민주주의란 모든 사람에게 같은 기회를 준다. 다섯째, 민주주의란 인내를 뜻한다. 이러한 얘기를 하고 있습니다.

여기에서 생각해보세요. 민주주의가 바로 자유를 뜻한다고 한다면 국정화는 자유와 일치되는 것입니까? 아닙니다. 민주주의가 스스로 다스림을 뜻한다고 했습니다. 이는 민의를 존중하는 것으로 해석하고 있습니다. 그런데 국정화론자들은 민의를 어기고 국정화를 관철시키려 하면서도, 민생을 내세우려고 합니다. 민의가 제외된 민생은 바로 나치즘, 파시즘입니다. 과거의 나치스트, 파시스트들이 바로 선거를 통해서 정권을 잡았습니다. 그때에도 그들은 민생만을 내세우며 민의를 도외시했습니다. 이 때문에 그들의 말로는 비참할 수밖에 없었던 것입니다.

60년 전 초등학교 6학년 교과서에서 민주주의란 의견이 서로 다름을 뜻한다고 했습니다. 당연한 얘기죠. 다른 것들을 조정하고, 그리고 다름을 틀리다고 하지 않고 그 가치를 인정해주는 것이죠. 이게 민주주의라고 한다면 획일적인 역사관은 여기에 도저히 어울리지 않습니다. 국민학교 교과서는 민주주의가 모든 사람에게 같은 기회를 준다고 했습니다. 올바른 기회를 확보하기 위해서는 민주주의가 확보되어야 합니다. 국정화된 역사교과서를 가지고서는 민주적 사고를 가진 시민을 양성하는 데 실패할 수밖에 없는 것입니다.

그리고 민주주의가 인내를 뜻한다고 했는데, 이 말은 재미있어요. 국민학교 6학년 어린애들에게, 국민학교는 요즈음 초등학교로 바뀌었죠, 민주주의는 인내를 뜻한다고 가르치고 있습니다. 이는 거침없이 대화하고 토론하고 인내하면서 결론의 합의점을 찾아보라고 하는 그러한 얘기가 될 것입니다. 그러나 군대 줄 세우듯이 말 한마디로 국사교과서의 국정화를 강행하고자 한다는 것은 바로 국민학교 6학년 수준의 민주주의 개념도 가지지 못했다는 말이 될 것입니다.

한편, 역사교과서의 국정화를 통해서 역사에 대해서 하나의 해석만 배우도록 하면 되지 왜 그렇게 복잡하게 여러 가지로 해석해야 되는가라고 생각하시는 분들도 혹시 있을 수 있을 것입니다. 그러나 역사는 원래 과거에 일어난 사실과 현재적 해석을 더하는 작업입니다. 과거에 어떠한 일이 일어났는가라는 사실만 가지고서는 결코 역사라는 말이 통하지 않습니다. 해석이 중요한 것이죠. 사실과 해석의 결합이 역사라고 한다면 바로 우리는 이 올바른 해석을 해야 할 것입니다. 그리고 올바른 해석은 역사교육을 통해서 이루어집니다. 모든 사람이 선천적으로 역사에 대한 해석 능력을 타고나는 것이 아닙니다. 역사해석은 정당한 교육을 통해서 훈련되는 것입니다.

그런데 역사해석의 평가기준은 인류애나 평화, 또는 민주주의라든지 인간의 존엄성의 구현과 같은 보편적 가치와의 합치 여부에 있습니다. 역사적 사건에 대한 판단의 구체적인 내용에 있어서는 서로 다를 수 있습니다. 그렇다 하더라도 모든 역사적 판단이 올바른 판단인지를 구별하기 위한 노력이 필요합니다. 이를 위해서는 역사적 해석이 지향하는 바가 바로 역사가 지향하는 보편적 가치와 일치되어야만 되겠죠. 우리는 모든 사람들이 이러한 올바른 판단을 가지기를 원하고 있습니다. 그렇기 때문에 역사교과서를 정말 '올바로' 써야 되고 올바른 교과서를 우리는 꼭 관철해 나가야 합니다. 이러한 노력을 현재의 검정교과서 필자들도 하고 있습니다.

그러나 국정화 세력들은 현재의 검정교과서를 좌편향으로 규정합니다. 그러나 좌편향 교과서는 제가 보기에는 없습니다. 현재의 정부는 검정교과서에서 뭐가 좌편향인지를 구체적으로 제시하지 않고 있습니다. 무조건으로 좌편향이라고 몰아붙입니다. 이러한 태도는 일종의 선전술입니다. 선전·선동에서 중요한 방법으로는 거짓말도 100번 하면 믿는다는 것이에요. 이것이 스탈린이 했던 방법입니다. 나치의 선전상 괴벨스도 대중동원을 위해서는 거짓말도 불사해야 한다고 했습니다. 이것은 선동정치이지 민주정치에서는 일어날 수 없는 일입니다. 이와 비슷한 일이 현행 검정교과서를 좌편향으로 규정하는 데에 적용되고 있습니다. 좌편향에 대해서 구체적 증거를 제시하지 못하면서도 그들은 교과서를 종북 좌편향으로 규정하며 이를 선전·선동하고 있습니다. 이러한 점을 우리는 생각해봐야만 되겠죠.

8. 국정화가 초래할 결과와 반대를 위한 노력

거리강연 시간이 벌써 한 시간을 지나가고 있습니다. 이제 정리해야 할 시간입니다. 저는 지금 역사교과서 국정화에 반대하는 이유에 대해서 말했습니다. 그런데 여기에서 우리는 국정화로 인해 초래되는 결과와 국정화 반대를 위해서 앞으로 어떠한 일을 해야 될 것인가를 간략하게 말씀드리겠습니다. 국정화의 결과로는 민주주의의 후퇴를 얘기할 수밖에 없습니다. 우리의 자랑스러운 역사는 민족구성원들 모두의 합의와 그들의 피와 땀, 그리고 노력에 의해서 만들어진 것입니다. 그렇다면 여기에 계시는 모든 분들, 저나 여러분들이나 우리 모두 오늘날 우리 역사를 이룩해 나가야 될 주역입니다. 이 사실을 거듭 확인해야만 될 것입니다. 특정 계층만을 우리 역사의 주역으로 삼는 일은 피해야 된다는 것이죠. 이는 민주주의의 후퇴를 막아야 된다는 사명을 우리에게 부여합니다.

지난날 우리의 선거를 생각해보자면 이명박 대통령은 국민 모두에게 돈 벌게 해주겠다고 속여서 대통령이 됐습니다. 박근혜 대통령은 모두를 행복하게 만들어 주겠다고 약속하면서 대통령에 선출되었습니다. 그러나 우리는 이렇게 추운 바닥에서 떨며 민주주의의 후퇴를 걱정하고 있습니다. 그리고 어느 정당의 선전간판에는 "이제는 민생입니다."라고 쓰어 있습니다. 그들은 자신들이 민생을 저버리고 국정화를 주장해서 사회 여론을 들끓게 해놓았습니다. 그러나 이제는 이를 기정사실화하고 뒤로 물러서서 민생을 강조하고 있습니다. 그런데 민의를 망각한 민생은 전체주의로 흘러갑니다. 그 전체주의의 당연한 결과는 민족적 불행입니다. 전체주의 국가 나치 독일이 어떠했습니까,

일본의 군국주의는 어떠했습니까, 멸망밖에는 없었습니다. 우리는 멸망하지 않고 살아남아야 되고 이 땅을 평화로운 땅으로 아름답게 가꾸어 나가야 할 책임이 있습니다. 그러기 때문에 국정화라는 그 불행한 결과를 막아야만 합니다.

앞으로 우리는 경우에 따라서 전쟁위협의 가속화를 체험할 수도 있습니다. 전체주의적인 사고방법 대 전체주의적인 사고가 부딪친다면 그때는 열전이 일어날 수밖에 없는 것이죠. 우리는 전체주의적 사고에 대항하기 위해서라도 말랑하고 부드럽고, 더 올바른 사고방법을 가져야 합니다.

한편, 국정화 결과 가운데 하나로는 '국격의 추락'을 들 수 있습니다. 이명박 정권에서 국격을 높인다고 얼마나 많은 돈을 들였습니까. 한식의 세계화를 위한다는 등 국격을 높이기 위해서 엄청 돈을 쏟아부었습니다. 그러나 거기에는 문제가 많았습니다. 이명박 정권의 정당한 후예인 현 정권에서는 국격을 생각하더라도, 지금 이 시점에서라도 국정화를 포기해야만 될 것입니다. 앞서 말했듯이 『뉴욕타임즈』가 지난 11월 19일에 보도했습니다. 한국의 이미지를 가장 크게 손상시키고 한국의 국격을 떨어뜨리는 것은 경제적인 요인이 아니라 역사를 다시 고쳐 쓰려는 시도, 그리고 반대의 목소리를 억누르려고 하는 박근혜 대통령의 위협적인 시도라고 했습니다.

우리는 민주주의의 발전을 위해 힘을 모아야만 될 것입니다. 민주주의의 신장, 그게 바로 국격입니다. 민주주의에서 가장 먼저 국격을 찾아야지, 다른 데서 국격을 찾아서는 안 될 것입니다. 그러나 국격을 떨어뜨리는 불행한 여러 결과들을 국정교과서는 현재 잉태하고 있습니다. 국정교과서가 현실화까지는 되지 않았는데, 왜 문제를 제기하느냐고 말합니다. 그러나 우리는 이러한 불행한 결과의 씨앗이 파종되려 한다면 그것을 막아야만 됩니다.

한편, 일부에서는 아직 집필되지도 않은 국정화 교과서에 대해서 왜 반대하느냐라는 의견도 있을 수 있습니다. 그 의견도 맞는 말이지만 국정화라는 형식이 교과서의 서술내용을 지배하게 됩니다. 붕어빵에 붕어가 없죠. 국정교과서에 올바른 내용이 있을 수가 없습니다.

그러면 국정화 반대를 위해서 앞으로 우리가 할 수 있는 일은 무엇입니까? 실은 이 문제 때문에 고민을 많이 했는데 저도 뾰족한 수가 없었습니다. 정답을 찾지 못했어요. 그러나 우선 제일 중요한 건 국정화 시도에 대해서 그 무효화를 위해 좀 더 체계적으로 노력하는 것입니다. 역사가 지향하는 올바른 방향을 제시하기 위해서, 그리고 민주주의를 위해서, 국정화 시도에 문제가 있다는 것을 논리적으로 제시해야 되겠죠. 평화로운 세상을 위해서 그리고 우리 모두가 잘 살 수 있는 세상을 위해서 노력해야 할 것입니다. 역사교육은 당장 대증적對症的 요법이 아닙니다. 역사교육은 멀리 바라보고 큰 효과를 내게 하기 위해서 노력하는 것입니다. 그렇다고 한다면 국정화 시도를 꺾기 위해서도 우리는 이렇게 멀리까지 내다볼 수 있는 목적을 위해 계속 노력해야 되지 않을까 생각됩니다.

또 우리는 국정화 반대를 위해서 일종의 시민불복종운동을 전개할 수도 있을 것입니다. 국정화 시도의 부당성을 계속 지적하면서 그들이 주장하는 자유민주주의 국가라면 전체주의적 방향의 국정화가 아닌 자유발행제로 나가야 된다는 것을 끊임없이 설득하는 수밖에 없습니다. 그밖에도 국정화 반대를 위해서는 좀 더 구체적인 일들도 있겠죠. 다양한 사고방법을 이끌 수 있는 올바른 교과서, 좋은 교과서 만들기,

대안 교재와 교사지도서를 만들어낼 수도 있을 것입니다. 그리고 비판적 사고방법을 키워줄 수 있는 역사 대중서를 만들어 나가야 합니다. 또한 역사지식 그 자체를 민주화시키는 작업, 역사는 역사학자만이 독점하는 것이 아니라 진정한 역사의 주인공 모두가 같이 공유하는 것이므로 역사서의 대중화 작업에 좀 더 노력하는 방법도 있을 것입니다. 그리하여 시민역사교육을 강화시키고 시민역사운동을 전개하는 것도 국정화 반대를 위해서 우리가 꾸준히 전개할 수 있는 일이 아닐까 생각해보았습니다. 지금 이 국정화 문제는 교과서의 문제이고, 교과서는 바로 미래를 책임질 젊은 학생들의 세대를 위한 문제가 될 것입니다.

국정화의 위험성에 대한 경계는 미래를 위한 문제만이 아닙니다. 그것은 당장의 문제, 현재의 문제가 될 수 있습니다. 저는 이 자리에서 국정화에 반대하는 제 나름의 생각을 두서없이 말씀드렸습니다. 이 추위에 여기에 나와 제 얘기를 경청해주신 모든 분들에게 감사드립니다.

[참고문헌]
김한종, 『역사교육으로 읽는 한국현대사』, 책과함께, 2013
박한용, 「우리 내부의 역사갈등과 과제」, 『한민족연구』제12호, 2012.12
방지원, 「최근 한국 보수정부의 역사교육정책과 국가주의 역사교육」, 『역사교육논집』56, 2015
역사교육연구소, 『우리역사교육의 역사』, 휴머니스트, 2015
지수걸, 「'한국 근현대사 논쟁'과 10학년 역사 교과서 편찬」, 『역사교육』109, 2009
『고등학교 한국사』, 미래엔, 350쪽

제 5 강

한국사 검정교과서
과연 편향적인가

한철호
동국대 교수·미래엔한국사고등학교교과서 대표집필자

1. 한국사 검정교과서 편향되었다, 우편향으로

　제가 교직에 몸담은 지 20년이 훨씬 넘었는데, 이렇게 길거리 강연을 하는 것은 굉장히 드문 일입니다. 물론 제가 여러 가지 문제로 길거리에서 강연한 경우도 있었지만, 이렇게 시내 한복판에서 강의하는 것은 참 색다르고 좋은 경험이 될 듯합니다. 하지만 하필이면 왜 이런 주제를 가지고 제가 강의해야 되나 하는 씁쓸함도 있습니다. 제가 오늘 여러분들과 함께 생각할 주제는 '한국사 검정교과서, 과연 편향적인가'입니다.

　여러분! 현재 고등학교에서 사용하는 한국사 검정교과서 편향되었습니까? 아니라고요. 그렇지 않습니다. 편향되었습니다. 한국사 교과서 편향되었습니다. 여러분이 편향되지 않았다고 그러면 잘못 아시는 거예요. 그래서 황교안 국무총리가 지난해 11월 3일 한국사 교과서가 편향되었다고 그랬을 때 제가 뜨끔했습니다. 아니, 편향되었다는 사실을 어떻게 알았지? 야, 이거 큰탈 났구나, 드디어 알아버렸구나. 정말 한국사 교과서 편향되었습니다. 그런데 번지수를 잘못 짚었습니다. 정부 쪽의 주장대로 좌편향이 아니라 우편향되었습니다. 진짜 우편향되었습니다. 제가 우편향 교과서를 쓴 사람입니다. 극단적으로 말하면 국정화가 되는 데 제가 일종의 주범이 된 셈입니다. 좌편향 혹은 우편향이라는 용어 자체가 냉전시대의 산물이어서 쓰지 말아야 하지만, 그렇게 논란거리가 되니까 저도 사용하게 되네요. 양해 바랍니다.

　그런데 막상 제가 우편향으로 교과서 집필해놓고서 매도를 당하고 빌미를 잡히니까 굉장히 억울해요. 진짜 이럴 줄 알았으면 그야

한철호 동국대 교수

말로 좌편향으로 쓸 걸 그 랬네 하고 아주 후회가 막심합니다. 다시 기회가 주어지면 진짜 좌편향으로 쓸지도 모르겠습니다. 문제는 제가 쓴 교과서가 편향되었다는 게 제 입을 통해서 나온 것이 아니라는 점입니다. 우편향되었다는 게 제 입을 통해서 나온 것이 아니라, 우리가 교과서를 검정받을 때 당시 국사편찬위원회의 이 아무개 위원장께서 직접 토로하신 겁니다. 그분은 저희가 검정받을 때 굉장히 싫어했어요. 왜냐하면 이명박 정권 당시 검정을 받을 때, 학계에서 그렇게 문제가 있다고 싫어하고 반대했던 '자유민주주의'를 교과서 안에 꼭 넣도록 앞장서신 분이기 때문입니다. 그래서 검정할 때 지탄의 대상이 되었던 분들 중 한 분이고, 이른바 스스로 보수 혹은 나름대로 건전한 보수라고 말씀하시는 분이지요. 그런데 이분도 자꾸 지금 정권에서 자신이 책임지고 검정한 교과서를 대통령까지 직접 나서거나 검정의 궁극적인 책임을 져야 할 관계자들이 앞장서서 오히려 좌편향적이라고 매도하니까 참다못해 일종의 양심 고백(?)을 했어요. 아니다! 좌편향이 아니라 우편향이라고요. 심지어 어느 정도냐 하면 당신이 검정할 때 강제수정까지 해 가면서 좌편향적인 부분, 특히 북한과 관련해서 나름대로 이상한 곳은 스스로 알아서 다 고쳤다, 그래서 커다란 성과를 거뒀다, 심지어는 그 성과를 청와대에도 보고했다고요.

그분의 양심 고백에 의하면, 당시 검정을 통과한 총 8종의 교과서 중에 중도는 3종밖에 없고, 중도 우파가 4종이며, 그리고 우파가 1종이라고 합니다. 또 청와대 비서관들에게 이런 정보를 주었는데, 다 만족했다고 합니다. 그러니 현재 이른바 좌파 교과서가 하나라도 있습니까? 없습니다. 하나도 없어요. 한마디로 이른바 좌파 교과서는 하나도 없고, 있을 수도 없다는 것입니다.

제가 쓴 교과서는 어디에 분류됐는지 잘 모르겠어요. 저도 궁금합니다. 저는 중도 쪽에 분류됐으리라고 생각되는데, 저쪽의 주장에 의하면 그렇지 않을 것 같습니다. 중도 우파 정도로 분류될 수도 있을 것 같아요. 여러분이 잘 알다시피 8종 교과서 중에 통과돼서는 안 됐어야 할 교과서가 하나 있죠. 이념관계를 떠나서, 우파다 좌파다를 떠나서 국사편찬위원회가 진짜 검정을 잘 못했어요. 앞에서 말씀드렸듯이 양심 고백을 했던 그분이 객관적으로 검정했더라면, 그 교과서는 검정에 통과돼서는 안 된다고 생각합니다. 왜냐하면 오류가 너무 많기 때문이에요. 검정기준에는 오류가 너무 많은 교과서는 통과가 안 된다고 제시되어 있습니다. 여러분들께서 시험을 볼 때, 주어진 문제가 아니라 엉뚱한 물음에 대한 답을 쓰면 점수가 나옵니까 안 나옵니까? 당연히 안 나오죠. 더군다나 교과서는 우리 학생들이 읽고 배우고 생각하고 고민해야 될 중요한 교재입니다. 그래서 그 어느 책보다도 정확해야 되고 심혈을 기울여서 그야말로 올바른 내용을 담아야 되는데, 그 교과서는 사실조차 정확하지 못한 부분이 많다고 판단됩니다.

검정교과서 뒷부분에는 집필자들이 얼마나 내용을 객관적으로 정확히 썼는가를 입증하기 위해서, 즉 그냥 상상력을 발휘해서 마구 쓴 것이 아니라는 것을 밝히기 위해 해당 부분에 대한 근거를 제시하게 돼있습니다. 심지어 자료 하나 그림 하나까지도 어느 책이나 자료를 참고 해서 썼다고 적게 되어 있어요. 그런데 그 교과서의 출처 목록을 보면 기가 찰 정도입니다. 거기에 구글, 네이버, 다음, 네이트. 뭐 이런 것을 근거로 내세운 게 몇 백 개가 됩니다. 제가 그거 보고 나서 기절할 뻔 했어요. 아! 이렇게 쉽게 쓸 수 있는 걸 나는 왜 어렵게 썼나. 학생들이 제출한 보고서에 네이버 등을 베끼면 점수 줍니까, 안 줍니까? 줄 수가 없습니다. 물론 저도 필요한 자료를 찾을 때 인터넷을 뒤집니다. 편리하니까. 편리한 방법을 사용하지 않는 것도 웃기는 일이에요. 그러나 교과서 집필처럼 굉장히 중요한 일을 할 때는 인터넷에 나오는 정보들을 100% 믿을 수 없기 때문에, 진짜 원 자료를 보고 확인해야 합니다. 설사 인터넷으로 찾았더라도 다시 확인해서 정확하게 써야 하는 것이죠. 이것이 지극히 상식적인 일임에도, 아니 부끄럽지 않기 위해서라도 네이버 등을 근거로 내세우지 말았어야 함에도, 너무 당당한 것 같아 제가 그거 보고 놀랐어요. 나도 다음에 교과서 쓸 때에는 꼭 네이버를 보고 쓰리라, 아니면 구글을 뒤지거나 위키피디아를 뒤지던가 편하게 해도 되겠다고 생각했어요. 그런데 국사편찬위원회가 통과되어서는 안 될 교과서를 통과시켜놓고 나서 빗발치듯 쏟아지는 비판과 비난과 항의가 잇따르니까, 여러분 잘 아시다시피 다른 교과서에도 문제가 많다고 물타기를 했지요.

　교과서 발행제도 가운데 검정제도가 최고로 좋은 제도는 아닙니다. 쓰고 나면 뭐해야 되요? 검정을 받아야 되기 때문입니다. 검정! 검정을 누가 하냐면 여태까지는 한국교육과정평가원, 최근에 들어서 국사편찬위원회에서 담당했어요. 현재 국사편찬위원회는 실질적으로 국사를 편찬하지 않아요. 그러면 국사편찬위원회는 어떻게 됩니까? 제기능을 제대로 하지 못하고 있으니 사라져 버리게 되는 겁니다. 이런저런 이유가 있어서 국사편찬위원회가 역사교과서 검정을 담당하는 것에 대해 논의가 많았지만, 평가원보다는 역사학계나 역사교육계의 목소리를 더 정확하게 반영할 수도 있을지도 모르겠다는 희망 섞인 의견도 있었습니다. 그런데 믿는 도끼에 발등 찍힌다고, 국사편찬위원회가 학계나 교육계의 일반적인 사실이나 해석마저도 받아들이지 않았지요. 오히려 문제의 본질을 국사편찬위원회 대 역사학계의 갈등과 대립으로 희석시킨 꼴이 되었던 것이죠.

다른 교과서도 전혀 문제가 없는 것은 아니지만, 교과서를 문제 삼을 때 다른 교과목에서 교과서 문제가 터진 적은 한 번도 없습니다. 꼭 한국사 교과서만 말썽(?)이 되었지요. 한국이라는 나라가 도대체 어떤 나라기에 그 역사를 기록하고 나서 그것도 객관적으로 기록한다고 애써서 기록해놨는데, 이걸 왜 이렇게 트집 잡고 문제 삼고 편향적이라고 몰아세우는지 잘 모르겠습니다. 따라서 학문적인 문제를 떠나서 정치적인 의도가 있을 수밖에 없다고 판단이 되는 것이죠. 검정은 국가에서 해요. 교육부 산하에 있는 국사편찬위원회에서. 그래서 교과서가 문제 있다고 한다면, 아예 검정할 때 어떻게 해야 합니까? 탈락을 시켜야 되는 것입니다. 검정한 기관도 정부이고, 또 검정위원들도 그 면면을 보면 저쪽에서 원하는 사람들, 자기편 사람들인 우편향된 사람들로 다 선정했어요. 그래서 전 국사편찬위원장이 고백했듯이, 자기네들의 입맛대로 고치게 만들고, 고치지 않으면 강제 수정까지 발동하면서 내용을 다 수정했습니다. 그렇게까지 하고 나서 지금 중고등 학생들이 배우고 있는 한국사 또는 역사교과서를 좌편향적이라고 규정하는 것입니다.

그럼 책임이 누구에게 있습니까? 네, 그렇죠. 첫째 검정한 사람들이나 기관에서 책임을 져야 하는 게 아닙니까. 왜 그렇게 문제가 있는 교과서를 탈락시키지 않고 통과시켜 놨습니까? 저는 이해할 수 없어요. 제가 만약 검정했더라면 창피해서라도 이것 잘못됐더라도 숨기고 싶은데요. 저쪽 사람들은 어떻게 자기네들이 입맛대로 다 검정해서 통과시켜놓고 남 탓만 하고 있지요. 더군다나 그 교과서를 벌써 2년간 사용했습니다. 그 교과서가 정말 좌편향적이고 학생들이 그 교과서를 보고 잘못된 역사관과 의식을 가지면 나라의 장래가 위태로운 건데, 그걸 2년 동안 쓰게 만들어 놓고 이제 와서 잘못되었다고 그러면 이 책임을 누가 져야 됩니까? 심지어 올해 1년간 또 배우게 돼있어요. 올해 배우는 학생들까지 정말 재수가 없는 학생들인지 아니면, 그나마 운이 좋은 학생들인지 잘 모르겠습니다. 내년부터는 그 무시무시한 국정교과서가 학생들 앞에 놓이게 됩니다. 생각만 해도 아찔하죠.

앞에서 말씀드렸듯이, 기존의 교과서가 좌편향되었다고 하지만, 실제로는 좌편향된 교과서가 하나도 없다는 사실을 여러분 명심하십시오. 그리고 혹시 교과서를 가지고 계시면 잘 보십시오. 얼마나 우편향되었는지요. 저번에 웬 토론에 나갔더니 저보고 왜 노무현이나 김대중 대통령에 대해서만 잘 써줬냐고 질타하더라고요. 그래서 제가 말도 안 되는 소리하지 말라, 잘 써주고 싶어서 잘 써준 것도 아니고 또 비판하고 싶어서 비판한 것도 아니다. 검정기준에 역대정권의 공과 과를 똑같이 쓰게 돼있기 때문이라고 반박했지요. 저희가 얼마나 검정기준을 지키기 위해 심혈을 기울였냐면, 공이 네 줄이면 과도 네 줄을 씁니다. 어떤 대통령은 개인적으로 공 5줄을 써주고 과를 2줄 써주고 싶은데, 이러면 또 문제삼을까봐 동일하게 줄 맞추느라고 고민을 많이 했어요. 심지어 이명박 대통령에 대해서는 개인적으로 공을 조금 써주고 과를 많이 써주고 싶은데, 어쩔 수 없이 분량을 맞추느라고 진짜 좀 양심에 가책을 받았습니다. 과는 쓸 게 많은데 줄이려니까 아주 힘들었어요. 그래서 저를 반박한 분한테 선생님이 쓰신 교과서를 봅시다, 실제로 4대강 잘 되었느냐, 그쪽도 쓰고 나도 썼는데 이거 철회할까요 라고 말했어요. 얼마나 우편향되어 있습니까?

2. 역사적 사실마저 왜곡하는 국정교과서

이렇게 국편이나 정부쪽에서 자신들이 원하는 방향이나 내용으로 교과서를 검정하고 통과시켰는데, 이제 와서 그 책임을 교과서 집필자들한테 덮어씌우고 국정교과서를 만들어야만 한다고 오히려 큰소리 치고 있습니다. 왜 그럴까요? 그 이유는 우리나라 최초의 국정교과서에 잘 드러나 있습니다. 우리나라 국정교과서의 연원은 어디에 있습니까? 1974년입니다. 그 전전해에 뭐가 있었죠? 여러분들 잘 아시다시피, 박정희 대통령의 영구 집권을 정당화하기 위한 10월 유신이 있었습니다. 당시에 발행된 국정교과서 『국사』에는 5·16 '혁명공약'이 실려 있는데, "이와 같은 우리의 과업이 성취되면 참신하고도 양심적인 정치인들에게 언제든지 정권을 이양하고 우리들 본연의 임무에 복귀할 준비를 갖춘다."는 마지막 조항이 "이와 같은 우리의 과업을 조속히 성취하고 새로운 민주 공화국의 굳건한 토대를 이룩하기 위하여, 우리는 몸과 마음을 바쳐 최선의 노력을 경주한다."로 완전히 뒤바뀌었습니다. 군인의 신분으로 돌아간다가 아니라 계속해서 나라 발전을 위해서 힘쓴다는 것입니다. 그게 국정교과서입니다. 심지어는 가장 기본적이고 도저히 수정하거나 왜곡할 수 없는 사료마저도 왜곡한 게 뭐라고요? 국정교과서입니다.

　국정교과서를 만드는 이유가 뭔지 잘 아시겠죠. 5·16 군사 쿠데타를 일으킨 게 처음에는 순수한 마음인지 어떤지는 몰라도, 사회를 안정시키고, 북의 침략으로부터 남을 보호하고 새로운 발전의 토대를 만들고서 자기는 물러나겠다고 공언했지만 물러났습니까? 아니죠. 한 번 잡고 보니까 놓기 싫은 게 권력인 것 같습니다. 물러나기는커녕 대통령을 했습니다. 하고 또 하고 또 했죠. 헌법을 바꿔가면서까지 이승만도 그렇고 박정희도 그렇고. 그런데 그 다음에 선거하면 이길 자신이 없다고 판단되었는지 이제는 영구적으로 집권할 체제를 갖췄죠. 그게 바로 뭡니까. 유신입니다. 영구적으로 집권하기 위해 학생들에게 어려서부터 우리는 어쩔 수 없이 특수한 상황이기 때문에 다른 나라와는 달리 어떻게 해야 된다고 가르쳤나요? 장기 집권도 가능하다는 프레임을 만드는 겁니다. 그러기 위해서 가장 좋은 방법이 뭐에요? 과거를 장악하는 자가 미래를 장악한다고 숱하게 들어보셨죠. 역사교과서를 자기 입맛에 맞게 쓰는 거예요.

　국정교과서는 역사적으로 박정희 대통령이 처음 시도한 게 아닙니다. 국정교과서는 이미 전체주의국가나 독재국가들이 만든 적이 있습니다. 가장 대표적으로 어디입니까? 북한입니다. 북한에 검정교과서가 있다는 소리 못 들으셨죠? 제가 북한 역사교과서도 분석하기 위해 본 적이 있지만, 그건 더 무시무시합니다. 처음부터 김일성 교시가 딱 나오고 거기에 맞춰서 다 쓰는 거예요. 검정기준이 따로 없고 김일성 교시만 있어요. 그런데 우리가 그 짓을 되풀이한 거예요. 오히려 북한과 차별화해 남한이 훨씬 더 살기 좋은 사회라는 점을 강조하고 또 강조해야 되는데, 하필이면 왜 교과서만큼은 북한을 닮아갑니까? 누가 종북세력입니까. 접니까? 북한의 국정교과서를 닮아가는 사람이, 쫓아가는 사람이 종북세력입니까? 아마 제가 국정교과서 하자고 그랬으면, 종북세력으로 매도당했을 거예요. 국정교과서를 쓴 이유는 박정희도 마찬가지입니다. 국정교과서는 정권의 입맛에 맞게 만드는 것입니다. 하지만 검정은 그렇게 하면 어떻게 됩니까? 탈락됩니다. 그러고 보면 검정이 국가에 의해 주도되고 국가의 의도대로 강제 수정도 내려져서 고칠 수밖에 없는 한계도 있지만, 국정보다는 백배 천배 낫습니다. 아무리 나쁜 검정교과서도 국정교과서보다는 좋아요. 저는 확신합니다. 그럴 수밖에 없습니다.

3. 김일성 주체사상, 학생들은 비판적으로 배우고 있다

제가 또 뜨끔한 적이 있어요. 지금은 걷혔지만 모 당에서 "김일성 주체사상을 우리 아이들이 배우고 있습니다."는 현수막을 내걸은 적이 있지요. 어떻게 알았지? 학생들, 주체사상 배우고 있습니다. 여기 교과서에 나와 있어요. 학생들이 주체사상 배웁니다. 맞습니다. 맞아요. 여러분들은 주체사상을 배웠습니까, 안 배웠습니까? 배웠어요. 배울 수밖에 없습니다. 왜 주체사상을 여러분이 배울 수밖에 없었느냐고요? 교과서를 쓰려면 집필기준을 지켜야 합니다. 집필기준대로 안 쓰면 검정 통과할 수 없기 때문이죠. 그 집필기준에 북한의 역사를 다루도록 되어 있습니다. 따라서 반드시 다뤄야 됩니다.

현 대통령도 스스로 뭐라고 했습니까? 통일은 대박이라고 그랬어요. 대통령이 왜 통일을 대박이라고 그랬는지는 전 자세히는 모르겠지만, 실제로 통일은 대박입니다. 우리 민족은 진짜 1945년 이후에 통일된 국민국가를 만들지 못했어요. 분단이 되는 바람에 얼마나 쓰라린 고통을 많이 겪고 있습니까? 지금 우리의 자랑스러운 역사 중에 하나가 산업화·민주화라고 그러는데, 역대 정권들 중에는 분단을 이용해서 독재를 강화하는 빌미로 삼은 적이 있었어요. 그죠? 그래도 우리가 힘들게 정말 세계사 상에서 유래를 찾아볼 수 없는 민주화를 이뤄냈지요. 하여튼 우리나라 모순의 근원이 어디서 파생이 되는 겁니까? 저는 어떤 면에서는 분단에서 파생된다고 생각합니다. 여러분이나 저나 이 시대를 살아가는 사람들의 가장 진짜 소원은, 우리의 소원은 여러 가지가 있지만, 그 중에 가장 중요한 하나는 노래에도 있는 통일을 이룩해야 되는 겁니다. 그 방법과 방향에 대해서는 다양한 논의가 충분히 이루어져야 되지만, 또는 북한이 우리와 지금 적대적인 관계를 갖고 있다고 얘기하지만, 어쨌든 우리가 이 통일문제를 해결하지 않으면 우리 세대뿐만 아니라 우리 후손이 그 고통을 이어받게 됩니다. 그렇죠? 통일해야 돼요.

　통일을 하려면 상대방을 알아야 됩니다. 적과 싸우려면 적을 알아야 되듯이 말입니다. 적이 나쁜 놈이라고 전혀 모르고 있다가 무조건 싸웁니까? 적을 잘 알아야지 하다못해 싸우더라도 승리할 수 있고 경쟁하더라도 이길 수 있죠. 그리고 문제를 해결할 수 있는 방법을 제시할 수 있습니다. 손자가 얘기했듯이 지피지기면 백전백승이에요. 그래서 우리는 북한에 대해서 알아야 돼요. 우리가 일본사도 공부하고 미국사도 공부하고 중국사도 공부하고 심지어는 베트남사, 전혀 우리가 알지 못하는 남아메리카사도 공부하는데, 우리와 역사적 맥락을 같이 하고 또 피를 같이 나눴던 북한에 대해서 잘 알아야 됩니까 몰라야 됩니까? 알아야 되죠. 그래서 우리도 통일연구원도 있고 북한연구소도 있어요. 그러면 그 사람들 전부 다 용공세력들입니까? 아니죠. 북한에 대해 알아야 돼요. 학생들도 알아야 해요. 왜? 우리 역사에서 지금 상고사 강화한다고 그러는데 고구려 배웁니까, 안 배웁니까? 우리 역사라고 배우잖아요? 고려시대 배우죠? 조선시대에도 다 북한 포함되어 있어요. 뭐 이런 거 저런 거 떠나서 우리 역사라고 우리 스스로 생각하고 있잖아요. 말도 같고요. 북한에 대해서 지금 실체를 잘 알아야지 우리가 해결책을 압니다.

그래서 교육과정에도 주체사상에 대해서 공부해야 하니 집필하라고 돼 있습니다. 그러니까 썼지. 엉뚱한 비판을 받을 거 감수하고 제가 좌파도 아닌데 씁니까? 제가 처음에 말씀드렸듯이 좌파 우파 이 용어를 쓰는 것 자체가 잘못된 것입니다. 이게 반공의 이분법적 사고의 산물인데, 그걸로 전부 매도해버리니까 쓰지 말아야 하는데, 저도 무의식적으로 자꾸 사용해서 미안합니다. 정말 다양한 사고가 있다는 것을 학생들에게 서로 익히고 배양시켜주는 게 역사교과서입니다. 하다못해 요새 케이팝 심사위원들의 말을 들어보면, 뭐라고 표현하죠? 저 같은 아마추어들 입장에서 보면 다 잘 불러서 어떻게 그냥 가려낼 수가 없지요. 그런데 그들은 기존 가수들의 목소리를 그대로 흉내 내거나 그 창법을 그대로 부르는 것을 매우 싫어해요. 우리가 듣기에는 좋지만 가수로서는 빵점입니다. 아무개라는 가수를 생각하면 뭔가 떠오르잖아요. 그 가수만이 풍길 수 있는 냄새, 색깔, 분위기 이런 것들이 없으면, 그 가수는 모창가수지 진정한 가수가 아닙니다.

그러니까 역사교과서도 마찬가지이고 학생들도 마찬가지입니다. 똑같은 사료를 가지고 배우지만 우리 학생들이나 지금 여기에 계시는 여러분들이 생기신 모습도 다르고 입는 옷, 좋아하는 색깔 등이 다 다르듯이, 학생들도 사고를 획일화시키는 것이 중요한 것이 아니라 서로 다르다는 것을 인정해주는 생각을 갖도록 하는 것이 중요합니다. 그것이 민주주의이고 역사에서도 가르쳐야 하는 것입니다. 다르다고 해서 나쁘다거나 틀린 것이 아니라는 사실을, 또 역사를 통해서 다양한 생각이 있다는 것을 가르쳐주는 것이 중요해요. 역사적 사실은 하나일지도 모르지만, 그 사실 역시 얼마만큼 새로운 사료가 뒷받침되느냐에 따라 달라지기도 합니다. 따라서 그것을 둘러싼 해석은 너무나 다양할 수밖에 없죠. 그 다양함 중에서도 가장 보편적으로 인정받는 것이 비로소 어디에 들어가는 겁니까? 교과서에 들어가는 겁니다. 그러니까 한 사람이 교과서를 쓰는 것이 좋다, 심지어 어차피 채택하는 교과서는 하나인데 국정이 효율적이지 않느냐는 저쪽 논리는 말도 안 되는 소리예요. 예컨대, 어차피 옷은 하나 입는데, 한 회사에서 다 만들면 되는 거 아니냐는 논리와 같습니다.

다시 처음으로 돌아가면, 현수막에 써 있듯이 우리 학생들이 주체사상을 배우고 있지만, 그것도 번지수를 잘못 짚었어요. 저쪽에서 말하는 것처럼 친親북한적으로 가르친 교과서는 없습니다. 배우고는 있는데, 거기에 한 단어를 더 집어 넣어주면 어떻게 됩니까? 뭐라고요? 우리 학생들이 교과서에서 주체사상을 '비판적으로' 배우고 있습니다. 저도 비판적으로 썼어요. 지금 그 부분을 보여드릴까요? 저쪽에서 국정화의 빌미로 삼는 북한에 대해 정말 편향적으로 썼는가 안 썼는가 봅시다. 한 교과서를 빼곤 다 이렇게 되어 있습니다. '북한의 변화와 평화통일을 위한 노력'입니다. 우리가 북한을 배우는 것은 결국 뭐하기 위해서예요? 통일하기 위해서입니다.

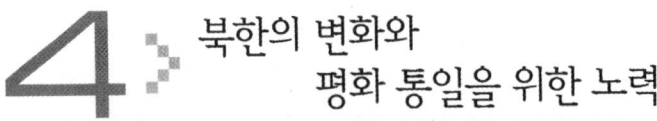

1 북한의 변화와 오늘날의 실상

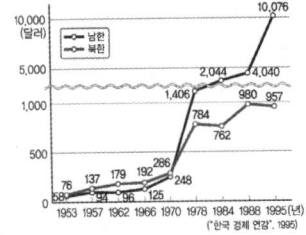

북한은 6·25 전쟁의 피해를 극복하는 과정에서 협동농장을 형성하는 등 사회주의 경제 체제를 수립하였다. 그러나 북한 경제는 왼쪽 그래프와 같이 1970년을 기점으로 남한 경제에 뒤지기 시작하였다. 1980년대 말에 이르러서는 성장을 멈추고 주저앉아 버렸다.
북한의 공식 명칭은 '조선 민주주의 인민 공화국'이다. 그러나 민주주의와는 거리가 먼 1인 독재와 아들, 손자로 이어지는 3대 권력 세습을 이루었다. 더구나 존중받아야 할 '인민'은 오늘날 굶주림에 시달려 국경을 넘는 실정이다. 북한 사회에 어떤 일들이 일어나 오늘날 이 지경에 이르게 되었을까?

◀ 남북한 1인당 국민 총생산 비교

『고등학교 한국사』, 미래엔, 350쪽

    여기 '주제열기'를 보세요. 제가 뭐라고 썼는가? 제가 교과서를 쓰면서 나름대로 기여하는 게 있다고 한다면, 다른 교과서도 그렇지만 시작 부분에 이 주제를 우리가 왜 배워야 되는가, 이 단원을 왜 배워야 되는가, 학생들에게 역사는 암기가 아니라 생각하는 것이다, 고민하는 것이다, 문제를 제기하고 해결할 능력을 기르는 것이라고 해서 매 소단원마다 '주제열기'를 다 집어넣은 것입니다. 비록 편차는 있지만, 요즘은 대부분의 교과서에서 '주제열기'를 씁니다. 국정에서 이렇게 검정으로 바뀌면서 생각하는 교과서를 만드는 데 저는 나름대로 기여했다고 생각합니다.

    북한에 관련된 '주제열기'에 북한은 이렇게 경제성장을 하다가 남한보다 뒤지기 시작했다고 썼어요. 1인당 총 생산력 비교 중 이 빨간색이 북한입니다. 빨간 걸 남한으로 했다가는 큰 탈나요. 근데 이제 뭐 무슨 당은 또 빨간 것을 옷으로 입고 그러더라고요. 제가 입었으면 큰 탈납니다. 제가 오늘 또 파란 거 입었잖아요. 하여튼 "북한의 공식 명칭은 조선민주주의인민공화국이다." 북한을 가르치고 있죠? 무섭지 않으세요? 하지만 이 부분이 중요합니다. "그러나 민주주의와는 거리가 먼 1인 독재와 아들 손자로 이어지는 3대 권력세습을 이루었다. 더구나 존중받아야 될 인민은 오늘날 굶주림에 시달려 국경을 넘는 실정이다. 북한 사회에 어떠한 일이 일어나 오늘날 이런 일이 일어나게 되었을까?" 다른 부분에는 "김일성 유일지배체제가 수립되었다." 그리고 왼쪽에 주체사상 나와 있죠. 주체사상은 어쨌다라고 간단하게 써놓고 "김일성 유일지배체제 구축 및 개인숭배와 반대파 숙청에 이용되었다." 여기 어디에 주체사상을 찬양하는 문구가 있습니까? 이것 때문에 북한에서 저를 나중에 해코지할까봐 겁나는데, 이쪽은 이쪽대로 저를 빨갱이라고 몰아세우고 있으니 저는 어디로 가야 됩니까? "아들 손자로 이어지는 삼대세습"이라는 풍자만화도 자카르타 포스터에서 찾아서 집어넣었지요. 그랬더니 또 뭐라고 그러는지 아세요? 모 교과서에 대해 박정희 사진은 하나인데 김일성 사진은 4개나 등장한다고 트집을 잡았어요. 이렇게 북한을 비판한 사진도 포함해서 4개나 된다고요. 아! 도대체 기준이 뭡니까? 이러면 이렇다고 트집 잡고 저러면 저렇다고 트집 잡네요.

그리고 북한의 인권문제도 다루었지요. 그랬더니 심지어는 남한측 민주주의과정에 대해 독재라는 얘기를 24번 썼는데, 북한은 왜 2번밖에 안 썼냐는 겁니다. 저는 몇 번 썼는지 모르고 썼는데, 북한에 대해 독재라는 단어를 두 번 썼다는 걸 그제야 알았습니다. 진짜 두 번 딱 나오더라고요. 그 반면 '3대 세습'이라든가 '유일체제'라는 단어는 쳐주지도 않아요. 또 제삼자가 분석한 것에 의하면, 현대사 58쪽 중에 북한에 대한 분량은 4쪽밖에 안 됩니다. 4.5%에 불과합니다. 4.5%에 2

번을 써줬다고 단순 계산으로 한다면, 남한 분량은 그 25배가 되므로 독재가 50번은 나와야 되는 것이에요. 하지만 24번밖에 안 썼다니까요. 제가 우편향이라니까요. 여러분! 저는 우편향입니다.

4. 좌경화(?)로 가는 1948년 대한민국 건국 주장

지금 시간이 별로 없으니까 대한민국 정통성 문제에 대해서만 말씀드리겠습니다. 제가 우편향이라는 것을 증명하기 위해서는 이 기회밖에 없다고 생각해 밤새면서 준비를 많이 해왔는데 아쉽네요. 정부쪽은 현 교과서가 대한민국의 정통성을 부정한다고 외칩니다. 지금 무리해가면서까지 새로 만든 '2015 교육과정'에서도 핵심되는 내용이지만, 대한민국이 1948년에 건국되었다는 점을 애써 강조하고 있습니다. 북한은 조선민주주의인민공화국이라는 국가가 수립되었는데 왜 대한민국은 정부가 수립됐다고 쓰느냐, 북한은 '건국'이라면서 대한민국은 '출범'했다거나 겨우 '정부'를 수립했다고 쓰느냐는 겁니다. 이런 트집은 정말 역사를 모르고 하는 겁니다.

도대체 정부가 역사 쿠데타를 일으켜도 이런 식으로 무식하게 일

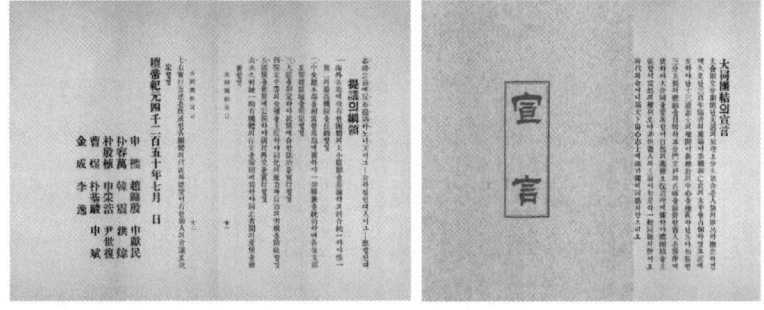

「대동단결선언」(1917.7.). 신규식·조소앙·박은식·신채호 등 독립지사 14인이 서명·공포한 선언문으로 표지와 본문 12쪽으로 구성되었다. ⓒ민족문제연구소

으키면 안 돼요. 여러분 잘 알다시피 대한민국은 언제 건국되었습니까? 1919년에 건국되었어요. 1917년에 신규식·박용만 등을 비롯한 14명이 상하이에서 발표한 「대동단결선언」에는 다음과 같이 쓰여 있어요.

> 융희황제가 3보(영토, 인민, 주권)를 포기한 경술년 8월 29일은 즉 우리 동지가 이를 계승한 8월 29일이니, 그동안에 한순간도 숨을 멈춘 적이 없음이라. 우리 동지는 완전한 상속자니 저 황제권 소멸의 때가 민권 발생의 때요, 구한국의 마지막 날은 즉 신한국 최초의 날이니, 무슨 까닭인가. 우리 대한은 무시無始 이래로 한인의 한이오 비非 한인의 한이 아니니라. 한인 사이의 주권을 주고받는 것은 역사상 불문법의 국헌이오. 비한인에게 주권 양여는 근본적 무효요, 한국인의 국민성이 절대 불허하는 바이라. 고로 경술년 융희황제의 주권 포기는 즉 우리 국민 동지에 대한 묵시적 선위니 우리 동지는 당연히 3보를 계승하여 통치할 특권이 있고 또 대통을 상속할 의무가 있도다.

즉, 경술국치는 황제가 주권을 포기한 것입니다. 황제가 나라를 포기했어요. 국민을 무시하고 황권만 챙긴 무능한 대한제국의 황제가 나라를 말아 먹었어요, 고종과 순종이. 그래서 3보에 해당되는 주권, 국민, 영토를 다 포기했어요. 심지어 강제이긴 해도 병탄조약에는 대한제국을 영구히 대일본 천왕폐하한테 준다고 했어요. 그러면 우리나라 역사는 1910년까지 이어져 내려오다가 일본으로 정통성이 넘어가게 됩니다. 그래서 그것을 극복하는 논리로써 「대동단결선언」에서 그날은 황제가 3보를 포기했을지 모르지만, 국민은 결코 포기하지 않았다고 내세운 것이지요. 1910년 8월 29일은 황제가 포기한 날이지만 비로소 국민이 국가의 주인이 된 날이라는 논리이지요. 따라서 그 정통성을 누가 이어받아요? 이제 국민이 이어받는 겁니다. 그런데 나라는 망했습니다.

그래서 그 영토와 주권과 국민을 다시 찾으려고 숱한 독립운동이 벌어졌고, 또 그것의 결과로 역사 혹은 국가의 주인이 이제는 더 이상 황제나 지배층이 아니라는 사실을 깨닫고 분명하게 보여준 게 3·1 독립운동입니다. 이를 계기로 대한제국을 다시 계승할 것인가 말 것인가를 따지다가 3보를 포기한 황제에게 다시 권력을 주는 것은 말도 안 되므로, 국가의 주인은 바로 국민이라는 의식이 강하게 생겼지요. 그래서 우리나라의 국호를 뭐로 정했나요? 대한민국이에요. 여러분, 다 같이 한번 외쳐봅시다. 2002년 월드컵 하던 기분으로. 대한민국! 바로 대한제국이 아니고 뭐라고요? 국민이 나라의 주인이라는 뜻의 '민국'이에요. 1919년에 대한민국이라는 나라가 건국된 것이지요. 그런데 뭐가 없어요. 영토도 국민도 빼앗기는 바람에 주권만 가지고 있을 뿐이지요. 그래서 대한민국을 건국한 뒤 정부를 만들어야 되는데, 공식정부를 만들지 못하고 '임시정부'를 만들 수밖에 없었지요. 따라서 1919년에 대한민국이 건국되었고 그 정통성을 북한이 아니라 대한민국이 이어받았다고 하는 것이 훨씬 북한을 체제적으로나 이념적으로나 사상적으로 압도할 수 있는 가장 중요한 역사적 근거가 되는 거지요. 그런데 대한민국이 북한과 마찬가지로 1948년에 건국했다고 강조하면 우리는 뭐가 됩니까? 어떻게 해서든 역사를 우리가 길게 잡으려고 노력해도 시원치 않은 실정인데, 거꾸로 가고 있는 셈이지요. 대한민국의 역사를 오히려 끌어내려가지고 북한하고 맞추려고 애쓰고 있으니 도대체 누가 좌빨이고 누가 종북인지 모르겠네요. 제가 우익이라니까요.

더군다나 대한민국이 1948년이 아니라 1919년에 건국되었다고, 우리

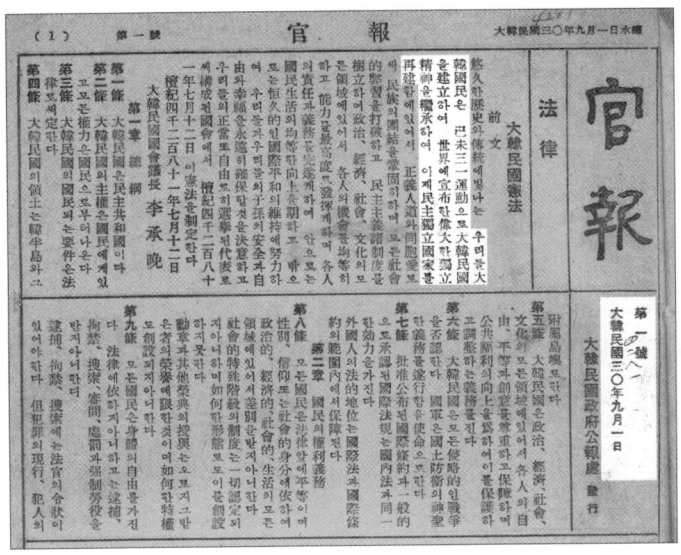

대한민국 「관보」 제1호. ⓒ민족문제연구소

에게 정통성이 있다고 헌법에도 명시돼 있잖아요. 1948년 7월에 제정된 「제헌헌법」에는 "우리들 대한국민은 기미년 3·1운동으로 대한민국을 건립하여 세계에 선포한 위대한 독립정신을 계승하여 민주 독립국가를 재건"했다고 명백히 밝혔던 것이죠. 심지어는 1948년에 수립된 정부가 처음 발행한 『관보』에도 '대한민국 30년', 즉 1919년 대한민국이 건국된 지 30년이라고 기재되어 있어요. 즉, 현 정부가 그토록 미화·찬양하려고 하는 이승만 대통령도 1919년에 대한민국이 건국되었다고 인정했던 것입니다. 따라서 1948년 건국 주장은 이승만에 대한 부정 혹은 모독이기도 합니다.

또한 미국도 독립기념일을 1789년 조지 워싱턴 대통령이 취임한 날이 아니라 1776년 7월 4일 독립선언서가 발표된 날로 삼고 있듯이, 1919년에 대한민국이 건국된 것은 너무나도 당연한 역사적 사실입니다. 이렇게 대한민국이 1919년에 건국되었고 우리가 그 정통성을 이어받았다고 하면, 그 후부터 1945년까지 사이에 벌어졌던 독립과 우리의 자유를 위한 모든 투쟁의 흐름이 북한이 아니라 어디로 간다는 것을 입증해주는 거예요? 대한민국이죠. 즉 북한이 아니라 남한이 민족 정통성을 갖는다는 것이 명명백백해져요. 남한은 1948년에 건국되었다고 북한이 주장하려고 해도 안 된다고 반박해야 되는데, 오히려 검정 교과서가 대한민국의 정통성을 부정한다고 매도하고 있으니 얼마나 기막힌 역사해석입니까? 나아가 새로운 교육과정에서는 1948년이 대한민국 건국이라는 말은 차마 못쓰니까 정부수립이 아니라 대한민국 수립이라고 교묘하게 바꿔서 우리의 역사를 스스로 폄하하고 북한쪽에 정통성을 넘기려는 시도를 강행하고 있습니다. 우리는 단연코 이러한 좌경화를, 국정화를 막아야 됩니다.

5. 자랑스런 독립운동의 역사를 지우려는 국정 교과서화

이것은 새누리당에서 내놓은 홍보물입니다. 여기에서 가장 문제가 될 만한 중요한 내용을 살펴보겠습니다. "우리는 자랑스러운 대한민국입니다." 저도 여기까지는 동의합니다. "자랑스러운 대한민국 올바른 역사를 씁니다." "현행 역사교과서는 대한민국의 빛나는 역사를 외면하고 있습니다." 저도 동의합니다. 제발 올바르게 쓰자니까요, 대한민국이 세계에 자랑할 만한 빛나는 역사를 외면하지 말자니까요. 그런데 문제는 여기에 "대한민국의 건국과 발전을 애써 부정하고 있습니다."라고 나왔듯이 이념 편향적이라는 것이죠. 대한민국 정통성을 부정한다, 이게 핵심입니다.

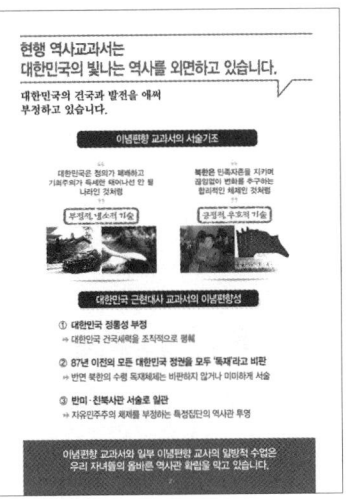

새누리당의 현행 역사교과서 비판 홍보책자

　그러면 1948년을 대한민국 건국으로 삼아야 되느냐. 그것은 아까도 말씀드렸듯이, 1919년에서 1948년까지 대한민국의 역사를 어떻게 하겠다는 겁니까? 지워버리겠다는 거예요. 그 당시에 우리나라를 위해서 가장 그래도 애썼던 분들은 누굽니까? 독립운동을 하는 사람들입니다. 이분들의 역사를 상대적으로 어떻게 하겠다는 거예요? 폄하하겠다는 겁니다. 그렇게 폄하하려는 의도는 어디에 있을까요? 독립운동을 하지 않은 사람들의 행동을 합리화시키려는 데 있지요. 독립운동을 안 해도 괜찮을 수 있어요. 왜냐하면 국내에 있던 사람들은 적극적으로 독립운동에 나설 수 없었으니까요. 독립운동을 안 했다고 우리가 매도해서도 안 됩니다.

　모든 일에는 전부 다 역할 분담이 있어요. 예를 들어, 독립운동가들이 만주에서 말을 타고 독립운동 해야 할 때, 어떻게 말을 구합니까? 말을 사서 키워서 언제 그것을 탑니까? 그렇게는 독립운동 못해요. 그

분들이 독립운동 할 수 있었던 이유는 힘껏 싸우라고 말을 공급해주는 사람이 있었기 때문입니다. 목숨 걸고 싸우라고 무기를 공급해주는 사람이 있었기 때문입니다. 이런 분은 앞에 나서서 독립운동을 안 해요. 그러나 이분들은 오히려 자신의 신분을 숨기고 한 푼 두 푼 독립자금을 모아서 냅니다.

여러분들 잘 아시죠? 하와이의 사탕수수 농장이나 멕시코 메리다의 에네켄('애니깽') 농장에서 일하셨던 분들의 이야기를. 우리나라에는 산이 많아서 산 위에서 해가 뜨고 산 밑으로 해가 지지만, 하와이나 메리다에는 산도 있지만 거의 허허벌판입니다. 지평선 위에서 해가 떠요. 특히 멕시코가 그래요. 저도 그곳에 가봤지만 선인장이란 건 우리가 상상하는 것 이상입니다. 그걸 자르느라고 손발이 다치고요. 그분들이 노예 같은 생활을 하면서, 하루에도 열댓 시간 일하면서 겨우 몇 푼밖에 받지 않는데, 그것의 반을 뚝 떼서 뭐를 냈습니까? 자신들은 나라에서 버림받은 사람들이지만 나라를 잃어버리니까 그 설움이 더 커져서, 그분들이 오히려 나라의 소중함을 알고 그렇게 고생하면서 맛있는 걸 사먹기는커녕 나라를 되찾는 데 쓰라고 1불 받으면 50센트는 독립자금으로 냈어요. 그런 돈들이 독립운동 하는 데 도움을 준 겁니다. 너는 독립운동 안 했으니까 유공자가 아니다가 아니라, 그런 분들의 독립을 향한 열정·믿음·원조가 있었기 때문에 상하이를 비롯한 각지에서 나름대로 독립운동을 할 수 있었던 것이에요. 그러니까 전부 다 독립운동 하면 안 돼요. 여기 온 국민이 독립운동하면 누가 밥 먹여줍니까? 의병을 일으킬 때도 마찬가지거든요? 쌀 대는 사람도 있어야 되고 무기 대는 사람도 있어야 돼요. 그러니까 독립운동을 안 했다고 해서 뭐라고 그럴 것은 아니지요. 그러나 그렇게는 하지 못할망정 오히려 나라를 일본에 팔아먹고 일본이 우리를 지배하고 탄압하는 데 앞장서고 기여한 사람들이 있잖아요. 그것은 안 된다는 거죠. 그런데 오히려 독립이 되고나서 남한엔 미군정이 들어서고 북한에 소군정이 오면서 우리 스스로 친일파에 대한 청산을 제대로 하지 않았잖아요.

 더 심각한 문제는 자신의 행동을 부끄러워해야 하고 반성해야 할 사람들이 오히려 건국(?)세력으로 탈바꿈하는 일이 벌어진 데 있습니다. 진정한 건국세력이 되려면 1919년으로 돌아가야 하는데, 그때로 돌아가면 도저히 안 되니까 1948년을 뭐로 잡아야 되나요? 건국으로 삼아야 되요. 그러니까 현 정부는 교과서에서 1919년에 대한민국이 건국되었다고 서술하면 곧 자신들과 한편인 건국세력을 부정한다고 단정하는 거예요. 아까 말씀드렸듯이, 그러한 세력들을 옹호하고 합리화시켜주기 위해서 지금 국정교과서가 좌편향되어서는 안 된다는 것이죠.

6. 교과서 서술의 기본 원칙을 무시하는 교과서 비판

 그리고 아주 극단적이지만, 새누리당 홍보물을 보고 저도 아주 많이 배웠어요. '이념 편향 교과서의 숨은 의도'가 "노동자·농민 중심의 폭력 투쟁만 강조"하고, "북한 중심의 근대민주국가 수립을 완성"해야 한다는 것이라네요. 저는 교과서를 집필하면서 이러한 '숨은 의도'를 전혀 품은 적이 없는데, 어떻게 이런 말이 나오는지 진짜 잘 모르겠어요. 그러면서 그 대표적인 예 중에 하나가 뭔지 압니까? "유관순 열사는 노동자·농민이 아니요 적극적인 폭력투쟁도 없었기에 교과서에서 삭제"했다는 겁니다. 유관순 열사께 정말 미안해요. 그러나 유관순 열사 앞에 제가 목숨 걸고 맹세하는데, 이런 뜻 하나도 없었습니다. 저

2 3·1 운동의 전개와 그 의의

3·1 운동 재현 행사에 참여하여 태극기를 흔드는 어린 학생들의 모습이다. 3·1 운동이 일어난 지 100년이 다 되어 가는데, 일제의 압제를 뚫고 울려 퍼졌던 독립 만세의 함성을 재현하면서 그 일을 기념하고 기억하는 까닭은 무엇일까? 어린 학생들의 해맑은 모습은 3·1 운동이 고통스러운 과거의 기억이 아니라, 밝은 미래에 대한 약속이라는 느낌을 갖게 한다.
3·1 운동은 어떻게 전개되었으며, 그것이 지니는 참된 의미는 무엇인지 알아보자.

『고등학교 한국사』, 미래엔, 258쪽

4 6·10 만세 운동과 광주 학생 항일 운동

『고등학교 한국사』, 미래엔, 270쪽

야말로 억울해요. 제 교과서도 유관순 열사를 쓰지 않은 대표적인 교과서로 지탄을 받았기 때문입니다. 그런데 제가 쓴 교과서를 잠깐 보세요. 3·1운동 부분을 보면, 유관순 열사 계세요 안계세요? 안타깝게도 없네요. 실제로 유관순 열사는 없지만 제 2, 제 3의 유관순이 있습니다. 똑같이 흰 저고리와 검은 치마를 입고 3·1운동 재현 행사에 나와서 태극기를 흔드는 어린 학생들이 있습니다. 실제 유관순은 아닐지 모르지만 유관순 열사를 존경하는 유관순의 후예입니다. 제 2, 제 3의 유관순입니다. 그런데 이것도 용납이 안 돼요.

더 어처구니없는 사실은 제 교과서에 유관순 열사가 언급되어 있는데, 이건 저쪽에서 몰랐을 거예요. 제가 6·10만세 학생운동을 쓴 부분에 유관순 열사가 나옵니다. 이 소단원 '주제열기'의 만화 속에서 선생님이 "1929년 11월 3일은 광주학생운동이 일어난 날이죠, 바로 여러분 또래의 학생들이었어요."라고 설명하자, 학생들이 "우리 또래의 학생들이라고요?"라고 반응한 데 대해 선생님이 "몰랐나요? 3·1운동 때 유관순도 18살이었어요."고 답하지요. 그 밑에 역시 태극기를 흔드는 유관순 열사의 모습도 그려져 있어요. 왜 유관순이 없다는 겁니까? 유관순 열사가 3·1운동 부분에 안 들어갔다고 없다는 거예요.

그러나 3·1운동 부분에 유관순 열사를 직접 쓰지 않은 이유는 간단합니다. 학생들과 수업할 때도 얘기하지만, 여러분 구구단 아시죠? 여기 구구단 아시는 분 손들어보세요. 오! 다 아시네. 여러분이 구구단 안다고 제가 칭찬해줄 줄 알았죠? 여기 초등학생! 구구단 알아요? 저 학생이 알면 우리는 박수쳐줘야 해요. 똑같은 구구단도 서너 살짜리가 알면 천재라고 하지만, 여러분이 구구단 잘 알아요 그러신다고 박수 받지 못해요. 유관순도 마찬가지입니다. 유관순은 진짜 중요한 인물이에요. 우리나라 국민치고 유관순 누나 모르는 사람 어디 있어요, 그죠? 그래서 제가 쓴 중학교 교과서에서는 유관순 열사가 재판받는 모습을 그림으로 그리면서까지 자세히 써줬습니다. 초등학교 교과서에도 물론 나오고요. 그러나 대학교재에서는 유관순을 잘 쓰지 않아요.

초등학교 영어에서는 "아 엠 어 보이"를 당연히 가르치지만, 대학교에서도 "아 엠 어 보이"가 중요하다고 또 가르칩니까? 이와 마찬가지로 교과서는 초·중·고등학교 단계에 맞춰 걸맞은 내용을 쓰게 되어 있어요. 이를 시계열성이라고 그래요. 초등학교 때는 유관순 열사를 일반적으로 다 쓰고, 중학교 때에는 좀더 자세하게 그 내용과 의미를 쓰지만, 고등학교 수준에서는 유관순 열사로 대표되는 학생 전체를 언급하거나 좀더 폭넓게 3·1운동에 참여한 사람들을 언급해주지요. 심지어는 그때 기생들도 3·1운동에 적극 참여했을 정도로 수많은 사람들이 나섰어요.

그리고 당시 33인도 중요하지만 모두 이름을 다 열거해주다보면 교과서에 이름만 써주느라고 다른 내용을 쓸 수 없지요. 이미 중학교 때까지 유관순 열사의 행동과 그 의의가 너무나 많이 알려졌으니 반복할 필요가 없는 거죠. 아마 유관순 열사도 자신만 언급하는 것을 바라지 않을지도 몰라요. 자기와 더불어서 싸웠던 사람들도 같이 강조되기를 바랄 겁니다. 그래서 그렇게 써줬는데, 역사 서술의 기본도 알지 못하면서 유관순을 안 쓰면 뭐라고 매도했지요? 그야말로 입에도 담기 힘들지만, 유관순 열사가 노동자나 농민이 아니고 적극적으로 폭력투쟁을 하지 않아서 교과서에 안 썼다고 매도하네요. 참! 해도 너무하지 않나요? 그래서 저희가 하도 답답한 나머지, 저쪽에서 너무나 왜곡되고 그야말로 편향된 얘기들을 마구 남발하니까 실제로 교과서를 직접 읽어보고 말씀하시라고 당부하는 거예요. 역사는 문학하고 비슷한 면도 있고 다른 면도 있습니다. 문학 상상력이 있고 역사 상상력이 있는데, 문학도 근거 없이 써서는 안 되지만, 역사는 그보다 철저하게 사례와 객관적 사실이 바탕이 되지 않으면 한 줄도 못 씁니다. 마찬가지로 역사교과서를 비판하려면 역사교과서를 올바로 읽고 파악하는 게 전제가 되어야만 합니다.

제대로 앞뒤를 읽고 흐름을 파악해야 되는데, 앞뒤는 거두절미하고 일부분만 왜곡해서 발췌해서 평가해서는 안 됩니다. 유관순 열사뿐만 아니라 주체사상을 쓴 것만 얘기하고 주체사상 비판한 것은 얘기하지 않고서, 오히려 유관순 열사에 대해 왜곡·폄하하거나 "김일성 주체사상을 우리 아이들이 배우고 있습니다."고 매도하면서 교과서가 좌편향 되었다고 단정하는 것은 잘못된 것이죠. 역사를 배우고 이해하는 데 필요한 기본조차 갖춰져 있지 않은 몰상식한 사고가 아닐 수 없어요. 그러니 앞으로 여러분이 교과서뿐만 아니라 모든 사실 혹은 현상에 대해서도 겉으로 드러난 것에만 현혹되지 마시고 커다란 맥락과 본질을 파악하는 혜안을 기르시고 올바른 판단을 내려주시고 진짜 우리 대한민국이 좋은 쪽으로 나아갈 수 있도록 혼신의 힘을 다해주시길, 저도 열심히 하겠지만 부탁드립니다.

7. 국정화 저지에 온 힘을!

이제 슬슬 마무리 할 때가 된 것 같습니다. 우리는 우선은 첫째, 좌경화(?)로 가는 국정화를 막아야 됩니다. 둘째 학생들이 진짜 올바로 공부할 수 있는 교과서를 써야 됩니다. 지금 올바로 쓴다고 그러고서 벌이는 작태들에 대해서는 여러분이 너무나도 잘 아실 것입니다. 저희가 일본이 역사를 왜곡한다고 비판할 때, 다른 것들을 문제 삼지 않습니다. 교과서를 문제 삼습니다. 그죠? 지금 저희도 마찬가지고요. 왜? 교과서는 우리의 미래를 짊어질 주역들이 올바로 생각하고 올바로 판단하고 올바로 인식하고 올바로 행동하고, 올바른 자신들의 권리를 주장할 수 있는 나라를 만드는 데 가장 기본이 되기 때문입니다. 그들이 삐뚤어지고 그들이 왜곡되고 그들이 편향될 때 우리의 미래는 왜곡되고 삐뚤어지고 편향적일 수밖에 없습니다. 그래서 교과서는 중요합니다.

또 역사교과서를 국정으로 만들어서 얼마나 나쁜 쪽으로 악용했는가를 역사가 증명하는데, 왜 이 정권은 왜 위정자들은 또 다시 그런 길을 가려고 하는지 참으로 안타깝습니다. 안타까운 정도가 아니라 걱정스럽고 반드시 역사 쿠데타라고 일컬어지는 국정화를 막아야 된다고 생각합니다.

그리고 저는 우리 힘없는 사람이 늘 하는 말이지만, 그래도 역사의 힘을 믿습니다. 역사의 심판을 믿습니다. 올바른 판단을 역사는 잊지 않고 내려줄 것이라고 확신하기 때문입니다. 아무리 어쩔 수 없이 국정교과서가 쓰여지더라도 학교에서나 또는 학교 밖에서나 올바른 역사교육을 위해서, 또 학생들의 건전한 사고력 또 역사적 상상력을 위해서 진짜 어른으로서 최선을 다할 것입니다. 그리고 한편 국정화로 치달을 수밖에 없게 만들었던 주범의 한 사람으로서 깊이 반성하면서 더 좋은 역사교육을 위해서 최선을 다하도록 노력하겠습니다. 하여튼 오늘 춥고 그러나 이렇게 눈 내리는 분위기 좋은 날에 여러분 점심도 제대로 드시지 않고 이 자리에 와주셔서 감사드립니다.

우리의 모든 힘을 올바른 역사교육을 실현하고 국정화를 저지하는 데, 또 우리의 새로운 미래를 위해서 여러분의 좋은 능력을 발휘해 줄 수 있기를 기원합니다. 감사합니다.

시간 관계상 더 중요한 내용이 많은데 다루지 못한 점 양해바랍니다. 이것으로 마치겠습니다.

[참고문헌]
「대동단결선언」(1917.4)

김한종, 『역사 교과서 국정화, 왜 문제인가』, 책과함께, 2015
역사교육연구소, 『우리역사교육의 역사』, 휴머니스트, 2015
한철호 외, 『한국사』 미래엔, 2014외 7종 고등학교 한국사 교과서

제 6 강

동아시아의 평화를 위한 역사교육

안병우
한신대 교수·아시아평화와역사교육연대 공동대표

1. 무엇이 동아시아의 평화를 저해하는가?

저는 일본의 역사왜곡에 대응하는 활동을 15년 정도 해오고 있습니다. 그러다보니 나이가 들어서 '아시아평화와 역사교육연대'라는 단체의 공동대표를 맡고 있는데요. 우리 단체는 일본의 역사왜곡을 막고, 지금 정부가 얘기하는 의미하고는 전혀 다른 차원에서 제대로 된 역사교육을 하여 동아시아의 평화를 증진시키는 것을 목표로 삼고 활동해 왔습니다. 그래서 오늘은 동아시아의 평화를 위한 역사교육이라는 제목을 가지고 얘기를 나눠볼까 합니다.

현재의 동아시아는 그렇게 평화로운 상태는 아니라고 생각합니다. 무엇이 동아시아의 평화를 저해하는가를 생각해보면, 오늘날 동아시아는 이중적인 모습을 갖고 있다고 생각합니다. 첫번째 모습은 사람과 물자교류가 아주 활발하게 이루어지고 있는 점입니다. 지금 여러분들이 앉아 계시는 바로 앞에서도, 여기가 대한민국 수도의 중심부인데, 중국의 파룬궁 탄압을 규탄하는 서명운동을 벌이고 있습니다. 오늘 날씨가 추우니까 많이 보이지 않지만 청계천 거리, 명동 거리는 거의 중국 사람들이 장악하고 있다고 할 정도로 많은 중국 사람들이 오가는 것을 볼 수가 있고요. 이렇게 인적 교류가 활발하게 이루어지고 있습니다. 우리나라에서 출국하는 사람들의 80% 정도는 아시아 지역으로 출국하고요, 우리나라에 제일 많이 오는 외국 사람은 현재 중국 사람입니다.

물자교류를 봐도 중국은 우리나라 최대 수출국이자 수입국입니다. 우리나라 2014년 총수출액이 5,731억 달러인데, 그 중 25% 정도를 중국에 수출하였고요. 일본에는 5.6%를 수출해 3위입니다. 총수입액

안병우 한신대 교수

5,256억 달러 가운데 17%를 중국에서 수입했고요. 일본이 2위 수입대상국이고, 10% 정도를 수입했습니다. 중국과 일본 사이의 교역도 활발합니다. 이런 통계는 한중일 3국의 이른바 역내 교역, 역내 교류가 대단히 활발하게 이뤄지고 있음을 보여줍니다.

이러한 인적·물적 교류를 보면, 3국이 상당히 정상적이고 평화로운 상태를 유지하고 있다고 생각할 수도 있겠습니다. 그러나 3국 사람들이 다른 나라에 대해서 어떻게 생각하고 있는가를 조사한 결과를 보면, 상황은 대단히 다르다는 사실을 알게 됩니다. 작년 봄에『월스트리트저널』에서 조사했는데, 일본에 대한 한국 사람들의 호감도는 25% 정도이고, 중국 사람들의 호감도는 그 절반인 12% 정도밖에 안 됩니다. 중국에 대한 일본인들의 호감도는 9%에 불과하다고 합니다. 서로 무척 미워하는 관계이지요. 제가 목격한 사례를 하나 들어볼까요?

2005년도에 일본 중학교 역사교과서 왜곡문제 때문에 중국 난징에 간 적이 있었는데, 그때 아주 재미있는 광경을 목격했어요. 그 당시만 해도 핸드폰을 많이 사용하기 전이니까, 유학생들이 본국에 전화를 하려면 카드를 사서 전화했는데요. 가게에서 일본 학생들한테는 카드를 안 판다고 써놓은 것입니다. 일본에 대한 감정이 대단히 격화되어 있는 모습을 단적으로 보여준 장면이었습니다.

앞에서 말한 조사 결과에 따르면, 한국에서 시진핑 주석을 신뢰하는 지수는 67%로 대단히 높습니다. 우리나라 대통령보다 신뢰도가 더 높지 않나 싶은데요. 근데 우리나라 사람들이 아베 신조 총리는 얼마나 신뢰할 거 같아요? 10% 정도? 너무 박한 것 같지만 사실 그것도 안 됩니다. 불과 7%만 아베 총리를 신뢰한다고 답변하였고, 63%는 전혀 믿을 수 없다고 대답했습니다. 결국 이런 통계를 보면 한중일 3국은 서로 열심히 오가면서 돈을 버는 관계를 맺고 있지만, 한일 또 중일 국민들은 서로 불신하고 적대적 감정을 갖고 있습니다. 아주 이상한 모습이지만, 이것이 동아시아 3국 관계의 현주소라고 할 수 있죠.

3국 국민의 상호 감정이 좋지 않을 뿐 아니라 오늘날 동아시아에는 갈등이 심각합니다. 동아시아의 또 다른 모습이지요. 평화를 저해하는 요인이 뭘까 생각해보면, 세 가지 정도를 언뜻 생각할 수 있습니다.

첫째로 북한의 위협을 들지 않을 수가 없습니다. 지난 1월 6일 핵실험을 해서 지금 한반도와 동아시아 전체가 긴장 국면으로 들어가 있습니다. 두번째로는 중국과 일본, 그리고 미국의 정치군사적 갈등이 동아시아 평화를 위협하는 요인의 하나라고 봅니다. 근래 중국이 경제적으로 급부상하고 군사적으로도 대국화하는 것이 이런 갈등의 직접적 요인이라고 할 수 있겠습니다. 21세기에 들어서면서 중국은 세계 제2위의 경제국가로 도약했습니다. 일본은 GDP에서 3위로 밀려났죠. 중국은 강력하게 부인하고 있지만, 일본을 비롯한 아시아 여러 국가들과 미국은 중국이 동아시아에서 패권을 추구하고 있다고 간주하고 있습니다. 가시적인 현상이 이른바 해양영토를 둘러싼 중국과 인근 국가들의 갈등이라고 할 수 있겠습니다. 여기에 대응해서 미국과 일본은 군사동맹을 강화하는 형태로 대립하고 있고, 여기에 한국을 끌어들여

삼각동맹을 구축하려는 양상을 보이고 있습니다.

세번째 갈등 요인, 평화를 해치는 요인은 바로 오늘 우리가 주목하고 있는 과거사를 둘러싼 서로 다른 인식과 그에 대한 대응들이라고 볼 수 있습니다. 이런 요인은 말할 것도 없이 일본의 침략전쟁과 식민지 지배, 그리고 이것에 대한 전후처리의 미흡함 때문에 생긴 것입니다. 한마디로 얘기하면, 일본은 침략전쟁과 식민지 지배의 책임을 국가 차원에서 인정, 사죄하고 그에 따른 배상과 보상을 제대로 하지 않았습니다. 그리고 후세에게 자신들의 잘못과 책임을 제대로 교육하지도 않고 있습니다. 현재 제기되어 있는 과거사 문제로는 지금 핫이슈로 떠오르고 있는 위안부 문제를 비롯하여 야스쿠니신사 참배 문제, 강제동원 문제, 역사교과서의 서술문제, 그리고 아주 첨예한 갈등을 불러일으키고 있는 영토문제 같은 것들이 있습니다. 이것들은 모두 일본의 침략전쟁과 식민지 지배로 인해 발생된 문제들인데, 1951년의 샌프란시스코강화조약에서 제대로 처리하지 않아 오늘날 동아시아의 갈등 요인으로 남게 되었습니다.

2. 한중일 3국 역사교과서의 문제점

우리가 여기 모인 이유는 한국사 교과서를 국정화하는 문제 때문입니다. 역사교과서가 어떻게 집필되고 또 어떻게 사용돼야 하는지, 그런데 동아시아 국가들에서는 어떻게 사용되고 있는지에 관해 말씀드리려고 합니다. 한중일 세 나라의 역사교육은 모두 과도한 민족주의에 입각해 있다는 것이 대부분 학자들의 견해입니다. 민족주의라는 건 국가의 구성원이 하나의 민족이라고 하는, 혹은 하나의 민족에 속한다고 하는 민족적 정체성을 강조하고 있습니다. 이런 정체성 형성을 역사교육의 중요한 목표로 삼고 있는 것이 민족주의 역사교육이라고 할 수 있습니다.

구체적으로 살펴보면, 세 나라가 약간의 차이는 있습니다. 우리나라는 그래도 좀 덜한 것이 아닌가 싶은데요. 중국 같은 경우는 대단히 강한 민족주의적 성향을 갖고 있습니다. 보통 동일한 혈통과 언어 그리고 문화, 역사 경험 같은 것들을 바탕으로 해서 민족을 정의하는데, 중국은 '중화민족'이라는 새로운 민족개념을 만들어 냈습니다. 현재 중화인민공화국을 구성하고 있는 한족과 55개의 소수민족이 하나의 민족, 중화민족이라는 것입니다. 이렇게 중국이 새로운 민족개념을 만들어서 사용하는 것은 변강지역에 거주하는 소수민족이 갖고 있는 원심력을 차단하려고 하는 것이고요, 이런 정치적 입장을 관철시키다 보니까 변방 소수민족의 역사를 중국 역사의 일부로 간주하게 되었습니다. 그래서 고구려도 중국의 소수민족이 세운 지방정권이었다고 얘기하는 것이죠. 이것은 현재의 관점에서 과거의 역사를 재단하는 비역사적인 태도입니다.

일본도 아주 심한 민족주의적 성향을 보이고, 이것을 우리는 우익적 역사관이라고 얘기합니다. 일본은 침략전쟁과 그 과정에서 자행한 범죄를 부정하고, 식민지 지배를 정당화하는 이론을 갖추고 역사교육을 하고 있습니다. 일본이 이렇게 본격적으로 역사를 왜곡하기 시작한 때는 1995년이었다고 봅니다. 그해가 일본이 전쟁에서 패배한 지 50주년이 되는 해였습니다. 패전 50주년을 맞이하면서 자민당은 '역사·검토 위원회'를 구성해서 역사를 연구하게 했습니다. 그 위원회에서 내린 결론은 일본이 동아시아에서 벌인 전쟁이 일본을 방위하기 위한 자위의 전쟁이었고, 동남아시아에 쳐들어간 침략전쟁도 서양의 식민지가 되었던 황인종 국가들을 해방시킨 전쟁이었다는 것이었습니다. 전쟁의 성격을 이렇게 규정하고, 이 전쟁과 식민지 지배를 하는 과정에서 일본은 전혀 범죄를 저지른 적이 없다고 결론을 내렸습니다.

일본 우익성향의 이쿠호샤가 펴낸 중학교 역사교과서

이런 결론을 바탕으로 해서 몇몇 우익 학자들이 1997년에 '새 역사교과서를 만드는 모임'이라는 단체를 결성하고, 그들이 자신들의 역사관을 담은 교과서를 서술해서 2001년에 문부과학성의 검정을 통과했습니다. 그래서 중학교에서 사용되기에 이르렀는데, 이게 이른바 후소샤 교과서입니다. 우익세력의 절대적 지지를 받으며 열심히 노력했지만, 0.039%밖에는 채택되지 못하는 참패를 맛보았습니다. 교과서가 채택되지 않으니까 내분이 일어나고 결국 둘로 분열해서 현재는 이쿠호샤와 지유샤라고 하는 출판사에서 교과서를 발행하고 있는데요. 2005년도에는 채택율이 10배로 늘어나서 0.39%를 기록했고, 2011년에는 또 10배가 늘어나서 3.7%를 기록했습니다. 그리고 작년에는 무려 6.9%까지 늘어났습니다.

우익 교과서 발행이 일본 역사교육계에 미친 영향은 매우 큽니다. 이들은 주류 역사학계의 역사관을 동경재판사관 혹은 자학사관이라고 공격했습니다. 자학사관이라는 얘기는 어디서 들어보신 것 같죠? 맞습니다. 우리나라의 뉴라이트 학자들도 자학사관 운운하고 있습니다. 또한 그러면서 아무 것에도 구속되지 않는다는 자유주의사관을 표방했습니다. 우익 교과서의 출현으로 다른 교과서의 서술이 전반적으로 개악되었습니다. 아주 큰 영향을 준 거죠. 이러한 우경화 추세에 대응하여, 작년에 일본역사교육자협의회 교사들이 중심이 되어서 제대로 된 역사교과서를 만들어 냈습니다. 미나비샤라는 출판사에서 발행했는데, 채택전에서는 참패를 면치 못했습니다. 온갖 방해 공작이 한몫했지요.

잘 아시는 것처럼 우리나라는 10월유신의 여파로 1974년에 국사 교과서를 국정으로 발행하기 시작했고요. 그 후 2007년 교육과정에 따라 검정제로 전환해서 지금 사용하고 있는데, 작년에 국정제로 되돌리기로 결정했습니다. 검정교과서가 아주 잘 만든 교과서라고 하기는 어려울지 모르지만, 국정교과서보다 서술 내용이나 도서의 제작 측면에서 훨씬 좋아졌다는 것이 일반적인 평가였습니다. 그렇기 때문에 국정으로 전환할 이유가 없는데, 시대를 거꾸로 가는 결정을 한 것입니다.

정부에서 국정제를 강행하면서 내세운 가장 큰 이유는 현재의 한국사 교과서가 좌편향되었다는 것입니다. 심지어 99%가 좌편향 교과서라고까지 극언을 합니다. 그러나 이런 주장에 대하여는 교과서를 검정하던 당시에 국사편찬위원회 위원장이었던 이태진 교수의 적절한 설명이 있어서, 그 말씀을 인용하는 게 낫겠습니다. 그분은 서울대학교 명예교수이고, 중도보수적 성향을 갖고 계신 분입니다. 그분에 의하면, 현행 8종 교과서는 중도가 3종, 중도우파가 4종이고 교학사 교과서는 우파 쪽으로 분류할 수 있답니다. 좌편향 교과서는 없다는 것입니다. 정부나 정치권에서 자꾸 좌편향이라고 몰아치지만, 근거가 없습니다. 예를 들면 총리가 "현행 교과서에 6·25 전쟁이 남북 공동 책임이라는 기술이 실려 있다"고 주장했지만, 8종 교과서는 모두 6·25가 북한의 책임이라고 적시하고 있습니다. 정확한 근거를 제시하지 못하고 그냥 바람몰이식으로 정치적으로 몰아치고 있는 것입니다.

우리나라에서 좌편향 교과서가 나올 수 없는 게요, 아까 말씀드렸지만 교육과정을 정부가 만들어서 고시합니다. 그것도 못 미더워서 집필기준을 상세하게 만들어서 제시해요. 이런 방향에 맞지 않으면 수정 요구를 하고, 따르지 않으면 불합격시킵니다. 그리고 교과서를 검정할 때는 일반적 검정기준이 있어서, 헌법 정신에 부합하는지 등을 먼저 검토하게 되어 있습니다. 그렇기 때문에 좌편향 교과서가 나올 수가 없어요. 더욱이 지금 논란의 대상으로 삼고 있는 교과서는 청와대가 가져가서 열흘 정도 검토했다고 해요. 이렇게 검정했는데도 좌편향 교과서가 있다고 하면, 그건 정부 책임이죠. 정부가 검정을 잘못한 거죠. 정부가 검정해서 사용하게 해놓고 그걸 좌편향 교과서라고 몰아치는 것은, 이런 걸 뭐라고 그럽니까? 자가당착? 자기부정? 그런데 문제는 그게 자가당착이고 자기부정인지도 잘 모르고 있는 거 같아요.

일반적으로 볼 때 교과서 발행제도는 국정제보다는 검정제가, 검정제보다는 인정제가, 인정제보다는 자유발행제가 국가의 간섭이 적고 저자들의 서술 재량이 넓어지는 민주적 발행제도라고 평가받고 있습니다. 역사교과서 서술에서 많은 문제점을 갖고 있기는 하지만, 일본은 물론 중국 같은 사회주의 국가도 검정제를 유지하고 있습니다. 이제 동아시아 3국 가운데 우리만 국정제로 역사교과서를 발행하게 되었습니다.

어떤 교과서 발행제도가 동아시아의 평화를 증진하는 데 더 적합하다고 딱 잘라 얘기하기는 어렵지만, 평화는 기본적으로 민주주의가 발달한 곳에서 증진될 수 있습니다. 또 국가의 영향이 강할수록 정부의 특정한 관점이 교과서에 투영될 소지가 높습니다. 역사교육이 정치에 종속될 가능성이 높다는 얘기입니다. 이렇게 볼 때 국정제로 교과서를 발행하는 것이 동아시아 평화 증진에 도움이 될까요? 어떻게 생각하십니까?

3. 역사교육의 목표

역사교육을 하는 목표에 대해서는 대체로 두 가지의 대립되는 견해가 존재하고 있습니다. 하나는 정치적 목표를 가지고 역사교육을 해야 된다는 견해인데요. 역사교육은 기본적으로 정치적 성격을 띠게 되고, 거기서 완전히 벗어나기는 쉽지가 않습니다. 정치적으로 목표를 설정하는 경우는 다시 둘로 구분할 수 있겠습니다. 하나는 국가 혹은 국민의 정체성 형성을 주요한 역사교육의 목표로 삼는 것이고, 다른 하나는 민주시민 양성을 역사교육의 중요한 목표로 삼는 것입니다. 두 가지는 정치성을 띠고 있다는 점에서는 공통되지만, 상당한 차이점이 있습니다.

근대 이후로 오랫동안 국민 정체성 형성이 역사교육의 주요 목표가 되어 왔습니다. 지금 우리나라에서도 역사교육의 주요 목표 중의 하나를 정체성 형성으로 잡고 있습니다. 작년에 개정된 한국사 교육과정에서 교육목표로 다섯 가지를 제시하고 있는데, 세번째에 "우리 민족이 외부 세계와 교류하고 발전하는 과정에서 다양한 문화적 성격을 가짐과 동시에 한국인으로서의 정체성을 유지해 왔음을 인식"하는 것을 목표로 삼고 있습니다. 중국은 역사과정표준에서 노골적으로 애국시민교육을 강조하고 있으며, 일본도 마찬가지입니다. 일본 고등학교 일본사A의 교육목표를 보면, 역사적 사고 배양과 함께 "국제사회에서 주체적으로 살아갈 수 있는 일본 국민으로서의 자각과 자질을 기른다."라고 '일본 국민'을 강조하고 있습니다. 이러한 전통적 역사교육 목표에 따라 교육할 경우에는 주로 독립투쟁이나 민족전쟁 같은 국가적 사안, 문화적으로나 경제적으로 역사상에서 성취한 사례들을 강조하게 됩니다.

이러한 전통적 역사교육은 한때 쇠퇴하는 경향을 보였지만, 20세기 후반 세계화, 이민, 다문화주의 같은 새로운 추세들이 널리 퍼지면서 국민국가의 분해를 막는 방법으로 다시 등장하였습니다. 그래서 시민정신, 애국심을 배양하기 위한 공통의 역사, 공통의 유산을 강조하기 시작했습니다. 9.11테러는 그러한 경향을 더 강화시켰습니다. 많은 나라에서 사회통합의 과제를 내세우면서 정체성 교육을 강화하고 있습니다. 우리나라에서도 사회통합을 이유로 국정 교과서를 통한 '올바른 역사교육'을 주장하고 있지요.

민주시민 양성이라는 목표도 정치적 영향을 받은 것입니다. 역사교육이 공민적 가치, 그리고 바람직한 시민정신을 배양해야 한다는 것이죠. 그래서 책임있고 합리적이며 윤리적인 인간, 시민사회에 가치 있는 구성원을 육성하는 것이 역사교육의 목표라고 주장하는 것입니다.

두번째는 순수하게 역사교육주의적 차원에서 목표를 설정해야 된다는 견해가 있습니다. 진보적 역사교육자들은 민족주의적이든 사회주의적이든 또는 계몽주의적이든 간에 정치적 영향을 받은 역사교육 과정에 반대하는 입장을 갖고 있습니다. 역사학적 사고와 탐구능력을 기르는 것, 즉 우리가 어떤 사물이나 사건을 접했을 때 역사학적으로 생각하고 탐구할 수 있도록 교육하는 것이 역사교육의 목표라는 것입니다. 예를 들면 역사이야기를 통해서 지금 굉장히 복잡하게 전개되고 있는 정치사회적 문제를 분석할 수 있는 기술을 가르쳐주는 것이 역사교육의 목표라는 것입니다. 그래서 역사교육의 핵심요소는 어떤 영웅의 행동이나 역사적 사실들의 집합을 가르치는 것이 아니라 역사적 사고를 이루고 있는 기본 개념들을 가르치는 것이라고 합니다. 예를 들면 어떤 증거, 증거가 되는 사료, 그것의 증거 능력, 긴 역사시간 동안 연속되는 측면과 변화하는 측면, 어떤 사건의 인과관계 파악 능력, 또 어떤 한 사건에 접했을 때 내가 그 시대에, 그 사건의 당사자라고 생각하면서 사건에 접근하는 감정이입 능력, 이런 것들을 갖도록 해주는 것이 역사교육의 목표라는 것이지요.

우리나라에서는 역사교육주의적 목표와 민주시민 양성, 민족 정체성 함양을 모두 역사교육의 목표로 설정하고 있습니다. 그런대로 균형을 이루고 있다고 할 수 있습니다. 어떤 측면을 더 강조하느냐 하는 것은 역사교과서 집필자와 역사 교사들의 역사관에 따라서 좌우되고 있습니다. 그러나 국가가 교과서 서술을 독점하는 경우, 이 세 목표 사이의 균형은 파괴되고, 국민 혹은 국가 정체성 함양이라는 전통적 목표만 강화될 가능성이 매우 높습니다.

재미있는 얘기 하나 말씀드릴게요. 국정제에 대해 간혹 논쟁하게 되는데, 국정제의 비민주성을 쉽게 설명하기 어렵습니다. 제가 어느 날 택시를 타고 국회에 간 적이 있는데, 국회에 가자니까 기사분이 저보고 국회에서 일하느냐고 물어요. 그렇지는 않고 토론회에 참석하러 가는 길이라고 하니까, 무슨 토론회냐고 또 물어요. DMZ에 있는 태봉의 궁성을 평화적으로 이용하는 방안을 모색하는 토론회라고 했더니,

저보고 뭐하는 사람이냐고 물어요. 역사 교수라고 했더니, 잘 만났다는 듯이 국정제에 대해 어떻게 생각하느냐는 거예요. 반대하는 입장이라고 했더니, 자기는 찬성한대요. 왜 찬성하냐고 하니까, 여러 교과서로 배우면 혼란스러우니 하나로 통일되게 가르쳐야 한다는 것입니다. 그래서 역사라는 게 원래 복잡한 것이라고 하면서, 기사분이 한남대교 앞에서 손님을 모시고 국회로 갈 때 도로 사정이나 취향에 따라 여러 경로를 선택해서 갈 수 있는데, 국정제는 반드시 강변북로로만 가라고 택시회사에서 정해주는 것과 같은 것이라고 설명했습니다. 그랬더니, 요즘 가르치는 내용이 자기가 배울 때와 너무 다르다는 거예요. 그래서 지금 운전하시는 택시가 소나타 신형인데, 처음에 운전하실 때는 무슨 차로 했냐고 하니까 포니로 했대요. 그래서, 새로운 자동차가 계속 나오는 것과 마찬가지로 역사도 자꾸 연구를 해서 새로운 내용을 알게 되는 것이고 그걸 가르치는 거라고 했습니다. 기사님은 옛날 포니를 지금 운전하라고 하면 하시겠느냐는 말도 덧붙였지요. 그래도 수긍하는 기색이 보이지 않길래, 몇 년도에 학교를 다녔냐고 질문했더니, 1960년대 말에 다녔다고 해요. 그때 무슨 교과서로 배웠습니까 하니, 국정교과서로 배웠대요. 아닙니다. 그때는 국사 교과서가 검정제였고, 유신 후에 1974년부터 국정제로 바뀐 거라고 마지막 설명을 해줬습니다. 그분이 국정제 찬성 견해를 수정했는지는 모르지만, 이런 방법도 꽤 쓸만하지요?

4. 역사교육과 평화교육

이렇게 본다면 역사교육의 목표를 평화로 못 박는 것은 좀 문제가 있겠다는 생각이 들지만, 역사교육이 우리 사회 내부와 국제 평화 증진에 이바지해야 하는 것은 피할 수 없고 피해서도 안 되는 과제입니다. 왜 그러냐 하면 평화는 인류가 공통적으로 추구하는 높은 가치 중의 하나이고, 우리가 최고의 가치로 여기고 있는 인권이 존중받을 수 있는 필요불가결한 조건이기 때문입니다. 내부의 평화는 사회갈등이 해소되거나 완화돼서 폭력과 차별이 없거나 적은 상태라고 할 수 있으므로, 한 사회가 평화롭다는 것은 민주사회의 원리가 잘 작동되고 있다는 중요한 증거입니다. 다시 말하면 정치사회적 정의가 실현되고 있는 것이 평화의 상태라고 볼 수 있겠습니다. 국제 평화는 최소한 나라 사이에 전쟁이 없는 상태, 신뢰와 우호를 바탕으로 해서 관계를 맺고 있는 상태라고 할 수 있겠는데요. 앞에서 말씀드린 것처럼 한중일 3국의 국민들이 서로를 그렇게 불신하고 미워하니, 평화 상태라고 할 수는 없는 거죠.

  역사교육의 측면에서 볼 때 평화는 역사에 대한 겸허한 성찰에서 피어난다고 볼 수 있습니다. 자기 민족의 정체성을 강조하는 역사교육은 아주 쉽게 자민족 우월주의에 빠질 수 있습니다. 민족이나 국가 역사의 찬란함과 위대한 측면만을 강조하고 과오나 부끄러운 과거는 숨기거나 왜곡하려는 속성을 가지고 있습니다. 그러한 모습을 우리는 일본에서 똑똑히 보고 있습니다. 일본은 과거에 그렇게 침략전쟁을 벌였고, 그래서 다시는 전쟁하지 못하도록 평화헌법을 만들었음에도 그것을 멋대로 해석해서 이라크에 군대를 파견했습니다. 또 안보법제를 개정하여 전적으로 방어만 하게 한 제한을 벗어나서 집단적 자위권을 행사하려고 합니다. 나아가 헌법을 개정하여 전쟁할 수 있는 보통국가로 나아가려 하고 있습니다. 중국도 내부적으로 폭력을 바탕으로 소수민족들을 억압하고 주변 국가들에 위협을 가하고 있습니다. 동아시아의 평화는 위협을 받고 있는 것입니다.

역사교육이 평화 증진에 이바지하는 길은 과거의 역사를 정확하게 평화의 관점에서 가르치는 것이라고 생각합니다. 평화의 가치를 강조하는 것이지요. 전쟁은 때로 할 수 있고 해도 되는 것이 아니라 전쟁은 인간의 존엄성과 인류의 문명을 파괴하는 행위로서 절대로 해서는 안 된다는 것을 사료를 통해서 명확히 가르치는 것입니다. 예를 들면 전쟁의 참상을 사료로 보여주고 생각하게 하는 것이지요. 1937년 일본이 난징을 점령했을 때 무려 30만에 달하는 민간인이 살해당한 사건

100인 참수 경쟁을 하는 두 일본인 장교에 대한 기사. 『동경일일신문』(1937.12.13)

『南京大屠殺與國際大救援圖集(남경대도살여국제대구원도집)』. 난징대학살 당시 일본군 병사가 무고한 중국인의 목을 치는 장면.

을 난징대학살이라고 부르고 있습니다. 그때의 사진들을 여러분들이 보시면 기가 막힐 것입니다. 군도로 중국 사람들 목을 치는 사진과 그 목을 들고 웃으며 자랑하는 일본군 사진이 신문에 실렸습니다. 우리나라에서도 마찬가지죠. 한말 의병들을 잔학하게 처형한 사진들을 볼

수 있습니다. 연합군의 폭격으로 초토화된 도쿄나 베를린 사진도 좋은 자료가 됩니다. 이런 사료들을 통해 전쟁의 참상을 실감하고 평화의 소중함을 느끼도록 교육할 수 있습니다.

오늘날 일본은 국가의 관점을 강조하면서 침략전쟁과 전쟁범죄를 은폐하고 있습니다. 지금 이슈가 되고 있는 일본군'위안부'에 대해서도 국가의 법적 책임을 인정하지 않고 또 진심으로 사과하지 않고 있습니다. 그러면서 최종적이고 불가역적인 합의를 요구했습니다. 범죄를 저지른 당사국이 그런 요구를 하는 것은 있을 수 없는 일이고, 그것을 받아들이는 것도 있을 수 없는 일입니다. 역사상의 범죄는 두고두고 반성과 교훈의 대상으로 삼아야 하는 것이고, 다시는 그런 범죄를 저지르지 않도록 후세를 교육하는 것이 진실한 반성입니다. 일본은 그렇게 하지 않았고, 그렇기 때문에 전 세계로부터 지탄을 받고 있는 것입니다.

동아시아 3국의 공통점은 역사교육이 과도하게 정치화되어 있는 점이라고 하겠습니다. 역사교육에 정치가 너무 깊이 관여하고 있는 것이죠. 정확히 말하면, 정부 특히 집권하고 있는 정파가 자신의 이데올로기를 역사교육에 강요하는 것입니다. 역사교육은 항상 정치적 문제이기는 하지만, 국가의 개입을 최소화하는 것이 민주사회의 중요한 지표입니다. 선진국에서는 대개 국가가 역사표준을 정하지 않거나 매우 조심스럽게 가르쳐야 할 내용을 정하며, 역사학계와 역사교육계는 국가의 역사교육 장악 시도에 강력하게 반발합니다. 1990년대 중반 미국에서 미국사 중심의 교육과정을 개발할 것인가, 세계적인 다문화적 교육과정을 개발할 것인가를 둘러싸고 벌어진 '문화전쟁'이나 영국, 프랑스 등에서 벌어진 역사교육과정 논쟁은 좋은 사례라고 할 수 있습니다.

이런 현실을 보면 역사교육을 통해서 평화를 정착시키는 게 쉽지는 않겠다는 생각은 듭니다. 그러나 역사교육에서 가치문제를 도외시하는 것은 바람직하다고 볼 수 없습니다. 역사는 과거에 대한 단순한 평가가 아니고 미래 비전에 관련되어 있기 때문에 그렇습니다. 우리가 한국사를 가르치면서 예컨대 통일한국에 대해 전망하지 않는다거나 동아시아나 세계평화, 보편적인 인권에 대해 관심을 갖지 않는다면,

이쿠호샤 중학 역사교과서 본문 속 사진들. 쇼와'천황'과 군국주의를 미화하고 있다.

그것은 의미 있는 역사교육이라고 할 수 없다고 생각합니다.

일본 우익교과서는 반평화적인 역사교육, 전쟁을 옹호하는 역사교육을 지향하고 있습니다. 침략전쟁의 원흉인 쇼와'천황'을 대단히 미화하고 있는데서 단적으로 알 수 있습니다. 한 번 보여드릴께요. 일본이 1945년 8월 15일에 항복 선언을 했을 때, 국민들이 '천황'이 살고 있

는 곳에 가서 전쟁에 이기지 못해 죄송하다고 사죄하는 사진을 싣고 있습니다. 그리고 가미가제 특공대로 출전하는 자살폭격대를 환송하는 여학생들의 사진, 쇼와 '천황'이 죽었을 때 문상 온 군중 사진을 수록함으로써 쇼와를 위대한 '천황'으로 부각시키고 있는 것입니다. 이렇게 역사교과서를 만들어내면 학생들은 쇼와 '천황'이 전쟁 원흉이 아니라 아주 위대한 군주였다고 생각하게 되겠지요. 그래도 되는 겁니까?

5. 평화 증진에 기여하는 역사교육

평화 증진에 기여하는 역사교육을 하는 방법은 무엇이 있을까요? 평화의 관점에서 역사를 가르쳐야겠다고 생각하면 전쟁에 관해서 어떤 서술을 해야 할까요? 침략전쟁을 벌였던 국왕이나 장군들을 부각시키는 게 아니라 전쟁 과정에서도 평화를 위해서 노력했던 사람들을 찾아서 부각시키는 방법을 생각할 수 있을 겁니다. 민족과 국가를 초월해서 전쟁을 반대하고 식민지의 고통을 함께 한 사람들을 소개해주

『고등학교 동아시아사』(천재교육)

인권변호사 후세 다쓰지(1880~1953)

는 거죠. 몇 가지 사례를 들어볼까요?

　우리나라 고등학교에서 배우는 『동아시아사』라는 교과서를 봅시다. 여기에서는 일본이 만주를 침략했을 때 한중일의 무정부주의자들이 모여서 항일구국연맹을 결성했던 이야기, 1940년에 일본 중의원 의원이었던 사이토 다카오라는 사람이 의회에서 전쟁 반대 연설을 했다가 제명당한 이야기 등이 실려 있습니다. 사이토 의원은 비록 침략을 당한 나라들의 피해에 대해서 직접 언급하지는 않았지만, 전쟁의 한편에 군인들의 엄청난 희생이 있는가 하면, 그 반대편에는 군수산업 특수를 누리면서 막대한 폭리를 취하는 자들이 있다고 전쟁의 양면성을 지적하였습니다. 경상북도 문경에 가면 가네코 후미코라는 일본 여성의 무덤이 있습니다. 이분은 1923년 관동대지진이 일어났을 때 동지이자 연인이었던 박열 열사와 함께 비밀결사를 만들어서 조선 독립과 천황제 타도를 위해 황태자를 살해하려다가 실패한 후 사형 판결을 받았습니다. 그 후 무기징역으로 감형이 되었지만, 옥중에서 자살했습니다. 인권변호사 후세 다쓰지라는 사람은 여러분들이 알고 있는 사람이죠? 2004년 한국에서 그에게 건국훈장을 주었습니다. 이 사람은 노동자, 농민, 혁명운동가들의 인권을 지키기 위해서 노력했고 특히 법정에서 많은 변론을 했어요. 박열을 무죄라고 변호했고, 후미코의 유골을 인수해서 박열의 고향에 매장될 수 있도록 도와줬습니다. 이런 서술은 전쟁 범죄의 원흉인 '천황'을 영웅으로 묘사하고 있는 우익 교과서와는 완전히 다르지요. 이런 게 역사교육의 모습이고, 차이입니다.

　두번째, 역사를 보는 관점을 국가와 민족에서 세계사적 관점으로, 그게 너무 넓어서 어려우면 동아시아적 관점으로만 옮겨도 객관적으로 역사를 보게 되고 전쟁을 미워하는 평화의 관점에 서게 될 것이라고 생각합니다. '동아시아사'는 동아시아의 관점에서 역사를 보고자 개설된 과목인데요. 우리나라에서만 가르치고 있습니다.

보통 우리가 역사를 배울 때 배우는 사람들의 인지발달 정도에 따라서 자기와 가까운 데서부터 출발하죠. 지역의 역사로부터 시작해서 나라의 역사로, 그리고 우리나라가 포함된 지역의 역사로, 그리고 전 세계의 역사로, 말하자면 동심원의 형태로 역사를 배워나가는데요. 세계사를 배우게 되면 거기에는 민족주의적 관점 같은 것은 잘 안 들어가게 되죠. 그런 면에서 객관적으로 배울 수 있는 장점이 있습니다. 그래서 사실은 세계사를 반드시 배워야 됩니다. 우리가 지금 세계화 시대에 살고 있다고 말은 하면서 세계사를 거의 안 배우죠. 우리가 비판하는 일본에서는 일본사는 필수가 아닌데 세계사가 필수로 되어 있습니다. 우리는 지금 세 개 과목 중에서 한국사가 필수로 돼버리니까, 대부분 학교에서 동아시아사와 세계사 가운데서 하나를 선택하고 있는데, 세계사는 거의 선택하지 않는 실정입니다.

동아시아사는 독특한 위상을 갖고 있습니다. 동아시아사는 우리를 포함한 지역사라는 특징을 갖고 있어서 우리를 조금 더 객관적으로 볼 수 있는 강점을 갖고 있습니다. 동아시아 속에서 한국과 이웃 민족이나 국가들과의 연관이나 비교 이런 것들이 가능해지죠. 어느 나라나 민족도 혼자서 역사를 만들어 오지는 않았잖아요? 그러니까 그런 연관성 같은 것들을 깊이 이해할 필요가 있는데요. 그런 면에서 강점이 있습니다.

'동아시아사' 교과서가 만들어졌을 때 언론에서 제일 주목했던 것이 1592년에 일본이 조선을 침략한 전쟁의 명칭이었습니다. 우리가 보통 임진왜란이라고 부르고 있는 전쟁을 이 교과서에서는 '임진전쟁'

이라고 썼어요. 이 전쟁은 무려 7년 동안이나 계속되었고, 명나라까지 참전한 동아시아의 국제전이었습니다. 그 당시로서는 동아시아의 세계대전이었던 것이죠. 그 여파로 명나라가 멸망하고 청나라가 중원을 차지했으며, 일본에서는 어떻게 됐어요? 도요토미 히데요시의 막부가 멸망하고 도쿠카와 이에야스의 에도막부가 들어섰습니다. 조선은 멸망하지는 않았지만 거의 멸망의 위기까지 갔었죠. 이렇게 큰 전쟁을 우리나라에서는 '왜란'이라고 부릅니다. 이것은 삼포왜란하고 구분이 잘 안 되는 거죠. 3국이 참전한 대규모 전쟁을 왜 '왜란'이라고 부를까요? 우리의 지나친 관점 때문이라고 볼 수 있습니다. 그런데 작년에 개정된 '동아시아사' 교육과정에서는 이 전쟁의 명칭을 임진왜란이라고 쓰라고 하였습니다. 동아시아적 시각에서 일국사적 시각으로 후퇴시킨 것입니다.

일본이 침략전쟁, 식민지 지배의 불법성을 부인하는 것은 강한 국가적 관점, 즉 일국사적 관점에 서있기 때문입니다. 그런데 동아시아의 관점에서 보게 되면 일본이 청일전쟁 이래로 1945년까지 계속해서 전쟁을 통해서 영토를 넓혀가는 과정과, 동아시아가 그 과정에서 엄청난 피해를 입었던 것을 일목요연하게 알 수 있습니다. 또 여러 지역에서 동아시아의 인민과 정부들이 반제투쟁을 위해서 연대했던 것도 알 수 있습니다.

한국전쟁의 경우도 우리는 남북 간의 전쟁으로 보는 것이 보통입니다. 말하자면 한국사적 시각으로 보는 것이지요. 그런데 한국전쟁 전후의 동아시아 정세를 보면, 1945년부터 49년 사이에 중국 대륙에서는 치열한 국공내전이 벌어졌고 공산정권이 수립됐습니다. 그리고 1년도 안 돼서 한국전쟁이 일어난 거죠. 타이완으로 쫓겨난 장제스 정권은 언제 중공군이 쳐들어올지 몰라서 좌불안석이었어요. 그러다 한반도에서 전쟁이 터지니까 "야, 우리는 살았다."고 생각하지 않았겠어요? 국민당 정부가 있게 된 것은 사실 한국전쟁 때문이라고 할 수 있습니다. 그 후에 베트남 전쟁이 다시 터졌습니다. 이 세 개의 전쟁은 이른바 냉전시대에 동아시아에서 벌어진 열전입니다. 이렇게 동아시아의 시각에서 보면 한국전쟁도 좀 더 객관적으로 볼 수 있겠다 그런 것이죠.

평화를 지향하는 역사교육은 정부의 관점이 깊게 들어오는 교육과정을 통해서는 실현하기 어렵다고 생각합니다. 정부는 당연히 정치적 목적, 그것도 대부분의 경우는 특정 정파의 정치적 목적을 앞세우고 국가와 민족이 중심이 되는 역사교육을 추구합니다. 정부가 국가의 역사표준 곧 우리나라의 교육과정, 일본의 학습지도령, 중국의 역사과정표준을 만드는 것도 사실 문제가 많은 것입니다. 그런데 거기에 그치지 않고 우리나라에서는 집필기준, 일본에서는 학습지도용 해설서라는 것을 만들어서 교과서 서술을 아주 엄격하게 통제합니다. 그것도 부족해서 정부가 교과서를 독점적으로 집필하려 하고 있습니다. 국정제죠. 이런 교과서에서 평화를 추구하는 역사교육을 기대할 수 있겠는가. 제 생각은 부정적입니다. 아마 여러분들도 그렇게 생각하시리라고 믿습니다.

이렇게 보면 현재 역사교육은 절망적인가, 저는 그렇게 생각하지는 않습니다. 한국의 역사학계와 역사교육계는 단단합니다. 이 벽을 뚫고 나갈 수 있으리라고 생각하고, 그 벽을 함께 뚫기 위해서 이 차디찬 돌바닥에 여러분들께서 앉아서 강의에 참여하고 계신 거라고 생각합니다. 그뿐 아니라 동아시아의 평화를 추구하는 역사교육을 다양한 층위에서 시도하고 있습니다. 한일과 중일 정부 차원에서도 역사공동

연구위원회를 운영하여 역사 현안을 논의하였고, 임나일본부任那日本府 같은 문제에 관하여는 합의한 적이 있습니다. 국사편찬위원회와 동북아역사재단은 중국이나 일본 역사가들과 만나는 회의체를 구성하여 활동하고 있습니다.

민간 차원에서는 훨씬 활발한 교류를 하고 있습니다. 한국과 일본의 연구자와 교사들이 다양한 형태로 만나 토론도 하고 공동으로 『조선통신사』, 『마주보는 한일사』 같은 책을 만들어내기도 하였습니다. 제가 대표로 있는 아시아평화와역사교육연대는 2002년부터 지금까지 매년 '동아시아 역사인식과 평화포럼'을 3국이 교대로 돌아가면서 주최하고, 『미래를 여는 역사』, 『한중일이 함께 쓴 동아시아 근현대사』 등을 발간했습니다. 이렇게 다양한 교류를 하고 있어요. 문제는 오히려 각국 정부죠. 민간사회에서는 일본만 해도 역사를 제대로 보려고 하는 학자들이 굉장히 많아요. 저희 단체가 일본 역사교과서 왜곡 저지 활동을 할 때에는 일본의 양심적인 시민세력과 연대해서 활동하는데, 그분들 대부분이 교수거나 교사입니다. 특히 퇴직한 교사들이 열심히 하십니다. 우리 역사 선생님들도 퇴직 후에 역사교육운동에 헌신하시면 좋겠습니다.

제가 『세계의 역사교육논쟁』이라는 책을 읽다가 재미있는 것을 하나 찾아서 그것을 말씀드리고 제 얘기를 맺을까 합니다. 1995년에 노벨문학상을 받은 아일랜드 시인 셰이머스 히니라고 하는 사람이 있다고 합니다. 이 사람의 시에서

역사는 말한다. 이승에서는 희망을 버리라고.
그러나 평생에 한 번 정의를 갈망하는 사람들이 일어난다.

그러면 희망과 역사는 함께 간다.

라고 썼습니다. 희망과 함께 가는 역사, 그리고 평화와 함께 가는 역사를 만드는 정의의 대열에 동참해주시는 것을 감사드립니다. 이 대열이 더 크고 굳세어져서 함께 평화를 추구하는 교육, 희망을 실현하는 역사교육을 해보도록 하십시다. 추운데 고생하셨습니다. 감사합니다.

[참고문헌]

김한종 등, 『역사교육과 역사인식』, 책과함께, 2005
린다 심콕스·애리 윌셔트 엮음, 이길상·최정희 옮김, 『세계의 역사교육논쟁』, 푸른역사, 2015
아시아평화와역사연구소, 『동아시아에서 역사인식의 국경 넘기』, 선인, 2008
아시아평화와역사연구소, 『역사인식을 둘러싼 자화상, 외부의 시선』, 선인, 2008
유용태, 『환호 속의 경종』, 휴머니스트, 2006

제 7 강

국정화가 '전체주의'다 : 독일역사교과서 이야기

이동기
강릉원주대 교수·『역사와 책임』 편집위원

1. 역사교과서 논쟁과 독일 경험

날이 궂은데 많이 와주셔서 감사합니다. 오늘 제가 이야기할 주제는 독일의 역사교과서입니다. 독일의 역사교과서와 역사교육에 대한 내용을 중심으로 역사교과서 국정화가 지닌 문제점과 대안적 전망을 여러분들과 함께 나누고자 합니다. 지난 몇 달 동안 국정화를 둘러싼 갈등 국면에서 독일이 몇 차례 언급되었습니다. 박근혜정부와 새누리당은 역사교과서 국정화를 추진하면서 좀 궁색했나 봅니다. OECD국가들 중 국정화를 하는 곳이 거의 없고, 그리스나 터키처럼 국정화를 하는 경우에는 그런 이유로 국제적으로 비판을 받고 있으니 달리 역사교과서 국정화의 근거나 이유를 댈 수가 없었던 거죠. 그래서 박근혜정부와 국정화 옹호 세력들은 '한반도가 분단 상황이니 우리의 역사인식이 통합되어야 한다'고 주장하기에 이른 것입니다. 그러면서 정부와 여당 인사들 중 일부가 분단 시기 서독도 마치 교과서를 국정으로 발간한 것처럼 언급한 적이 있었습니다. 사실이 아닙니다. 분단이나 체제 대결을 구실로 역사교과서를 국정화한 나라는 민주주의 국가인 서독이 아니라 공산주의 국가인 동독이었습니다. 그런 점에서 '분단'을 배경으로 두 독일 국가의 역사교육을 비교해서 살피는 것이 의미 있을 것입니다.

다른 한편으로는 20세기 독일은 파시즘과 공산주의 두 체제를 모두 직접 겪었기에 파국적인 역사교육의 산 증인인 셈입니다. 1933년부터 1945년까지 나치가 독일을 지배했을 때도 역사교육과 역사교과서는 당의 완벽한 통제 하에 놓여 있었습니다. 나치 독일의 경우는 엄밀한 의미에서 하나의 '단일한 국정 역사교과서'를 도입하지는 않았습

이동기 강릉원주대 교수

니다. 그러나 그 어떤 체제 못지않게 역사교과서와 역사교육을 통제했고 그것을 통해 청소년들을 훈육했습니다. 그런 점에서 독일의 두 경험을 살피는 것은 역사교과서 국정화의 기본적 성격과 보편적 문제들을 더 잘 알 수 있는 계기가 될 것입니다. 덤으로 '전체주의' 개념에 대해 짧게 말하면, 사실 파시즘과 공산주의를 묶어 전체주의로 이해하는 것은 낡은 분석틀입니다. 다만 억압과 지배의 특정 부문, 이를테면 여기서처럼 교육 분야 같은 것에서 공통점을 찾고 규정하는 것에 한정해서 오늘은 잠시 사용하겠습니다.

마지막으로, 요즘 독일은 역사의 비판적 현재화, 즉 과거청산을 통한 비판적 역사의식이나 역사교육 발전의 모범적인 국가로 손꼽힙니다. 현재 독일이 어떻게 역사교과서를 발행하고 있으며 어떤 역사교육을 진행하고 있는지를 간략히 살피는 것도 한국에서 대안적 전망을 이야기하는데 도움이 될 것이라고 생각합니다.

2. 나치 역사교과서 : '진실한 사람' 만들기 역사교육

먼저, 나치 시기(1933-1945)의 역사교육이 권력자들에 의해서 통제된 것은 이미 많이 알려져 있습니다. 그런데 나치 지도부가 1933년 1

월 30일 권력을 장악하고 난 뒤에 원칙적으로 보면 굳이 역사교과서를 많이 바꾸지 않아도 되는 상황이었어요. 왜냐하면, 이미 바이마르공화국 시기(1919-1933), 즉 나치가 권력을 잡기 직전까지도 국가는 충분히 역사교과서를 통제하고 있었거든요. 게다가 비록 나치 집권 전인 바이마르공화국이 헌정상으로는 민주주의였지만 역사교육에서는 상당히 민족주의적이었습니다.

그럼에도 나치는 권력을 장악한 후 그해 5월부터 이미 '국민교육'의 원칙을 제시하고 그것을 위해 여러 교육 지침과 교안을 학교 현장에 내려 보냈습니다. 수시로 다양한 형태의 법률과 행정 명령, 교안과 자료들을 학교에 보내고 그대로 가르칠 것을 명령했습니다. 나치의 교육부와 나치의 교사조직인 나치교사동맹(NSLB: Nationalsozialistischer Lehrerbund)이 그런 교안과 자료들을 만들었습니다. 그들은 바이마르공화국 시절의 보수적 민족주의를 계승했지만 그것에다 인종주의를 전면적으로 도입했던 것이죠. 나치가 권력을 장악하기 전에도 역사교육은 국가권력 중심의 통합적 이데올로기와 배타적 민족주의 등이 강했지만 이제 나치가 집권하면서 반유대주의적 인종주의가 전면화되었던 것입니다. 독어와 역사와 생물 과목이 가장 우선적으로 나치 교육의 교정 대상이었습니다.

나치들은 역사교육을 통해 아리아 인종의 우수성을 부각하기 위해 독일인 영웅들을 신화화했습니다. 억압적 지배는 정당화되었고 전투적 인종주의의 역사인식이 퍼져나갔습니다. 게다가 1935년에서 1938년 사이에 나치는 체제에 동조하지 않는 교사들과 유대인 교사들을 학교에서 쫓아내는 작업을 체계적으로 진행했습니다. 한편으로는 정치적 숙청 작업이 진행되었고, 다른 한편으로는 나치교사동맹과 국립 독일교육수업연구소가 나서 교사들, 특히 역사교사들에 대한 대대적인 연수교육을 진행했습니다.

그런데 1930년대 나치들은 엄청난 양의 교과 치침과 보조 자료를 빈번하게 학교로 내려 보내 역사교육을 옥죄며 역사의식을 '통합'했지만, 단일한 국정교과서를 전국적으로 도입하지는 못했습니다. 학교에서는 여전히 바이마르공화국 시기에 발간된 교과서를 주 교재로 쓰고 그 사이에 나치 교사들과 학자들이 발간한 여러 교재들을 보충으로 사용했습니다. 경우에 따라서는 원래의 교과서에서 불편한 대목들은 지우거나 가리고 사용했고, 프랑스혁명이나 바이마르공화국 같이 민주주의와 관련된 내용은 아예 학습 내용에서 없애버렸습니다. 1934년부터 상당한 규모의 보조 교재들이 발간되었지만, 각 지방마다 고유한 전통과 맥락이 있기에 그것을 하나의 통합적인 민족사로 서술해서 교육하기는 어려웠습니다. 그렇기에 '제3제국' 전역에서 공동으로 사용될 역사교과서는 모색이 되긴 했으나 결국 발간되지 못했습니다.

나치 시대 역사 교과서 ⓒ이동기

다만 '새로운 교과서들'이 나치 교육부와 나치교사동맹의 핵심 인자들에 의해 준비되었습니다. 그런데 그것도 시간이 꽤 걸렸습니다. 독일사나 세계사 전체를 나치즘, 즉 인종주의적 관점에서 어떻게 종합적으로 새롭게 서술할지에 대해 혼선이 좀 있었고 준비가 부족했기 때문입니다. 1939년부터 1941년 사이에 새로운 교과지침이 발표되었고, 그것에 기초해 1940년부터 1942년 사이에 중학교 역사교과서 6종과 고등학교 역사교과서 7

종이 발간되었습니다. 비로소 나치 관료와 교사들이 합작한 '새' 역사 교과서들이 도입되었습니다. 그러나 그것은 각 지역과 지방의 고유한 역사를 반영한 여러 판본의 교과서였습니다. 나치 국가 기구의 지시와 감독 하에 나치교사동맹의 소속 교사들만이 특권을 갖고 교과서를 집필할 수 있었다는 점에서 '국정'의 성격을 지니고 있습니다. 사실상 국가권력과 집권당이 7~8년 동안 다양한 방식으로 역사교육의 내용을 정했고 이질적인 세력은 배제한 뒤 특정 인물들만 교과서를 집필할 수 있었다는 점에서 보면 사실상의 '국정' 교과서입니다. 역사교과서는 여러 개였고, 집필자군도 다수였습니다. 하지만 교과서들은 모두 당의 지침과 훈령에 기초한 것이었습니다. 그렇지만 전국적으로 동일한 역사교과서가 도입된 것은 아니었습니다. 1940년과 1942년이면 이미 전쟁 중이어서 종이 부족과 전시 상황으로 인해 학교에 교과서가 제대로 보급되지 못했거나 보급되어도 제대로 활용되지 못했습니다. 그런 점에서 보면 나치의 역사교과서는 엄밀한 의미의 국정교과서는 아니었습니다.

나치의 역사교과서 발행을 제도적으로 보면 아직 약간의 비'통합'적 성격이 남아 있지만 교육 내용을 놓고 보면 완벽히 전체주의적이었습니다. 나치 역사교육은 정치교육으로서 그 핵심은 인종주의적 우월성을 갖게 하고 민족에 헌신하도록 하는 것이었습니다. 그러니 나치는 개인의 인성이 교육의 출발이 아니라, 인종이라는 집단과 민족이라는 전체만이 중요하고 개인은 그 속의 부속물이 되어야 한다고 가르쳤습니다. 그런데 인종주의적 역사서사와 독일민족의 영웅적 투쟁사는 역사교과서에 신종 용어들을 함께 등장시켰습니다. '진정한 독일인'이나 '순수한 민족'이란 말이 등장한 것입니다. 최근 박근혜대통령이 즐

겨 쓰는 말인 '진실된 사람'을 떠올리게 합니다. 특정 역사관을 내세우다 보면 역사서사만 만들어지는 것이 아니라 새로운 개념과 용어들이 등장하는 것을 보게 됩니다. 특히 평범했던 형용사들, '진정한', '진실된', '순수한' 같은 말들이 갑자기 공격과 배척의 함의를 지니게 됩니다. 그것은 마치 조지 오웰의 소설『1984』에 나오는 '신어'를 연상시킵니다. 이런 것이 바로 전체주의적 교육의 특징입니다. 교과서나 일상어에 새로운 개념과 용어가 등장하고 옛 언어들은 변질되거나 기괴한 의미를 갖게 되는 거죠. 나치의 역사교과서는 그런 점에서 흥미로운 보고입니다. 오웰이 그 소설을 쓰기 전에 이미 나치의 경험이 있었습니다. 기괴한 내용을 담은 문학적 창작에 앞서 실제의 그런 역사적 현실이 존재했다는 것은 비극일 뿐입니다.

3. 동독 역사교과서 : '성공과 자랑'을 위한 역사

1945년 5월 나치 독일이 2차대전에서 패전하고 1949년 독일이 분단된 뒤에 동서독은 역사교과서를 서로 다른 방식으로 발간했습니다. 잘 알려진 것처럼 냉전과 분단을 배경으로 하고 이데올로기 갈등과 체제대결을 빌미로 역사교육을 국가가 독점하고 역사교과서를 국정으로 발간했던 나라는, 민주주의 국가인 서독이 아니라 공산주의 국가 동독이었습니다. 동독, 즉 독일민주공화국(DDR)은 1945년에서 1949년까지 소련 군정이 그 토대를 닦아 놓은 마르크스-레닌주의적 청소년 교육관과 역사관에 기초해서 역사교육을 수행했습니다.

먼저, 동독의 역사교육은 정부 기관인 '인민교육부'에서 책임을 지지만 동독 집권당인 사통당(SED: 독일사회주의통일당)의 정치국과

동독의 역사교과서(1980년대) ⓒ이동기

중앙위원회의 결의와 규정에 의해 결정되었습니다. 역사교육의 기본 방향과 내용이 당의 지도부에 의해 직접 통제되었던 것입니다. '인민교육부'는 당 중앙의 지시에 따라 교육 방침을 만들고 교육 주체들, 즉 학교와 교사들에 대한 감독의 역할을 수행했습니다. 1952년에 인민교육부 산하에 중앙교육청이 만들어지는데, 그 곳이 이제 역사교육과 관련한 실무 행정을 주관하고 감독하고 지도합니다. 역사교과서 발간도 이 곳이 주관했습니다.

동독의 역사교과서는 '역사(Geschichte)'라는 이름의 제목으로 모두 6권으로 구성되었습니다. 하나의 단일한 국정 역사교과서를 동독의 전체 청소년들이 배웠습니다. 학생들은 5학년에서 10학년까지(단일 학제로서, 10학년은 한국의 고등학교 1학년에 해당) 각 한권씩 6년 동안 '역사'를 배웠습니다. 이 동독의 역사교과서는 '인민교육부'의 감독 하에 각 시기별로 필자 집단을 구성해서 만들어진 것입니다. 중앙행정부가 정한 집필자 집단들이 교과서를 썼는데 그 내용은 당의 정치국과 중앙위원회가 결정하고 행정부인 인민교육부, 특히 중앙교육청이 이를 확인하고 관리했습니다. 시기에 따라 조금씩 다르지만, 고대나 중세와는 달리 근현대사 부분은 아예 특정 연구소, 즉 동독 과학학술원 중앙역사연구소의 연구원들이 분담해서 저술했습니다. 그것을 인민교육부와 중앙교육청이 확인하고 관리했기에 당의 공식 입장과 인식에 어긋나는 어떤 형태의 역사 서술도 교과서에 담길 수가 없었습니다.

역사교과서의 내용의 핵심 흐름은 공산주의가 역사법칙적인 차원에서 승리했다는 것이었습니다. 그리고 앞으로도 승리할 것이라는 미래에 대한 확신을 담고 있습니다. 그와 같은 이데올로기적 목적론적 역사관을 기초로 해서 서구의 자유주의나 자본주의적 세계를 비판하고, 서독이나 미국 등의 서방을 침략적 제국주의 세력으로 묘사하는 것이었습니다. 마르크스-레닌주의에 입각해 역사를 법칙적으로 서술하면서 소련과 동독 등의 동유럽 사회주의의 '승리'를 강조하고 노동운동의 발전과 사회주의 건설의 역사로 세계사를 서술하는 방식이었습니다.

그 과정에서 역사 왜곡은 필수적이었습니다. 이를테면, 한국전쟁에서 남한과 미국이 북침했다는 내용은 동독 시절 내내 그대로 담겨있었습니다. 이를테면 1970년대 초에 발간된 『역사』에는 지도를 통해 아주 상세히 한국전쟁의 초기와 후기를 나눠 보여주었는데, 거기서도 '남한이 북한을 침략'한 것으로 나와 있습니다.

그 밖에도 역사적 사실에 대한 왜곡이 많지만, 동독의 국정역사교과서에서 가장 인상적인 것은 반파시즘 영웅신화입니다. 동독의 국정 역사교과서는 나치즘을 많이 다루고 비판했습니다. 그런데 파시즘

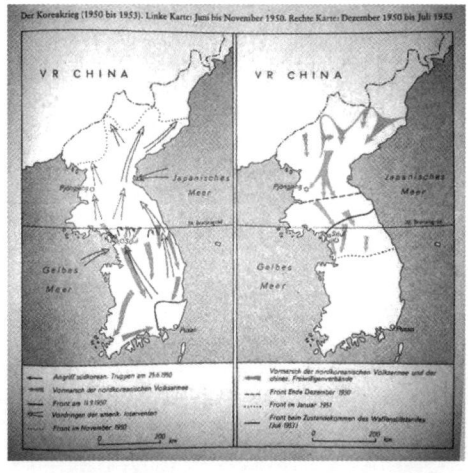

6·25관련지도. 1970년대 초 제작된 동독 역사교과서에는 1950년 6월 25일 남한과 미국이 북침했다고 왜곡 기술하고 있다. ⓒ이동기

체제의 비판의 내용은 공산주의를 억압했다는 것입니다. 파시즘의 핵심은 '반공주의'라는 식입니다. 파시즘을 그런 식으로 규정하는 것은 마르크스-레닌주의의 교조적 해석에 따른 것입니다. 그러나 더 중요한 것은 이데올로기 대결적 관점에서 독일 나치즘을 보니까 유대인을 비롯한 다양한 역사의 희생자들에 대해서는 거의 언급하지 않는 것이죠. 또 공산주의가 아닌 여타 자유주의나 보수주의 정치가들, 또는 사회주의 정치가이지만 공산주의 계열이 아닌 반파시즘 정치세력에 대해서는 교과서에서 거의 다루지 않았습니다. 역사교과서가 특정 지배세력을 정당화하거나 선전하는 목적으로 서술되면서 나타나는 전형적인 모습입니다.

그런데 여기서 다시 한국의 뉴라이트식 역사서사와 굉장히 유사한 대목을 발견하게 됩니다. 그것은 무엇보다 '성공신화'입니다. 동독에서 역사교육의 목표는 '조국'인 동독이 독일사와 세계사의 흐름 속에서 눈부신 성공을 이루었기에 그 업적을 자랑하는 역사를 보여주자는 것이었습니다. '성공'과 '자랑'의 역사, 이게 바로 한국 뉴라이트 지식인들과 박근혜 정부의 국정화 추진세력들이 갖고 있는 기본적인 역사관이고 국정화의 목적이 아닙니까? 역사인식이 이렇게 특정 체제나 이데올로기를 성공이라 부르고 그렇지 않은 역사를 반동이나 패배로 보는 것, 다시 말해, 역사를 이데올로기적으로 선과 악으로 나누는 이분법, 정치이념을 준거로 성공과 실패로 나누는 이분법, 그것에 기초해서 특정 체제의 현실을 무조건 정당화하는 것, 그리고 그런 방식으로 자국사를 기적과 영광과 자랑의 역사로 간주하는 것, 그런 것이 바로 전형적으로 '전체주의적'인 역사관이라고 볼 수 있습니다.

역사, 특히 현대사는 굉장히 복합적이고 다양한 흐름들이 항상 존재하는 것이기에 한 국가나 민족의 역사를 '성공' 또는 '실패'로 나눌 수 없습니다. 또 역사에는 항상 반전과 역전과 모순과 중첩이 있습니다. 그렇기에 역사의 발전과정을 하나의 단일한 서사로 만들어낼 수 없는 것입니다. 그런데 한 국가의 현재를 곧장 '성공'이라고 규정하고 그것을 중심으로 역사를 서술하면 역사는 정치 선전물로 전락할 위험이 있습니다. 그럼에도 그것을 다시 청소년들에게 일방적으로 주입하는 것은 독재국가, 특히 전체주의적인 독재국가의 전형적인 수법입니다. 박근혜 정부의 역사교과서 국정화는 바로 그런 흐름을 그대로 따라가고 있는 것입니다. 분단을 핑계로 말입니다. 동독의 공산주의자들이 했던 방식을 흉내 내는 것입니다.

4. 서독의 역사교육 : 다원주의와 보이텔스바흐 합의

한편, 1949년에서 1990년까지 분단 시기 서독의 경우나 통일 후 독일은 나치 독일이나 동독과는 달리 역사교과서를 국정화하지 않았습니다. 대신 역사교과서 인가제와 자유발행제로 정착시켰습니다. 분단 시기 서독이 역사교과서를 인가제로 발행한 이유는 단순히 공산주

동독과의 차별성을 보여주기 위해서가 아니었습니다. 나치 시기 국정 역사교과서의 범죄적 오류를 극복하기 위한 조치였습니다. 서독은 나치 이데올로기의 비판이나 민주적 정치 제도의 확립만이 아니라 국가의 '통합적' 질서, 특히 교육에 대한 중앙 통제 자체를 파시즘의 연속이자 민주주의의 적으로 보았습니다. 교육을 민주적으로 발전시키고 역사인식의 다양성을 보장하려면 국가가 하나의 통합적인 방식으로 통제해서는 안 된다는 것이죠. 그래서 교과서 자체가 기본적으로 각 주별로 인가를 통해서 사용되었습니다.

그러나 서독의 역사교과서가 초기부터 다원주의적 관점의 역사해석과 비판적 서술을 충분히 담고 있지는 않았습니다. 서독의 역사교과서도 1950~1960년대 냉전적 대결의 분위기 속에서 반공주의 이데올로기에 사로잡혀 있었고 여전히 민족정체성을 강조하는 인습적인 역사서술에서 쉽게 벗어나지 못했습니다. 나치즘의 인적 제도적 잔재가 학교를 비롯한 교육계에도 꽤 남아 있었던 것도 한 원인이었습니다. 동시에 인가제에 기초한 역사교과서를 갖는다고 해서 곧장 다원주의적 역사인식과 비판적 역사교육이 보장되는 것이 아니라는 사실에도 주목해야 합니다. 초기 서독의 역사교과서도 지배 엘리트 중심의 정치사나 독일인 정체성을 강화해 공동의 민족적 역사의식을 창출하려는 내용으로 가득찼습니다.

서독의 역사교과서도 초기에는 역사적 사실의 '표준'을 강조했기에 해석상의 논쟁이 있는 것은 피하는 등 단일한 '올바른 역사상'의 일방적 전승을 포기하지 않았습니다. 그런데 그것은 권력으로부터의 압박이나 강제로 이루어진 것은 아닙니다. 다만, 아직 독일 역사학계에서는 학문적 성과가 충분히 쌓이지 않았고 교과서 집필자들의 한계가 극복되지 못했던 이유 때문이었습니다.

그러다가 서독의 역사교육은 1970년대 초반부터 성찰적인 역사인식과 다양성, 인권과 민주주의 존중, 평화와 화해를 내용으로 하는 민주적 시민교육의 일환으로 발전했습니다. 그 흐름은 1976년 '보이텔스바흐 합의'로 이어졌습니다. 당시 좌파는 '극좌 테러주의를 용인하며 지나치게 좌파적인 내용을 정치 교육에 삽입했다'고 비판받았고, 우파는 '민족주의나 반공주의에 갇혀 민주주의 규범을 충분히 반영하지 않고 민족의 과거사에 변호적이어서 민주적 시민교육을 방해한다'고 비판받았습니다.

각 주별로 좌파인 사민당이 권력을 장악한 경우도 있고, 우파인 기민련이 장악한 경우도 있는데, 다시 각 주의 정치교육이나 교육 주체들도 서로 정치적 관점이나 교육의 내용을 다르게 보고 있으니 당파 간의 정치적 갈등과 상호비방이 심했습니다. 그러자 독일 남부 바덴-뷔르템부르크 주의 정치교육 센터 대표인 직프리트 쉴레(Sieg fried Schiele)교수가 전국의 정치 교육 관련 담당자들을 보이텔스바흐(Beutelsbach)라는 소도시로 초청해 일주일간 치열하게 논쟁하고 토론하게 했습니다. 그 지난한 회의 끝에 원칙적인 내용상의 합의가 이루어졌고, 1년 뒤인 1977년 한스-게오르크 벨링(Hans-Georg Wehling) 박사가 그 결과를 정리해 발표했습니다.

먼저, 이 합의는 강압성의 금지를 선언했습니다. 학생들을 '올바른 견해'라는 이름으로 제압하려거나 학생들의 자립적인 판단 능력을 방해하는 것은 허용되지 않는다는 원칙입니다. 특정 견해를 강압하는 것은 민주주의 사회 교사의 자율적 역할과 학생들의 정신적 성숙에 모순된다는 것이죠. 학생과 시민들을 정신적으로 미성숙한 훈육 대상으로 보아서는 안되고 이미 비판 능력과 분석 능력 등의 사고력을 갖춘 주체로 본다는 것입니다.

두번째, 논쟁 재현 원칙입니다. 학문과 정치에서 다투는 쟁점들은 학교의 수업에서도 논쟁적으로 재현되어야 한다는 말입니다. 당시 서독의 정치교육 담당자들은 만약 역사와 정치의 논쟁점들이 교육 현장에서 배제되고, 선택과 대안적 사유의 가능성이 사라지면 오히려 특정 이념의 교조화로 가는 길이 더 열리는 것으로 보았습니다. 역사의 경우엔 특히 현대사가 많이 논쟁적이잖아요. 흔히 학문이나 정치에서 논쟁 주제들은 그것을 둘러싸고 여러 이견이 있으니까 학교에서 다루기가 골치 아프다고 합니다. 그러면서 아예 청소년 교육에서 빼려고 하는 경향이 어디든 있습니다. 그런데 그렇게 하면 어떻게 되겠습니까? 결국, 특정 견해가 뒷문으로, 또는 주로 지배적인 역사관이나 역사상이 다른 방식으로 들어오게 되는 것입니다. 학문적으로나 정치적으로 논쟁이 되고 있는 주제들은 학교 교실에서도 제대로 소개하고 분석적으로 다루어져야만 특정 이념이나 주장에 맹목적으로 빠지는 것을 막을 수 있다는 것입니다.

마지막으로 학습자 이익 상관성 원칙입니다. 다시 말해, 학생들은 정치적 상황과 자신의 이해관계가 놓인 상황을 분석할 능력을 가질 수 있도록 안내되어야 한다는 것이다. 그러니 역사교육이나 정치교육이 추상적이거나 공허한 내용을 다룰 게 아니라 배우는 사람 자신의 삶을 이해하고 분석할 수 있도록 보조해 주어야 한다는 것이죠. 학습자의 실제 삶의 조건과 이익 및 경험과 기억과 연관되는 내용들이 교육 내용에 들어와야 한다는 것입니다.

이게 역사교육에서는 구체적으로 어떻게 연결되는지 짧게 보충 설명하겠습니다. 현재 독일의 역사교과서는 우리나라의 역사교과서와 달리 청소년의 역사가 한 장에 걸쳐서 소상하게 다루어져 있습니다. 또 세계사나 독일사뿐만 아니라 학생들이 사는 지역, 즉 지방사도 교과서에서 많이 다룹니다. 주별로 역사교과서가 인가되니 이게 충분히 가능합니다. 제가 강원도 강릉에서 대학생들에게 역사를 가르치고 있습니다. 강릉에서 보니 영동이나 강원도 차원의 고유한 역사가 꽤 있더라구요. 청소년의 역사든 지방사든 이주사든 여성사든 무언가 더 다양한 관점의 역사가 들어와야만 학생들이 스스로 자신의 삶을 이해하는 데 도움이 될 수 있는 것입니다.

이 '보이텔스바흐 합의'는 학문적 합의의 선언도 아니었고 법적 구속력이 있는 정치적 결정도 아니었습니다. 다만 정치교육의 종사자들이 모두 참여해 가슴을 열고 토론한 민주적 토론 문화의 찬연한 성취였습니다. 그러니 오히려 정치계나 교육계의 소수 엘리트들에 의한 법적 협약보다도 더 큰 공명을 얻을 수 있었던 것입니다.

그렇게 민주주의의 근간인 다원주의적 관점을 받아들이게 되면 학생들은 서로 대립되는 역사 서술에 대해서도 더욱 개방적이 되고 '관점을 변화'시키는 훈련을 경험함으로써 비판적 능력을 함양하게 됩니다. 이런 교육 원칙에 따르면, 가장 논쟁적인 현대사의 주제들은 오히려 역사교육에서 더욱 중요해집니다. 그리하여 통일 전에도 서독 역사교과서들은 현대사 비중이 대략 40% 정도를 차지했고 근대사를 합치면 그 비중은 60%가 넘을 정도였습니다. 당연히 그것에는 동독 체제에 대한 설명도 많았습니다. 이 때 일방적인 반공주의 체제 교육은 점차 극복되었습니다. 물론, 나치즘과 홀로코스트에 대한 비판적 역사 서술이 더 많아지고 풍부해진 것은 당연한 결과였습니다.

5. 독일 역사교과서 발행 : 인가제와 자유발행제의 공존

마지막으로 독일의 역사교과서 발행 제도에 대해 소개를 하고 끝을 내겠습니다. 서독에서 발전한 지방분권주의는 교육의 영역에서 매우 특별하게 관철되며 지금도 독일 교육제도의 근간으로 작용합니다. 주는 교육 주권을 향유하며 연방은 매우 제한적인 조정 역할만 수행합니다. 물론, 주 단위의 자율성과 다양성이 혼란으로 비화되는 것을 막기 위해서 주교육부장관회의가 정기적으로 개최됩니다. 그것은 의무 교육 규정, 개학과 방학 시기, 교육 과정의 주요 내용, 학제의 통일 등에 대해서 일정한 합의를 이끌어 내기 위한 것에 불과합니다.

교과서 인가 규정은 법률과 명령 또는 시행령으로 정해져 있습니다. 시행령은 행정부 소관이기에 주 입법부는 그것을 위한 법률적 근거를 마련하고요. 주는 '학교법'을 통해 수업에서 활용될 교재와 자료에 대한 법적 규정을 갖습니다. 그것은 교재와 교과 자료의 승인 또는 사용 조건을 규정하고 인가 절차와 기준을 정합니다. 교과서 또는 교과서 발행에서 각 주의 검정·인가의 형식과 절차에는 차이가 있습니다. 물론 함부르크, 베를린(2004년), 잘란트(2008년), 쉴레스비히-홀슈타인(2008년), 메클렌부르크-폼메른(2010년) 등 5개 주는 몇 년 전부터 인가 절차를 아예 포기했습니다. 여타 주의 법률은 대부분 상당히 느슨하고 포괄적인 기준을 정해 교과서를 인가합니다. 그것은 헌법과 법규 조응성, 교육적 적절함, 정해진 교과 계획과의 일치성, 경제성 등인데 그렇게 엄격하지는 않습니다. 그 외에도 주에 따라 젠더와 종교와 인종 차별적 서술 배제 여부를 교과서 법 조항에 포함하기도 합니다.

주에 따라 인가 여부를 심사하는 기관도 좀 다릅니다. 먼저, 인가 절차를 유지하는 나머지 11개 중에서 바이에른·헤센·노드라인-베스트팔렌·라인란트-팔츠, 튀링엔·브란덴부르크 주는 주교육부가 인가 절차를 담당하고 나머지 주들, 즉 브레멘 시와 작센·작센-안할트·니더작센·바덴-뷔르템베르크 주는 주립 연구소에서 그것을 담당합니다. 일반적으로는 1차 형식 요건 심사와 2차 내용 심의로 나뉩니다. 1차 형식 요건 심사는 맞춤법과 종이의 질 같은 것을 검토하고 2차 요건 심사가 교과서 내용에 대한 것인데, 외부 평가자를 따로 두는 주도 있고 아닌 주도 있습니다. 바덴-뷔르템부르크 주의 경우는 1명, 바이에른은 2명, 브란덴부르크 주는 3명의 평가자를 두고 있지만 니더작센·작센-안할트·튀링엔 같은 주는 평가자를 따로 정하지 않고 다만 필요한 경우 평가자를 둘 수 있습니다. 평가자는 주로 교사들에서 선발하고 두 명의 평가자를 둘 때에는 장년과 신진 교사를 각각 한명 씩 선발해 세대의 균형을 갖춥니다. 평가서 작성에는 6주 정도의 시간이 주어집니다. 분량은 10~20매인 경우도 있지만 간단하게 처리하는 경우도 있습니다. 평가 내용은 이미 정해진 집필 기준과 지침에 부합하는지 여부를 따지는 것에 한정되지, 평가자가 자신의 견해를 갖고 주관적으로 평가해서는 안 됩니다.

현재 독일의 각 주는 대략 2~6개종의 역사교과서를 인가해 학교 현장에서 활용하도록 하고 있습니다. 한 출판사가 여러 주에 조금씩 다른 판본의 역사교과서를 발간하는 것도 흔한 일입니다. 개별 학교의 역사교사들은 자율적으로 그 중 하나를 택해 교과서로 선정해 가르칩니다. 한편, 독일에서는 자유발행제로의 전면 전환에 대한 주장도 강하지만 인가제를 유지하자는 목소리도 작지 않습니다. 교과서의 질을 유지하고 과도한 시장성의 폐해를 막고 원래의 연방주의 원리를 지키려면 인가제를 느슨한 형태로라도 유지해야 한다는 주장이 있습니다. 그에 반해, 자유발행제를 옹호하는 측은 교과서 서술의 혁신과 시민사회의 자율과 책임을 강조하고 있습니다. 어떻게 진행될지는 모르지만 국가권력이나 정치가가 역사교과서나 역사교육에 개입하는 일은 야만으로 간주됩니다.

6. 대안과 모색

박근혜정부의 역사교과서 국정화를 비판하며 역사학계와 역사교사들 및 시민사회가 단일한 대오를 형성하고 있는 것은 큰 의미가 있습니다. 국정화를 무효화할 때까지 온갖 노력을 다 펼쳐야 할 것입니다. 하지만 이번 사안을 계기로 역사교육을 위한 대안적 구상의 토론이 더 일어나야 할 것이라고도 생각합니다. 단순히 국정교과서에 대항해 '대안교과서'를 급하게 만들어 맞불을 놓는 방식보다는 더 크고 깊고 단단하게 대응해야 할 것입니다. 그렇기에 구체적인 역사 쟁점들, 식민지 근대화론이나 '건국' 시점 논쟁에 대한 특정 견해 옹호보다 더 중요한 것은 교과서 발행제에 대한 전면적이고 대안적인 검토라고 생각합니다. 한국의 역사교과서 발행제가 그동안 검정제를 내걸었음에도 사실상 '준국정제'였음에 유의한다면 독일식의 인가제 또는 자유발행제를 구상해야 함은 당연해 보입니다. 그러나 독일과는 달리 교육에 대한 정치적 합의가 존재하지 않는데다 비판적 역사서술과 성찰적 역사교육이 정착되지 않은 채 '진영'간 대결만 극심한 한국에서 자유발행제가 쉽게 자리잡을 수 있을지는 회의적입니다. 그렇기에 준 자유발행제를 염두에 둔 느슨한 인가제를 임시 대안으로 삼을 수 있지 않을까 합니다. 야당 정치가들과 협력해서 이루어야 할 제도적 법적 대책도 그런 방향으로 구상해야 할 것입니다.

아울러 그런 제도적 논의와 함께 진행되어야 하는 것은 역사교육의 기본 방향에 대한 근원적 토론입니다. 이때 국정화는 말할 것도 없고 지난 시기 검정제에서 발행된 역사교과서가 지닌 여러 문제점들을 단순히 교과부의 개입 탓으로만 볼 수 있을까 하는 점도 검토되어야 합니다. 그동안 국정화를 비판하며 자주 언급된 유엔의 2013년 「역사교과서와 역사교육에 관한 문화적 권리 분야의 특별 조사관의 보고서(이하 보고서)」에 의거하면 기존의 역사교과서도 결함이 적지 않습니다. 예를 들어, 「보고서」는 역사교육에서 중요한 역사의 다양성 인식을 위해 지방·국가·지역·세계의 역사 간의 적절한 비율을 정하는 것, 역사는 정치사에만 국한되지 않도록 하는 것, 다양한 종류의 역사교과서 중에 교사가 선택할 수 있도록 보장하고 교사가 보충교재를 사용할 수 있는 자유를 주는 것, 역사교과서에서 역사 조작과 역사 남용을 부추기지 않도록 하는 의식을 높이는 일, 암기식 교육보다는 분석·통합·비판적 사고를 장려하는 평가제도를 사용하는 것, 교사들의 학문적 자유와 단체 결사의 자유를 존중하고 그들을 공격과 위협으로부터 보호하는 것, 역사교사들의 지속적인 교육과 직업적 훈련을 보장하는 것 등을 강조했습니다. 그런데 이 중 어떤 부분은 반드시 정부나 제도의 문제 때문이라고 변명할 수만은 없습니다. 앞의 권고사항 중에는 우리 역사학자들이나 역사교육자들이 아직 준비가 부족하거나 의지가 없거나 논의조차 안 한 것들도 있지 않습니까?

특히 「보고서」는 초국가적 관점, 즉 자국가와 자민족 중심을 극복하는 관점을 가질 필요를 반복해서 강조했고 단순히 국가정체성 강화만 비판한 것이 아니라 어떤 종류의 집단적 '우리' 정체성을 옹호하는 역사서사에 대해서도 근본적으로 문제점을 지적했습니다. 아울러 「보고서」는 정치사를 어떻게 가르치던 지도자들의 위로부터의 정치에만 집중해 역사를 가르치면 오해를 불러일으키고 청소년들로 하여금 정복과 전쟁이나 영웅과 엘리트들에만 빠져들게 만든다는 지적도 합니다. 이미 세계의 보편적 역사교육은 다원주의적 정체성을 어떻게 다룰지로 넘어 갔고 그것과 관련된 다양한 교육방법론에 대한 논의가 일어나고 있습니다. 그런 점에서 한국도 '우리 역사'의 그 '우리'에 대해서 끊임없는 비판적 성찰이 필요합니다.

 잠시 최근 독일 역사교과서 중 인상적인 대목을 알려드립니다. 독일 역사교과서 중 현대사를 다룬 부분을 보면 독일사와 유럽사와 세계사를 결합시키려고 상당히 노력했습니다. 아울러 팔레스타인과 이스라엘 간의 갈등을 중심으로 중동지역 역사를 한 장(chapter)에 걸쳐 소개하는가 하면, 이주민과 난민의 역사를 따로 소상히 다루는 교과서도 있습니다. 인권이나 평화가 단지 특정 시기나 사건의 끝자락에 규범으로만 언급되는 것이 아니라 중심 주제로 등장하기도 하는 것입니다. 앞에서 말씀드린 대로 청소년의 역사나 지방사, 그리고 역사 왜곡과 역사악용의 역사도 따로 상당한 비중을 차지합니다. 그런 것을 통해 역사교과서는 학생들이 자신의 역사적 현실적 삶을 이해하고 그러면서 역사의식을 스스로 형성할 수 있도록 보조하는 것입니다.

 최근 한국에서도 역사인식과 서술의 방법론과 관점을 둘러싸고 다양한 논의가 일고 있습니다. 일국적 관점을 극복하기 위한 초국가적 역사의 관점도 등장했습니다. 일상사나 미시사·구술사·젠더사도 한

창 성황 중입니다. 인권사·평화사·이주사 논의도 관심을 끌고 있습니다. 최근 독일 역사교육의 핵심 주제로 등장한 역사문화 또는 공공역사도 관심을 받을 만합니다. 이제 이런 새로운 비판적 연구 관점의 학문적 성과가 역사교육에서 어떻게 안착할 수 있을지에 대한 논의가 더 필요해 보입니다. 역사와 역사교육에 횡포를 일삼는 권력에 맞서 싸우면서 이런 논의를 진행하기가 쉽지는 않습니다. 하지만 우리가 퇴행적인 세력과 싸우면서 스스로 외눈박이가 되어 앞을 제대로 못 보거나 발목이 잡혀 앞으로 나아가지 못하는 우를 범할 수는 없습니다. 계속 싸우면서 공부하고, 더 깊이 숙고하고 더 많이 토론해야겠습니다.

7. 비판적 역사문화의 길 : '집단적 학습과정'을 위해

마지막으로 독일의 과거청산이 지닌 역사교육적 의미와 민주주의 정치문화를 위한 의의를 강조하고자 합니다. 독일의 역사교육 전문가들은 과거청산과 관련해서 자주 '집단적 학습과정'을 강조합니다. 과거청산을 통한 비판적 역사의식의 함양은 정치공동체 구성원들의 세대에 걸친 집단적 학습과정이라는 거죠.

전후 독일이 나치의 홀로코스트를 비롯한 국가폭력의 역사와 그것의 기반이었던 통합적 국가정체성을 비판적으로 극복한 것이 단순히 한두 번의 위로부터의 정치행위나 역사적인 결정 같은 것으로 이루어진 것이 아니라는 의미입니다. 전후 1946년 뉘른베르크 재판 같은 식의 법적 청산이 잠시 있었지만 그것은 승전국인 연합국이 집행한 것이었을 뿐입니다. 서독 사회는 오랫동안 나치 과거사에 진심으로 대면하지 않았습니다. 역사교과서도 마찬가지였습니다. 아까 제가 서독의 역사 교과서도 초기에는 상당한 한계가 있었다고 말씀드렸습니다. 1950년대와 1960년대 서독 역사교과서도 여전히 나치 범죄를 충분히 비판적으로 다루지 못했고 여전히 민족정체성의 도구를 벗어나지 못했습니다. 그러다 60년대 중반부터 일부 선구적인 인물들과 학생운동을 중심으로 해서 나치 과거사에 대한 비판적 대결이 본격적으로 전개됩니다.

몇 차례의 정치적 행위나 법적 결정이 아니라 사회 전체, 공동체 전체의 집단적 학습과정이 다양하게 전개되었습니다. 사회 전 부문에서 나치 과거사를 둘러싸고 소동과 갈등과 대결이 벌어졌고, 점차 비판적 역사인식으로 나아갈 수 있었습니다. 그 과정을 통해서 국가나 민족의 영광과 성공이 아니라 자국사에 대한 비판이 오히려 집단적 정체성의 근간으로 발전할 수 있었습니다. 물론, 성취와 발전이 있다면 그것을 부정할 이유는 전혀 없습니다. 다만 흔히 그런 것을 내세워 역사의 파괴와 희생을 감추어 왔으니 역사교육에서는 과거사에 대한 비판과 성찰이 더 중요하다는 것이죠.

우리가 경험하듯이, 당연히 그게 쉬운 일이 아닙니다. 정권 한 번 바뀐다고 해서 손쉽게 그런 비판적 역사인식이 확장되는 것이 아니거든요. 자국사를 비판적으로 인식하는 것을 거부하는 세력은 도처에 있습니다. 과거 범죄를 변호하거나 상대화하는 세력들이 끊임없이 재생산되며 새로운 논거를 들고 나옵니다. 여전히 독일에도 홀로코스트를 부인하거나 나치 범죄를 상대화하는 세력들이 있습니다. 다만 정치와 사회의 중심이 나치의 홀로코스트를 비롯한 역사의 불의와 범죄에 단호하게 비판적입니다. 이를테면, 언론이나 정당 그리고 역사교육이 적어도 나치 범죄사에 대해서 비판적 인식을 강화하고 있고, 심지어 독일현대사뿐만 아니라 여타 모든 지역에서 발생한 근현대의 폭력과 억압과 지배에 대해서도 비판적으로 볼 수 있도록 보조합니다. 20세기 전반 독일제국의 식민지 과거에 대한 반성적 논의도 이미 진행 중입니다. 앞으로 그 결과가 주목됩니다.

다른 길은 없다고 봅니다. 우리도 독일의 그 집단적 학습과정과 세대에 걸친 확산과정의 길을 걸을 수밖에 없습니다. 한국은 현재 실망스러운 일이 너무 많고 역사의식이 퇴행하는 일이 빈번합니다. 그러나 어쨌든 다른 길이 없는 거죠. 비판적 역사인식의 확산을 위한 집단적 학습과 사회적 확산 과정을 멈출 수 없습니다.

그것을 위해서는 학교에서의 역사교육만 아니라 곳곳에 역사박물관과 전시관과 추모지와 기념물을 만들고, 과거청산재단을 비롯해 공공역사(public history)의 기구와 단체들을 다양하게 창립해야 합니다. 비판적 역사의식은 제도적 교육이나 정치만이 아니라 문화와 일상에서 생겨나야 하고 그곳에서 확장되어야 합니다. 아울러 그 과정에서 항상 다양한 전문가들과 시민들과 함께 토론하고 비판하고 수정하고 다시 토론하며 충분히 소통하는 과정을 밟아야 합니다. 특히 '대안'이나 '시민'의 이름으로 박물관이나 역사교과서를 만들 때에는 더욱 더 많고 다양한 방식의 민주적 절차와 소통의 과정이 필요합니다. 그래야만 그 공공역사의 기관과 성취들이 공동체 성원들 모두의 것이 되고 그것을 통해 계속 '집단적으로 학습'할 수 있습니다.

결국, 그런 집단적 학습과정과 광범위한 시민사회의 토론과 소통의 결과로 독일은 유럽에서 비판적 역사문화의 중심지가 되었습니다. 아시아에도 그런 나라가 하나쯤 있어야 하지 않겠습니까? 일본도 중국도 못할 텐데, 우리라도 그런 비판적인 역사인식과 역사문화의 중심이 되어야 하지 않겠습니까? 그렇게 나아가야 하고 준비해야 하는데 오히려 국정화라는 퇴행을 맞이하게 되어 한심하고 안타깝습니다.

[참고문헌]
고유경, 「변화하는 독일역사교과서―자유발행제와 다원주의적 정체성을 향하여」, 『역사비평』 108, 2014.8
린다 심콕스·애리 윌셔트 엮음, 이길상·최정희 옮김, 『세계의 역사교육논쟁』, 푸른역사, 2015
이동기, 「이동기의 현대사스틸컷: 지적 테러에 반대한다」, 『한겨레21』1079호, 2015.9.18
이병련, 「동서독의 역사교과서에 나타난 동서독의 국가와 체제」, 『독일연구』6, 2003, 12

제 8 강

왕조시대의 역사교육은
어떠하였나
- 민중의식과 결부시켜

이이화
서원대 석좌교수 · 전 동학농민혁명기념재단 이사장

1. 풍부한 역사기록, 중화주의에 매몰

다른 강의는 국정화교과서 문제를 중심으로 얘기하는데 저는 왕조 시대에 우리 역사교육이 어떠했느냐 문제를 서두에 놓고 얘기해 보겠습니다. 어린이들이 가끔 왕조 시대의 우리 역사 교육에 대해 나에게 물어옵니다. 주최 측에서 나에게 다른 분들이 안한 얘기를 하는 게 좋겠다고 해서 내가 이 주제를 잡아 보았습니다. 오늘날 국정 교과서와 직접 관련된 내용은 적지만 그래도 우리가 상식적으로 알아둘 필요가 있습니다. 왕조시대의 역사교육은 좀 복잡합니다. 어릴 때 내가 한문을 배우면서 직접 경험한 바가 있습니다. 그래서 일반적인 사료에 나타나는 내용과 개인적인 경험을 섞어서 말해 보려고 합니다. 학생들에게 도움이 되길 바라면서 말입니다.

우리나라는 중국의 영향을 받아서 세계 어느 나라와 비교해도 손색이 없을 정도로 역사 서적이 아주 많습니다. 여러분도 알다시피 세계기록유산으로 등재된 『조선왕조실록』을 비롯해서 『일성록』, 『승정원일기』, 『비변사등록』 등 정사라고 말하는 사료들이 아주 자세하고 종류도 많습니다. 우리 세대만 하더라도 논문 한 편 쓰려면 이 사료들을 읽어 내기가 무척 힘이 들었어요. 색인을 찾아보기도 하고 꽤나 복잡했습니다. 요즘에는 거의 번역도 되어 있고 컴퓨터로 검색만 탁 하면 다 나올 정도니 얼마나 논문 쓰기가 좋은지 모르겠습니다. 아무튼 이런 사료들을 가지고 있는 것은 중국의 영향 때문이었습니다. 그런데 중국으로부터 받은 영향 중에는 나쁜 영향도 있습니다. 뒤에서 말할 중화주의中華主義입니다.

하지만 우리나라가 중국의 영향을 받으면서도 특기할 만한 것이 있습니다. 우리가 북방이나 중국 민족으로부터 침략을 받고 갈등이 생겼을 때는 반드시 역사에 대한 반성, 그리고 '자주'에 대한 문제가 일어났다는 사실입니다. 가령 고려 후기에 우리가 원나라의 지배를 받게 되자 중국 황제와

이이화 서원대 석좌교수

같이 조祖나 종宗을 붙이는 조종법祖宗法을 쓰지 못하고 제후국의 시호인 '왕'을 붙여 '충렬왕'이 된 수모를 겪었을 때 바로 우리 역사에 새로운 눈을 뜨게 된 것입니다. 우리나라의 대표적인 역사서인 『삼국사기』, 『삼국유사』가 바로 그 무렵에 나왔어요. 우리 역사는 어떻게 써야 할까 고민하던 끝에 단군 이야기가 나오고, 고구려를 찬양하는 『제왕운기』와 같은 사서들이 나왔습니다. 다른 한편에서는 고려를 창건한 왕건이 북방으로 진출하려 했던 의식과도 깊이 연결되어 나타났다고 볼 수 있습니다.

고려 말기, 곧 원·명 교체기에 들어와서는 다시 우리 역사에 대한 자주의식과 함께 북방 진출 의지 또한 강해졌습니다. 최영 장군 같은 분이 바로 원나라가 쫓겨나고 명나라가 일어나는 혼란한 틈을 타 고구려 옛 영토였던 요동을 정벌하자고 외쳤어요. 이성계에게 군대를 맡겼다가 이성계가 위화도 회군을 하는 바람에 결국 요동정벌이 수포로 끝나버렸지만 말입니다.

그 다음에 조선이 건국되었고 유교국가를 지향했습니다. 정도전이

거리 역사강좌에 참석한 시민·학생들 ⓒ한국사교과서국정화저지네트워크

국가통치방향을 정한 『조선경국전朝鮮經國典』 등을 펴냈습니다. 이 시기에 중국의 영향을 받아서 새로운 역사를 편찬하는 등 큰 업적이 쌓인 반면에 또 다른 측면도 있어요. 바로 중국 중심적인, 소위 중화주의적인 그런 의식 속으로 빠져들어 갔습니다. 그 결과 중국을 중심으로 모든 역사가 이루어졌다고 보았습니다. 그래서 우리 스스로 우리는 변방이다, 중국을 천자의 나라로 받들어야 한다는 의식이 깊어졌고, 모든 유자儒者 출신의 벼슬아치들이 교조적으로 그런 의식을 좇았기 때문에 국가정책이라든가 모든 방향이 그쪽으로 쏠려갔어요. 특히 남송의 성리학 곧 주자학 사상을 정신적인 무장으로 삼으면서 모든 것을 거기에 적용시키는 이상한 현상을 빚게 되었습니다. 쉽게 예를 들어 말하자면 조선을 건국한 후 나라 이름조차도 옛 조선을 빌려다가 명나라 황제 주원장에게 가지고 가서 '조선'이라는 국호를 하사해달라고 해서 지정받은 거예요. 왕조의 이름조차 스스로 결정하지 않았어요. 이렇듯 유교국가가 되면서부터 조선사회는 중화주의에 매몰되었습니다.

통치자의 중화의식을 잘 보여주는 역사책이 조선 전기에 편찬되었는데, 바로 1485년 성종 재위시기에 완성된 『동국통감東國通鑑』입니다. 이 책의 사론史論은 공자가 제시한 춘추대의春秋大義에 입각하여 명교를 존중하고 절의를 숭상하며 난신적자亂臣賊子를 필주筆誅하는 것입니다. 이런 기저에 따라 중국에 지성으로 사대事大의 예를 갖춘 경우에는 칭송해 마지않았고 중국의 간섭에 대항이라도 할 경우에는 철저하게 매도하였어요. 을지문덕, 연개소문과 같은 인물은 매도의 대상이었고, 이들과 달리 당나라에 복종하고 문물을 받아들인 신라는 높이 평가하였습니다. 더욱이 단군조선과 삼한을 정통이 아니라고 하여 외기外紀에 넣고 중국에 복종한 신라를 정통으로 보았습니다.

자, 그러면 구체적 사례를 들어볼까요? "태산이 높다하되 하늘 아래 뫼이로다." 익숙한 시조지요? 이 시조를 보면 태산은 세계에서 제일 높은 산이잖아요. 하지만 실제로 태산에 가보면 설악산보다도 낮아요. 그런데도 왜 하늘 아래 제일 높은 산으로 표현하는 걸까요? 바로 공자가 태산 근방에 태어났고 공자 사당이 거기 있고 또 맹자도 거기 언저리에서 태어나서 그렇게 된 거예요. 유교의 종주를 받들다 보니 그런 의식이 고착된 거예요. 그리고 그림을 그려도 맨 날 중국의 산수풍경만 그렸어요. 가보지도 않은 곳을 그린 것이지요. 대표적으로 몽유도원도夢遊桃園圖라는 그림이 있습니다. 안평대군이 꿈에 중국의 이상마을인 도원에 갔다, 그래서 몽유도원도를 그렸다고 합니다. 이 그림이 지금 일본에 가서 중요문화재로 지정되어 있습니다. 그런데 가보지도 않은 중국의 산수풍경을 그리고 가보지도 않은 곤륜산도 그리고 동정호와 적벽도 그립니다. 역사책을 보아도 전부 중국 역사, 중국 경전을 읽고 또 중국 문인이 지은 시와 부賦 이런 것들을 배워요.

거기에 정작 우리 문화, 우리 역사와 관계된 것은 하나도 없었습니다.

2. 유교교육과 자주의식의 상충

더 중요한 얘기는 지금부터입니다. 시골 마을에는 서당이 있고, 서원과 향교가 있었고, 서울에는 사학四學과 성균관이 있었습니다. 다 조선시대 교육기관들입니다. 거기에서 제일 먼저 배우는 교과서가 뭔 줄 아십니까? 바로 『천자문』입니다. 『천자문』을 보면, '천지현황天地玄黃'을 시작으로 글자를 쭉 늘어놓고 다음 단계로 가면 중국역사가 주욱 나옵니다. 복희씨伏羲氏 황제씨黃帝氏 요순우탕문무주공堯舜禹湯文武周公 이어 공자 맹자가 다 나와요. 저자인 주흥사는 전국시대 끝 무렵까지 살았는데 전국시대 주요 나라인 진초연제한위조秦楚燕齊韓魏趙 등 전국 칠웅을 다 열거해요. 7살 때부터 배우는 초보 교과서인데 저도 그 책을 어릴 때 배웠죠. 이렇게 어린 나이 때부터 중국역사를 먼저 배웠습니다.

두번째로는 『동몽선습』을 배웁니다. 조선 전기 박세무라는 분이 지은 책인데 앞에는 오륜五倫을 적어놓고 그 다음에는 중국 역사를 늘어놓고 맨 끝에다가 우리의 역사를 간략하게 적어놨어요. 유교국가니까 맨 앞에서 오륜을 가르치는 것은 어쩔 수 없다 하더라도 그 다음에는 중국역사를 적어 놨어요. 맨 마지막에 가서 "동쪽에 처음 군장이 없더니 어떤 신인이 태백산 박달나무 아래에 강림하였거늘 나라 사람이 세워서 임금을 삼으니 요임금과 더불어 병립하여 국호를 조선이라고 하니 이이가 단군이다.(東方初無君長 有神人 降于太白山檀木下 國人 立以爲君 與堯竝立 國號朝鮮 是爲檀君)" 이렇게 나와 있어요. 그러고 나서 기자조선 삼국시대 고려의 역사를 대충 적어 놓았어요. 그 뒤에 '명나라 태조께서 우리나라에 조선이란 이름을 지어주셨다.' 이렇게 기술되어 있어요. 그러고 나서 '우리나라가 비록 바닷가에 치우쳐 있어서 땅덩이는 작으나 인륜이 위에서 밝고 교화가 아래에서 행해져 풍속의 아름다움이 중화中華에 견줄 만하니 중화 사람들이 소중화라고 칭송하였다.'고 했어요. 이 기술이 조선의 중화의식을 잘 보여주는 대목입니다. 위에서 말한『동국통감』의 내용을 따른 것입니다.

그 다음에 가르치는 것이 통감입니다. 통감은『자치통감』을 요약해『통감절요』라 해서 주자학 학파들이 만든 것입니다. 중화사상 또는 중국의 역사를 담은 책입니다. 그건 전부 중국 역사책이예요. 통감을 배우고 나서는『소학』을 배우거나『명심보감』과『맹자』를 배웁니다. 경전 마지막 단계에『춘추』를 배우게 됩니다.『춘추』도 공자가 당시에 직접 쓴 고대 역사책입니다. 이런 순서로 가르쳤습니다.

저는 사서까지 배우고 경서를 조금 배우다가 가출해서 제대로 다 못 마쳤습니다. 한 가지 경험을 얘기해볼까요. 1989년에 중국에 가서 열차 침대칸에 탔는데, 귀빈만 타는 곳이었어요. 내 앞에 노인이 앉아서 어디서 왔냐고 물어요. 통역이 옆에 있어서 같이 얘기했어요. 그러다가 통역이 밤에 잠들고 나서—한 20시간 넘게 가던 중이었으니까—그 분하고 나하고 얘기를 이어가려고 필담을 시작한 겁니다. 박지원이 중국에 가서 필담을 계속했듯이 필담을 하는데 내가 중국 역사를 많이 아니까 갑자기 중국의료원장이라던 그 노인이 '젊은이 존경한다'고 그래요. 조선에서 온 젊은 청년이 아는 게 많다고 여겼겠지요. 그때는 제가 청년이었죠. 전통교육을 받은 지식인이 가진 뻔한 상식의 수준이었는데 말이죠. 문제는 이거예요.

예전 조선의 벼슬아치도 사행使行 등 이런 저런 일로 중국에 갑니다. 그러면 앉아서 뭐하는지 아세요? 필담하면서 유교 경전을 떠벌리고 중국 역사 얘기만 합니다. 왕과 왕자들도 공부를 많이 해요. 그건 좋아요. 그런데 우리 역사는 하나도 가르치지 않아 몰라요. 그러니까 어떻게 되냐면 아까 말한 고급 수준의 역사책인 『춘추』 『자치통감』 『사기』를 다 읽었어요. 그런 지식을 가지고 정치얘기만 나오면 사자성어나 중국 고사만 얘기하는 거예요. 요즘도 그러데요. 교수신문에도 1년 단위로 상징적인 사자성어를 고를 적에 다 중국 고사를 얘기하고 정치인도 전부 중국 고사만 아는 척하고 얘기하더라고요. 어린이 한문책을 골라보면 거기 나오는 고사성어는 전부 중국의 것이예요. 우리나라 고사는 거의 없습니다. 우리나라에서 이루어진 성어가 몇 개 전해지고 있어요. 백의종군도 있고 계란유골이라는 것도 있는데 그런 것들은 거의 소개를 안 해요.

더욱이 최고 벼슬아치들의 등용 시험인 과거 과목에 한문으로 된 시와 부, 그리고 경전은 있지만 우리 문인의 시문과 역사 과목은 빠져 있습니다. 이들 합격자가 벼슬아치가 되어 조정에 나가서 경전지식과 중국 역사지식을 떠벌립니다. 유방과 항우가 어쩌고 제갈공명이 어쩌고 맨 날 이런 얘기를 하면서 우리나라 역사 얘기는 거의 안 해요. 딱 한 가지 우리 역사 교육제도가 있었어요. 왕이 죽고 나서 그 업적을 왕조실록과 별개로 업적을 간략하게 적어놓은 것이 『국조보감國朝寶鑑』입니다. 국조보감은 실록의 사초를 토대로 역대 임금의 치적을 기록해서 후손들의 귀감이 되게 한 것이에요. 실정失政은 기록하지 않고 치적만 늘어놓았어요. 그래서 왕자나 왕이 될 사람들은 이것을 필수로 익혔습니다. 왕은 경연經筵에서, 세자는 서연書筵에서 국조보감을 배웠습니다. 그 외에는 자국 역사를 거의 공부하지 않았습니다. 그러니까 사관 등 특수한 직책을 가진 벼슬아치를 빼고는 거의가 자국의 역사를 공부하지 않았다는 것입니다.

3. 국가권력을 견제한 사관제도와 중화사상

하지만 우리나라에는 세계에 내세울만한 사관제도가 있었습니다. 사관제도는 역사교육과 관련이 깊은 것은 아니지만 고려시대에 시작해 1894년까지 이어졌습니다. 사관의 선발은 엄격한 자격기준을 두었습니다. 공정한 판단력을 가지고 있는지, 학술지식과 문장 표현력을 갖추고 있는지 등을 따져 추천을 받아서 마지막 단계에서 임금이 임명합니다. 사관들은 춘추관(기구 변천이 있었음)에 소속되어 봉교, 대교, 검열 등의 직함을 받았습니다. 이들은 먹통과 붓과 종이를 들고 국왕이 주관하는 행사 등 모든 국가행사에 참석하였습니다. 그래서 최고 통치자인 임금의 일거수일투족을 남김없이 기록합니다. 왕의 모든 언동, 중앙과 지방에서 보고한 여러 정사, 모든 정치의 득실과 인물평 등을 모두 기록하였고 이런 사초를 종합하는 것이 바로 사관의 직무였습니다.

그리고 한 임금이 죽으면 반드시 다음 대에 전 임금에 대한 왕조실록을 편찬하였습니다. 국조보감과 달리 사초와 실록은 임금을 비롯해 어느 누구도 볼 수 없었습니다. 사관이 사초를 유출하거나 누설하거나 개작하였을 경우에는 엄중한 처벌도 내렸습니다. 공정한 역사 기록을 후세에 온전하게 전하려는 뜻이었습니다. 그러니 아무리 임금이라 할지라도 역대 왕조실록은 열람할 수 없는 게 원칙이었습니다. 그런데 이 원칙이 몇 번 허물어진 적이 있었습니다. 이행이란 사관이 『고려사』를 편찬하면서 이성계가 무고한 우왕과 창왕을 죽였다는 사실을 적은 게 알려져 화를 입었는데, 이성계는 규정을 어기고 이 관련 사초를 열람했어요. 세종은 자신의 아버지인 태종의 행적을 알아보려 실록 열람을 원했지만 뜻을 이루지 못했습니다. 연산군은 어머니 윤씨에 관해 알아보려고 실록의 사초를 보았을 정도입니다. 김일손이 세조실록을 편찬하면서 스승 김종직이 쓴 조의제문弔義帝文을 사초에 올렸는데, 곧 중국 초나라의 항우가 어린 의제를 죽인 사실을 적어 세조가 어린 조카 단종을 죽인 사실에 빗댄 내용입니다. 연산군은 사초에 올린 이 기록을 알고 관련된 선비들을 죽였습니다. 이 사건으로 인해 무오사화가 일어났고 선비들이 떼죽음을 당했습니다.

사관제도는 역사의 공정성을 확보하고 그 누구도 이를 훼손할 수 없다는 역사관의 한 장치였습니다. 최고 통치자인 국왕을 비롯해 어느 권력자라도 역사 기록을 훼손하거나 왜곡할 수 없다는 메시지였죠. 다시 말해 국가권력으로 역사를 조작하거나 왜곡하는 일을 막으려 한 것입니다. 이 사관제도야말로 우리나라 역사기록의 엄정성을 보여주는 단적인 사례입니다. 사관제도는 중국에서 시작되었지만 근대 시기까지 이어진 사례는 우리나라밖에 없습니다. 그런데 오늘날에는 역사 기록을 정략적으로 다루고 있지 않습니까?

그런데 조일전쟁(임진왜란)이 일어난 뒤에 잘못된 새로운 풍조가 풍미하였습니다. 조선 전기부터 유행하던 주자학이 이제 조일전쟁이 일어나니까 존왕양이尊王攘夷-진정한 왕을 모시고 오랑캐를 친다는 것-, 또 벽이숭정闢異崇正-이단을 배척하고 정학을 높인다는 것-과 같은 기풍이 이데올로기처럼 굳어져 더 중국 중심으로 나아갔던 거예요. 또 조청전쟁(병자호란)이 일어나니까 여진 오랑캐가 우리나라를 쳐들어왔다고 하여 중화사상이 더 범람했어요. 이 두 전란을 겪으면서 더욱 교조화한 주자학이 조선 후기로 갈수록 강화되었고 노론 세력이 집권하자 이를 더욱 조장했습니다.

노론 집권세력이 중심 이데올로기로 삼은 주자학의 기본 이론이 바로 존왕양이입니다. 주자는 금나라가 북경을 차지하자 송나라가 남쪽으로 쫓겨난 사실을 두고 존왕양이를 주창했던 것입니다. 그래서 존명배청尊明排淸으로 불렀어요. 곧 실체가 없는 멸망한 명나라는 높이고 엄연히 존재하는 오랑캐인 청나라를 배척한다는 논리였지요. 이것이 조선 말기, 개화기의 척사위정斥邪衛正운동으로 이어졌던 것입니다. 개항 무렵 척사위정운동을 맹렬하게 벌인 이항로는 존명배청 또는 존왕양이의 이론을 토대로 『화동합편강목華東合編綱目』이라는 역사서를 편집했습니다. 강목체에 따라 중국의 역사를 기본으로 제시하고 우리의 역사를 덧붙여 달아놓은 책입니다. 그러니까 우리의 역사에서 우리의 어떤 사상이 나온 것이 아니라 전부 유교적인 중화사상 또는 중국역사에서 의지한 것입니다. 이것을 제자들에게 가르쳤습니다만 영향력은 별로 없었습니다.

4. 자주사관과 자주의식의 새 풍조

중화사상이 백여 년 흘러오다가 적어도 17,18세기에 이르러서는 새로운 개신 유학자라고 할 수 있는 실학자들을 만날 수 있게 됩니다. 이때 몇몇 역사학자들이 '우리 역사를 통사체로 제대로 써야 된다'며 나서게 됩니다. 안정복이 『동사강목』을 썼고, 야사지만 여러 가지 역사

사실을 모은 『연려실기술』도 편찬되었습니다. 다산 정약용은 고구려가 동이의 한 갈래인 예맥족濊貊族이었다고 주장했습니다. 또 유득공 같은 이는 발해가 우리 역사였다, 그러니까 이 시기를 후기 신라와 함께 남북국시대라고 불러야 된다고 주장하기도 했습니다.

실학이 일어났던 시기에 이런 주장들이 나오자 새로운 현상이 나타났어요. 첫째로는 서민문학인 소설 같은 데에서 우리의 주제를 가지고 이야기 줄거리를 만들어 내기 시작한 것이죠. 기존의 중국 소설을 계속 읽거나 중국의 주제를 가지고 소설을 쓰는 것이 아니라 주인공도 조선사람, 사건이 벌어지는 지역도 조선이었다 이겁니다. 이것이 바로 탈중화주의 현상입니다. 또 하나 탈춤이 일어났어요. 경상도의 유명한 양반 풍산 류씨들이 사는 하회에서 정초가 되면 탈춤 놀이판을 벌입니다. 양반 흉내, 중 흉내 등등 별게 다 있어요. 이런 탈을 쓰고 얼굴을 일부러 감추고 양반을 두고 풍자하면서 욕질을 합니다. 양반의 허위의식을 막 깔보고 풍자했어요. 봉산탈춤도 이런 주제를 바탕에 깔고 있는 겁니다.

그림에서도 새로운 현상이 일어났습니다. 중국에 가보지도 않고서 그리는 산수화가 아니고 완전히 새로운 자기 주위의 산천을 그리는 화풍이 나타난 거예요. 대표적인 사람이 바로 겸제 정선입니다. 정선은 화구를 들고 금강산에 가서 일만 이천 봉을 그렸고, 인왕산도 임진강도 그렸습니다. 다 우리의 풍경을 그렸던 거예요. 이걸 진경산수화라고 부르지 않습니까? 이러한 새로운 화풍과 관련해서 또 다른 일군의 풍속화가들이 나타나게 됩니다. 바로 신윤복이나 김홍도 같은 화가들이 우리네 표정과 풍속을 그렸어요. 화창한 기생방도 사실적으로 그려요. 그저 기생방의 겉모습을 그리는 게 아니에요. 인간의 내면을 그려냅니다. 그리고 양반의 허위를 폭로합니다. 그림의 한 장면을 예로 들면 계집종하고 안방마님하고 심심해서 뜰 앞에서 거니는데 개가 흘레를 붙고 있어요. 마님은 입을 가리며 옆으로 훔쳐보고 있고 계집종은 깔깔대면서 그걸 보고 있어요. 얼마나 대비가 됩니까?

현실에서, 생활 속에서 유교적 엄숙주의를 거부한 것입니다. 이런 풍속화를 통해 강요된 윤리를 배격하는 것입니다. 실학시대와 서민문학, 민중문학, 민중예술이 같이 어우러져 이제 조선 후기라는 새로운 시대가 열렸던 것입니다. 우리는 옛날 역사책에서 이 시기를 민란의 시대다, 혼란의 시대다 이렇게 얘기했지만 혼란이 있어야 새로운 역사가 만들어지는 것이고 사회가 개편되는 법입니다. 4.19혁명과 광주민중항쟁, 6월 민주항쟁이 있었기 때문에 민주화를 이룩했고, 우리는 올바른 사회를 추구하면서 오늘도 싸우고 있는 것입니다.

조선 후기가 이런 사회였어요. 그때 비밀결사인 살주계殺主契, 살반계殺班契, 곧 상전 죽이는 계, 양반 죽이는 계를 만들어 저항했습니다. 노비가 다 도망가 버렸어요. 양반과 상전을 두드려 패버리고 도망간 것이지요. 노비문서가 텅텅 빌 정도가 되니 1801년에 드디어 내시노비 즉 관노비를 해방시킵니다. 물론 근대 유럽에서 일어난 노예 해방 역사도 모르고 천부인권의 이론도 몰랐을 때입니다. 이것은 어디까지나 자생적인 움직임이었어요.

종들은 스스로 도망가 버린 거고, 종을 부리던 지배세력들은 "문서도 텅텅 비어버리니 도리가 없다. 노비들을 풀어줘 버리자." 이렇게 된 것입니다. 그러니까 근대라는 새로운 시기가 열렸던 것이에요. 그래서 이런 역사가 19세기 말까지 이어집니다. 우리가 이렇게 근대를 새롭게 봐야 합니다.

5. 근대시기, 새로운 국사운동이 일어나다

그러나 안동 김씨와 여흥 민씨들은 이런 시대를 외면하고 문벌정치를 만들어 권력을 독점하고 국가경제를 다 파탄 내 버립니다. 그래서 최소한의 유교적인 이상정치도 더 이상 할 수 없는 상황을 만들어낸 게 문벌정치라고 비판하는 것입니다. 이 시기에 제국주의 세력이 들어오고 침략세력이 개항을 강요했던 것이죠. 바로 이때 다시 '자각'의 움직임이 일어난 것입니다. 실학파들이 채 정리하지 못한 우리 역사를 가지고 어떻게 국가를 꾸려야 되는가, 민족국가를 건설해야 되는 것인가, 이걸 고민하기 시작했습니다. 그때 두 가지 운동이 일어났습니다.

하나는 국어운동입니다. 국어운동은 말할 것도 없이 주시경을 비롯한 국어학자들이 언문이라고 천대받던 우리글을 이름도 '국문' 또는 '한글'로 바꾸었고, 문법적으로 정리하기 시작했죠.

또 하나는 우리 역사를 제대로 정리해야 된다는 운동입니다. 실학파들이 이루지 못했던 것을 더 구체적인 강론의 방법으로 역사를 정리해 내려고 했습니다. 중국과 싸웠던 을지문덕과 연개소문의 전기를 만들고, 일본과 싸웠던 이충무공 전기도 만들었습니다. 요동을 정벌해서 우리의 고구려 고토를 찾자고 했던 『최도통전』-이건 최영입니다-이런 책들을 만들어 자유롭게 찍어서 판매하기도 했습니다. 우리 역사를 제대로 정리해야 한다는 운동을 벌인 분들이 바로 박은식, 신채호 등 여러 분들이에요. 이 분들이 바로 '역사를 모르면 나라가 설 수 없다', '자기 혼을 지킬 수 없다', 그래서 우리의 역사를 복원시키려는 운동을 했습니다. 황성신문이나 대한매일신보 등의 당시 언론을 통해서 우리 역사 얘기를 연재하기도 했습니다.

또 교과서에도 몇 가지 변화가 있었습니다. 첫째 교과서는 한글 보급을 통해 국한문혼용체로 쓰여졌습니다. 한성순보 같이 한 두 신문은 순한문으로 쓴 것도 있지만 대부분 그때 새로 나온 신문들이나 잡지는 국한문혼용체를 썼습니다. 이건 굉장히 중요한 의미를 가지고 있습니다. 그러니까 역사책도 이제는 한문체로 쓰는 것 아니라 국한문혼용체로 쓴 거예요. 또 한 가지 중요한 변화가 있습니다. 신채호 같은 분은 '우리가 한글, 과학기계를 만들어 냈다, 특히 고려 때 대위국大爲國을 건설한 묘청이 자주 국가를 지향했고 천자의 나라를 표방했다'라고 하여 자긍심을 고취하는 역사를 썼습니다.

이런 새로운 현상을 굉장히 강조하고 싶은데, 그중에 재미있는 것을 하나 소개하지요. 『몽배금태조夢拜金太祖』라는 작품입니다. "꿈에 금태조를 알현하였다"라는 제목인데, 금 태조가 누굽니까? 금나라를 세운 누르하치를 말합니다. 금 태조 누르하치는 바로 여진족의 후예이고 북경까지 진출하여 중화민족을 짓누르고 금나라를 세웠던 인물이죠. 근데 '무치생無恥生' 곧 '부끄러움도 모르는 이'가 꿈에 금 태조를 만나러 간 겁니다. "무치생이 왔습니다." "너는 왜 왔느냐?" "우리나라가 지금 여러 침략세력들에게 흔들리고 독립을 유지할 수 없는데 이것을 어떻게 하면 좋겠습니까?" "야 이놈아, 너희 놈들의 나라는 망해도 싸지. 너희 놈들이 무슨 나라를 유지할 수 있느냐? 지들 역사는 가르치지도 않고 지들 역사를 전혀 모르는 놈들이 뭘 해, 망해야 된다."고 말합니다. 그리고 또 "너희들은 우리하고 사촌 형제간인데 맨 날 엉뚱한 중화 저놈들만 좋아하고 우리를 오랑캐라고 깔보고 짓누르고 그러지 않느냐. 그러니 니들이 우리랑 손잡고 형제나 사촌처럼 서로 도와주고 해야 유지되는데 그걸 못하지 않느냐."고 말해요. 그러니까 무치생이 "아 죄송합니다. 부끄럽습니다."라고 대답을 한 거예요. 이것은 박은식 선생이 비통한 마음으로 쓴 글입니다. 요새 말하는 소설기법을 기가 막히게 응용해 대중화시킨 작품이라고 할 수 있습니다.

이분들은 역사책 외에도 『이태리건국삼걸전伊太利建國三傑傳』, 터키의 독립을 유지하고 독립국가를 세운 케말 파샤 같은 사람들의 전기도 썼어요. 물론 양계초와 같은 중국의 양무洋務 학파들이 만들어 놓은 것을 가져다가 번안한 수준이기는 했지만 이런 역사 인물을 통해서 나라의 혼을 지키고 독립을 유지하고 일본 등 침략세력에 맞서는 중요한 정신적 무기로 삼으려고 했습니다. 이분들이 역사의 중요성을 대단하게 인식했던 것입니다. 이때부터 교과서도 바뀌기 시작합니다. 그러니까 개화기 때에 이런 자주운동을 하는 사람들이 새로운 해석을 통해 역사를 가르치게 된 것입니다.

박은식, 신채호 같은 분들이 역사운동을 펼쳤습니다. 여러분들도 알다시피 박은식은 『한국통사韓國痛史』, 『한국독립운동지혈사韓國獨立運動之血史』를 썼고, 신채호 같은 분은 『독사신론讀史新論』『을지문덕전乙支文德傳』『이순신전李舜臣傳』 등을 쓴 겁니다.

지금 저는 맹목적 배외사상을 말하는 것이 아닙니다. 19세기에 말 20세기 초 우리나라가 일제의 침략을 당해 고통을 받았을 때를 얘기하는 겁니다. 우리나라처럼 '자주성'이 유린된 나라는 소박하게 말하면 침략적 민족주의가 아니라 자주적 또는 방어적, 생존적 민족주의를 추구했습니다. 민족주의가 없으면 아무 정신무장도 없는 것이나 마찬가지예요. 이런 관점에서 우리가 19세기 말 20세기 초의 역사인식을 알 필요가 있습니다. 아까도 얘기했지만 이것은 유럽이나 중국이나 일본의 영향을 받은 부분도 있지만 우리가 근대를 추구할 때 유럽의 근대에만 관심을 가진 것이 아니고 우리나라 영조·정조 때 일어난 노비해방문제, 인권문제 등 여러 가지가 얽혀서 나름대로 살아나갈 방법을 모색했던 것이죠. 그런 역사적 경험 자체가 상당한 의미를 내포하고 있다고 보는 것입니다.

해외나 국내에서도 이런 인식을 계승하는 사람들이 있었어요. 해외에서는 임시정부 헌법에 삼균주의를 반영했던 조소앙 같은 분이 민족주의 관점에서 고대사의 신지비사神誌秘詞 같은 걸 반영하려고 노력했어요. 또 안재홍이나 정인보 선생은 국내에서 국학운동과 역사운동을 통해서 어떻게든지 우리의 민족의식을 깨우치려고 하였습니다.

한 가지만 덧붙이면, 요즘 3.1운동을 3.1혁명이라고 불러야 한다는 의견이 있는데 나는 거기에 동의합니다. 3.1혁명에 관해서 내가 제일 화가 나는 대목이 있습니다. 최남선이 썼다는 독립선언서를 봅시다. 앞에 독립선언문이라고 쓰고서 "오등吾等은 자玆에 아我 조선이 독립국임과 자주민임을 선언하노라." 따위의 문장으로 시작합니다. 이것은 독립신문이나 대한매일신문에서 쓰는 문장이 아니에요. 또 겸제箝制, 삼제芟除 등 일상에서 쓰지 않는 죽은 말이 된 한문 용어가 선언문 곳곳에 깔려 있어요.

집필자인 최남선이 현학적인 지식을 뽐낸 거예요. 일반 독자들은 너무 어려워 사전을 찾아가면서 읽어야 합니다. 쓰지 않는 말 곧 사어를 몰라서 쩔쩔 맬 정도예요. 이 따위로 책을 쓰고 글을 썼어요. 그러니까 역사의식이 거의 없는 거죠. 문제는 거기에 있습니다. 신채호가 쓴 「조선혁명선언」을 봅시다. 오늘날 쓰지 않는 용어가 섞여 있긴 하지만 거기에는 분명한 메시지가 있어요. 민족혁명에 의해서 제국주의를 타도한다고 딱 나와 있습니다. 「3.1독립선언」과 「조선혁명선언」을 나

「3·1독립선언서」(1919.3) ⓒ민족문제연구소

란히 옆에 놓고 비교해 보세요. 얼마나 분명한 차이가 있는가. 어쨌든 일제시대 말기에 들어서면 이른바 전시체제 아래에서 그나마 우리글도, 우리 역사도 완전히 가르치지 못하게 되었고 우리의 전통문

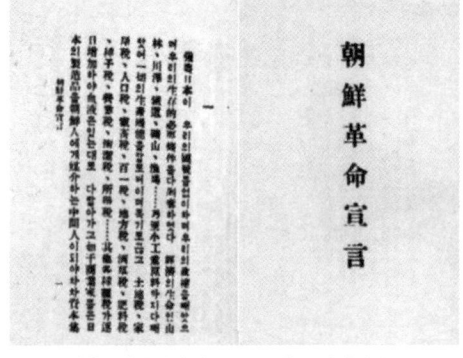

신채호의 「조선혁명선언」(1923.1) ⓒ독립기념관

화도 전부 말살하는 그런 암흑기를 걸을 수밖에 없었습니다.

일제 사학자들은 식민지 시기, 조선사 왜곡작업에 나섰습니다. 특히 조선사편수회 멤버들이 이를 주도했습니다. 이들은 조선 역사가 중국의 중화질서를 맹종하는 사대주의에 매몰되어 왔으며 따라서 자주적 의지가 박약하였다고 보았습니다. 따라서 스스로 판단하고 역사를 이끌지 못한 '타율론'으로 흘렀다고 본 것이지요. 그 다음 '정체론'을 제기하였습니다. 고여 있는 물처럼 썩고 정체되어서 사회발전을 도모하지 못했다는 것입니다. 그 다음으로는 분열로 이어져 단결할 수 없는 민족성을 지녔다고 보았습니다. 그 실례로 당쟁을 들었어요. 이러한 식민사관은 지극히 단편적인 사례를 제시하여 우리 역사의 성격을 멋대로 재단해 버렸습니다. 그리하여 일본이 한국을 식민지 지배하는 것은 역사의 필연이요 타당성을 지녔다는 패배적 이미지를 깔아놓은 것이지요. 식민사관의 단초를 열어놓은 것입니다.

6. 독재정권의 역사왜곡과 현재의 문제

1945년 해방되었을 때 무슨 일이 일어났는가를 봅시다. 1946년 신학기에 일본 교과서가 아닌 새로운 교과서로 배우게 했습니다. 그 전해 8월 15일에 해방되었으니까 불과 몇 달 만에, 그것도 미군정 시기인데도 바로 국어와 국사교과서가 새로 만들어졌어요. 1946년부터 바로 시행되었습니다. 이게 얼마나 힘든 일인가요. 하지만 우리말과 우리 역사를 가르쳐야 된다는 의식이 강하게 깔려 있었기 때문에 급조해서라도 우리말 우리역사 교과서를 만들어낸 거예요. 지금 보면 역사교과서라고 말할 수 없을 정도로 엉성하기는 했지만 그래도 그렇게 만들어 가르쳤다는 것이 중요합니다.

이승만, 박정희는 우리 민주주의를 왜곡하고 독재체제를 만든 소위 그런 지도자들인데, 역설적으로 역사교육이 매우 중요시 되었습니다. 어느 시기보다 이승만 정권 때 역사교육을 중요하게 여겼어요. 이승만 정권기 교육정책에 우리 역사만은 필수였어요. 모든 학교에서 배워야 하고 시험을 보아야 했습니다. 그때 고등고시나 보통고시가 있었고, 외국 유학시험도 있었는데 모든 시험에서 국사가 필수 과목이었습니다. 그래서 제일 많이 팔린 책이 식민사학자 이병도가 쓴 『국사대관』이라는 책이었어요. 나도 그때 그 두꺼운 책을 봤어요. 고등고시 준비생들은 국사가 제일 어렵다고 말할 정도로 시험 필수 과목이었던 것입니다. 물론 그 때 국사는 근현대사가 포함되지 않았습니다. 한계가 있었어요.

  박정희는 일제시대에 만주 군관학교에서 제일 성적이 좋은 과목이 본방사本邦史였다고 합니다. 당시 일본 역사를 본방사라고 하고 일본말을 국어라고 했습니다. 본방사 점수를 제일 높게 받았던 박정희가 집권하자 국사를 필수로 했습니다. 그리고 당시 말단 하급 공무원을 시험을 통해 뽑을 때도 국사가 필수과목으로 들어갔어요. 이승만이 국사를 필수로 한 것을 연장한 것이지요. 물론 제가 가지고 있는 당시 국사 교과서를 보면 10월 유신의 정당성이 들어가 있고 고려 무신정권을 높게 평가하거나 합리화시키는 그런 문제들이 많이 있었어요. 내가 이런 얘기를 하는 목적은 어쨌든 역설적이지만 이승만·박정희 정권이 정권의 합리화하거나 유지를 꾀하는 차원에서 국사를 필수로 알게 하려고 했다는 겁니다. 오늘날 박근혜 정부가 한국사 교과서를 국정으로 만든다고 하는 것은 물론 잘못된 것이지만 또한 반대효과가 나타나고 있거든요. 전혀 국사에 관심이 없던 사람들이 국사에 많은 관심을 갖게 된다 말입니다. 이것도 나름대로의 의미가 있지 않은가 역설적으로 생각합니다. 그래서 제가 한겨레신문과 인터뷰 할 때도 그랬어요. 난 우리 젊은이들한테 이번에 희망을 보았다, 국정화 문제를 가지고 푯말을 들고 거리로 뛰어나오고 말이야, 역설적이지만 이 사건이 우리나라 10대 청소년들에게 역사의식을 심어주는 아주 중요한 학습기회가 되겠구나 싶다고 말했습니다. 그렇지만 앞으로 국정화를 철저히 막아야 되겠죠.

그래서 우리가 이런 흐름을 짚어본 거예요. 조선시대가 국정은 없었지만 관행에 따라서 국정처럼 국사교육을 시켜왔고 그런 문제가 쌓여 근현대 시기로 내려오면서 복잡하게 얽혀왔어요. 그래도 우리 인식에 조금 진전이 있었던 것은 우리가 근현대사에 관심을 많이 가지게 되었다는 사실이지요. 우리 근현대사가 얼마나 중요한가에 대해서 이제 마지막으로 얘기하겠습니다. 잘 아시는 분들이 많지만 우리는 근현대사를 바로 알아야 됩니다. 근현대 시기에 들어서 우리에게는 두 가지 큰 문제가 있지 않습니까. 우리는 왜 식민지가 되어야 했을까요? 그 책임이 물론 우리 스스로에게 첫째로 있겠지만, 두번째는 미국하고 일본 때문입니다. 두 나라는 가쓰라-태프트 밀약이란 것을 맺었습니다. 미국은 태평양 연안 국가를 먹어 자기 식민지로 만들었고, 일본에게는 대륙 쪽으로 붙으라고 했어요. 그래서 일본의 타깃은 조선이 되었단 말이죠. 그리고 우리는 식민지가 됐어요.

두번째 문제는 2차 대전이 끝나고 왜 우리가 분단이 되었냐 하는 겁니다. 분단의 책임은 어디에 있을까요? 우리 스스로에게? 아닙니다. 첫째는 일본에 분단책임이 있습니다. 우리를 식민지로 만들었으니까요. 또 태평양전쟁을 도발하고 패전국가가 됐기 때문에 패전국의 식민지였던 한반도에 미군이 점령군 행세를 하러 들어왔던 것입니다. 미군의 고위 전략장교들은 국무성 파견 장교들, 태평양 사령부 장교들과 지도를 갖다놓고 남진하고 있는 소련군과 충돌을 피해야 한다고 했어요. 제정 러시아 때부터 전통적으로 동방정책을 중요시했던 소련이었기 때문에 더 이상 소련의 남하를 허용하지 않는 것이 미국의 우선 목표였습니다. 독일을 분단시킨 후 연합군은 한반도를 어떻게 할까 고민하다가 딱 중간을 그어버리자고 해서 38도선을 그어버린 거예요. 자기들끼리. 나중에 트루먼 대통령이 사인을 했습니다. 이렇게 우리는 분단이 됐어요. 오늘날 6자회담 대표가 누굽니까? 남북을 분단시켜 놓은 나라들이 바로 6자회담 당사국인 거예요. 일본이 첫째, 둘째가 미국, 셋째는 소련, 넷째는 중국. 중공군이 한국전쟁에 왜 개입했겠어요? 군사적 이해관계 때문 아닙니까? 한반도를 둘러싼 갈등과 분단이 모두 강대국의 작품이란 것이지요. 이런 사실을 합리적이고 객관적으로 가르쳐야 하는데 거의 빼거나 왜곡하고 있지 않습니까? 더 걱정스러운 사실은 까마득한 시대의 역사인 고대사 서술을 늘리고 근현대사를 축소하겠다는 게 국정 교과서 편찬의 기본 집필방침이라고 전해지고 있습니다.

  옛날 얘기 하나 더 해 보겠습니다. 이승만 정부가 북진통일을 외치면서 시민과 학생을 동원해 맨 날 궐기대회를 열었습니다. 그때 우리나라 국군은 썩을 대로 썩어 있었습니다. 일본군 시절 장교들을 데리고 와서 모조리 국군 지휘관으로 임명했어요. 그들이 군부대에 있는 쌀, 부식비를 다 빼내 가져가고 군대 병사들을 불러다가 머슴처럼 부려먹고 별 달고 고위 장교가 되고 그랬어요. 한마디로 썩어빠진 군대였지요. 그런데 김일성이 이걸 다 알고 있었어요. 중국에서 마오쩌둥 군대가 부패한 장개석의 '국부군', 그 국민당 군대를 쳐서 중국 통일을 달성했잖아요. 그걸 보고 김일성이 우리도 가능하겠구나 하고 오판할 수가 있었던 것이지요. 이런 역사를 우리가 숨김없이 써야 합니다. 그런데 국정교과서는 이런 내용을 다 못쓰게 하니 이것 빼고 저것 빼고 알맹이는 다 빼버리고 껍데기만 남겨 놓은 꼴이지요. 이것은 진실을 말하자는 것이지 자학사관이 결코 아닙니다.

  이제 강의를 마무리 짓도록 하겠습니다. 우리 역사교육은 다음 몇 가지를 기본으로 담아야 합니다. 첫째 민족의 평화통일을 지향해야 합니다. 보기를 들면 후기 신라의 삼국통일과 고려의 후삼국 통일의 의미를 현대적으로 해석해서 통일의 중요성을 일러주어야 합니다. 둘째 일제강점기에 줄기차게 독립투쟁을 벌인 사실을 담아 이것이 오늘날 한국을 있게 한 원동력임을 밝혀야 합니다. 이와 함께 친일부역배 등 과거사를 청산하는 작업도 병행해야 합니다. 셋째 분단구조와 독재정권 아래에서 벌인 통일운동과 민주운동이 우리의 소중한 역사적 소명임을 알려주어야 합니다. 그렇다고 산업화를 부정하는 게 아닙니다. 끝으로 다른 민족과도 평화관계를 유지하고 인권을 존중하는 의식을 심어 주어야 합니다. 국정교과서에서는 구조적으로 이런 문제를 소홀하게 다루게 되어 있습니다. 반민주적 반헌법적 발상에서 나온 조치이기 때문입니다.

오늘 제가 왕조시대의 역사교육은 어땠나를 주제로 강의하기로 했는데 얘기하다 보니 오늘날의 문제까지 번졌습니다. 지금까지 들어주신 분들에게 감사합니다.

[참고문헌]
『국조보감』,『동국통감』,『통감절요』
박은식 저,『천재소문전 / 몽배금태조』, 독립기념관한국독립운동사연구소, 1989
박은식 지음, 김승일 옮김,『한국통사』, 범우사, 1999
박은식 지음, 김도형 옮김,『한국독립운동지혈사』, 소명출판, 2008
이이화,『이이화의 한국사 이야기 1~22』, 한길사, 2015
이이화,『한국사 나는 이렇게 본다』, 길, 2005

제 9 강

역사교과서의 대안을 탐색한다

김육훈
독산고 교사·역사교육연구소 소장

1. 역사교과서의 대안을 탐색한다는 것

추운 날씨에 여기까지 나와 주셔서 감사합니다. 저는 서울에 있는 독산고등학교에서 역사를 가르치고 있습니다. 거리강좌가 오늘이 마지막입니다. 어떻게 하다 보니 제가 마지막이 되었는데, 거리 강좌 전체를 매듭짓는 시점이 되니까 아쉬움도 많습니다. 추운 겨울 내내 여기서 "역사 쿠데타를 멈춰라"라고 적은 손팻말을 들고 거리강좌를 했음에도 정부 여당에서 심지어 국정 교과서 집필진은 고사하고 교과서를 만들 때 준거가 될 수 있는 편찬기준조차 공개하지 않은 채 막무가내로 국정화를 밀어붙이고 있습니다. 그래서 오늘이 거리강좌 마지막 날이지만, 이 자리가 또 다른 출발, 새로운 활동을 기획하는 자리가 되어야 하지 않을까 합니다.

저한테 주어진 제목이 "역사교과서의 대안을 탐색한다"인데요, 결국 우리 역사교육이 지향할 가치는 무엇이고 그 속에서 교과서나 수업은 어떤 방향으로 나아가야 할 것인지 이런 얘기가 될 것 같습니다. 그런데 '대안을 탐색한다'라는 말부터 잠깐 생각해보겠습니다. 저는 대안이 어느 날 하늘에서 뚝 떨어지듯이 만들어지는 건 아니라고 생각합니다. 우리 현실에 바탕을 두고 이야기해야 한다는 뜻입니다. 그래서 오늘 저는 현재의 역사교육이 어떤 모습으로 진행되고 있는지 생각해보고, 이를 둘러싸고 전개된 논란 혹은 역사교육의 방향에 대한 다양한 견해를 짚어볼 것입니다.

지금부터 한 시간 안팎 말씀을 드릴 텐데, 국정화 과정과 국정화 반대운동에 나섰던 분들의 목소리를 소개하면서 대안을 세우기 위한 논의를 풀어갈까 합니다. 이야기는 제가 준비한 일곱 가지 질문을 바탕으로 진행할 작정입니다. 제가 질문을 던지면, 함께 그 답을 만들어가면서 들어주시길 부탁드립니다.

2. 국정화 사태, 어떤 용어로 명명할 것인가

역사교과서 국정화, 다시 말하면 검정으로 여러 종류 발행되던 역사교과서를 국정 단 한 종류로만 발행하는 이 사태, 그리고 이에 맞서서 수많은 사람들이 그것이 부당함을 지적하고 저항했던 이 사태, 이 역사교과서의 국정화

김육훈 독산고 교사

사태를 어떤 용어로 정의할 것인가, 어떤 용어로 표현할 것인가. 이게 제가 던질 첫 번째 질문입니다. 지금 많은 분들께서 "역사쿠데타를 멈춰라"라는 손팻말을 들고 계시는데 이것도 하나의 대답이 될 수 있겠지요.

저는 국정화 '논란' 혹은 역사 '전쟁' 같은 표현은 적절하지 않다고 생각합니다. 누가 옳고 그른지를 판단하지 않는 어법이기 때문입니다. 그래서 이러저런 생각을 해 보았는데, 저는 국정화 '소동'이라는 호명이 제일 좋지 않을까 하고 생각해보았습니다. 소동이라는 단어는 '그 일이 안 일어났으면 괜찮다', '지금도 그게 없어지면 다시 정상으로 돌아갈 수 있다'는 뜻입니다. 국정화 논란은 일종의 평지풍파여서, 그 일

이 일어난 자체가 문제이며 지금이라도 그 일을 일단 멈추어야 앞으로 더 나은 방향을 찾는 논의를 시작할 수 있겠다는 뜻입니다.

'강행'이란 표현도 적절합니다. 정부가 역사교과서를 국정화하겠다고 공식적으로 결정하기 전까지, 저는 단 한명을 제외하고는, 국정화를 공공연하게 찬성한 정치인을 거의 보지 못했습니다. 어떤 보수언론도 국정교과서를 찬성한 적이 없었죠. 국제사회에서도 비슷합니다. 적어도 국정교과서가 안 된다는 건 우리사회의 공론이었고 국제사회의 보편적 기준이었다고 말할 수 있습니다.

다른 이유 때문에도 강행이란 말이 어울립니다. 국정화 과정에서, 정부 여당의 주요 관계자들이 국정교과서가 불가피하다며 내세운 근거들을 실제로 확인해보니, 대부분 근거를 찾기 어려웠습니다. 대화하면서 설득하고 그런 것이 아니라, 엉뚱한 주장을 내놓고 국민을 호도하면서 힘으로 밀어붙인 거죠.

오늘 제가 던진 첫 질문이 역사교과서 국정화 사태, 이 사태를 어떤 용어로 호명할까였는데, 여러분은 어떻게 생각하시나요? 강행이나 소동은 조금 약한가요? 역사쿠데타로 표현하는 것이 좋을까요? 아니면 이 모든 의미를 넣어 새롭게 호명한다면 어떤 용어를 쓸까요?

3. '올바른 교과서'는 가능한가

이제 두 번째 질문을 드려보겠습니다. 정부 여당이 국정화를 추진하면서, '올바른' 교과서가 필요하다는 이야기를 여러 번 했는데요, 바로 이 표현에 대해서입니다. 과연 올바른 교과서라는 게 가능할까요? 여당에서 말하는 올바른 교과서에 담길 내용이 올바르지 않다는 데 대

거리 역사강좌 마지막 강의에 참석한 시민·학생들과 기념촬영(2016.1.30) ⓒ한국사교과서국정화저지네트워크

해 다른 강의에서 여러 차례 지적하셨는데요, 제 질문에는 정부 여당이 아닌 쪽에서 만드는 올바른 교과서는 가능한가, 나아가 역사교과서 앞에 '올바른'이라는 수식어를 붙이는 것 자체에 대한 질문입니다.

　정부 여당이 이 표현을 쓰기 전에 통합교과서라는 말도 사용했습니다. 이 표현도 저는 부적절하다고 생각합니다. 이 말은 '여러 다른 견해를 통합하여 하나로 만든다', 혹은 '국민들을 하나로 통합하기 위해서 단일한 교과서가 필요하다'는 문제의식이 담겼지요. 그런데 한 부모에게서 태어난 형제자매들 혹은 수십 년을 함께 산 부부조차도 생각이 같지 않은데, '다양한 생각을 하나로 묶어서 통합하는 것이 과연 자연스러운가', 아니면 '차이가 당연하며 다른 것은 그 자체로 존중받는 것이 자연스러운가' 이런 방식의 질문이 필요하다고 생각돼요. 저마다 다른 것이 당연한데도 '통합이 자연스럽고, 그래서 통합된 교과서가 필요하고, 통합된 교과서를 만들기 위해서는 국정 단일 교과서가 필요하며, 그래서 모든 사람의 생각을 하나로 통합하는 것이 꼭 필요하다'라는 발상은 전체주의적인 발상이라고 봅니다.

통합교과서란 표현도 옳지 못한데, 정부 여당에서는 그 말도 버리고 올바른 교과서란 표현을 쓰더군요. 이 올바른 교과서라는 말은 통합교과서라는 말과 결정적인 차이점이 있어요. 통합교과서라는 말에는 "그래도 다른 생각이 존재할 수 있다"는 가정이 가능합니다. 그런데 올바른 교과서라는 말은 그것과는 전혀 다른 차원이죠. 이 단어와 관련하여 정말 제 눈을 의심했던 상황이 있었어요. "역사교과서 국정화가 필요하다"라고 총리가 나서서 담화문을 발표한 적이 있었죠. 다들 아시겠지만 교과서를 검정으로 발행할 것인지 국정으로 발행할 것인지는 차관이 보통 결정한다고 합니다. 장관의 고시지만 지금까지 차관 전결 사항이었던 걸로 알아요. 그런데 총리가 나서서 담화문까지 발표했는데요, 그날 그걸 발표하면서 이런 말을 합니다. "99.9% 학교가 편향된 교과서를 사용하고 있습니다. 0.1%만 올바른 교과서를 사용하고 있습니다. 그러니까 국정교과서가 필요합니다."라고요. "0.1% 사람들이 사용하는 교과서가 올바른 교과서고 나머지 99.9%가 편향된 교과서다"라는 거죠.

참 무섭다는 생각이 들었습니다. 누가 뭐라고 하든지 간에 그냥 나는 내 길을 가겠다 이런 겁니다. 근본주의적 발상이 아닌가 해요. 근본주의자들 중에는 자신의 종교적 신념이 정당하기 때문에 얼마나 많은 사람들이 나와 다른 견해를 갖고 있든, 다른 사람들의 견해들이 얼마나 합리적이든 이런 것에 아랑곳 않는 사람이 많습니다. 자신과 비슷한 사람이 0.1%인데도 99.9%를 틀렸다고 말하고, 네가 틀렸으니까 조용히 있어라 정도에서 그치지 않고 틀렸으니까 밟아서 없애도 좋다고도 생각합니다. 올바른 교과서라는 말을 들으면서 떠오른 말이 있습니다. 한국 역사 속에서 위정척사衛正斥邪라는 단어, 서양사를 공부하면서 종종 봤던 정통과 이단이라고 하는 말입니다. 세상을 옳고 그름이란 이분법으로 분류해놓고, 옳지 않다고 판정한 것을 배척한다는 단어지요. 올바른 교과서라는 말 속에는 그들의 신념이 유일하게 옳고 그 이외에는 모두 틀렸다고 간주하고, 틀렸으니까 탄압해도 좋다고 힘으로 밀어붙일 뿐 아니라, 탄압하는 대열에 참가하지 않는 사람은 그들과 동조하는 무리로 간주해버립니다. 그러니까 "국정교과서를 반대하는 사람들은 국민이 아니다"라는 말까지 나오지요.

저는 올바른 교과서를 반대합니다. 친일 독재를 미화하는 올바른 교과서도 용납할 수 없지만, 다른 가치를 담았다고 해도, 올바른 교과서란 말 자체가 옳지 못합니다. 민주주의는 '어느 한 사람도 같지 않다'는 사실을 인정하는 데서부터 출발한다고 저는 생각해요.

4. 역사교육은 애국심 함양 교육인가

제가 일곱 가지 질문을 준비해가지고 왔다고 했는데요. 이제 세번째 질문을 던질 차례입니다. 최근에 애국 혹은 애국심이란 단어를 앞세운 사람들이 많은데요, 바로 역사교육과 애국심의 관계를 생각해볼 수 있는 질문입니다. "역사교육은 애국심 함양을 목표로 하는가" 저의 세 번째 질문입니다.

최근에 국무회의에서 국가공무원법 개정안이 의결되었다는 보도가 있었습니다. 국가공무원이 갖추어야 할 덕성에서 민주성을 삭제하고 원안에 없던 애국심을 추가하였다는 등의 이야기였지요. 이 이야기를 들으면서, '아 정말 어디까지 역사가 퇴행하는지 모르겠다'는 생각을 했습니다. 민주성이라는 말은 헌법 제1조에 대한 표현입니다. 주권이 국민에게 있기 때문에 공무원은 국민의 공복입니다. 이게 헌법 제1조의 가치죠. 그런데 민주성을 삭제하고 애국심을 넣었다는 거죠. 물론 애국심도 우리가 지향할 가치 가운데 하나이니까 그냥 그걸 넣는다는 정도였으면 그렇게 화가 나거나 어이없이 생각하지는 않았을 것 같아요. 그걸 주도한 분이 애국심을 논할만한 자격이 있느냐는 것과 다른 차원의 문제입니다. 국민은 국가의 주인인데, 정권을 장악한 사람들이 공무원을 부하로, 국민을 동원 대상으로만 생각하지 않고서야 어찌 이럴까 싶어서지요.

이제 본격적으로 역사교육과 애국심의 문제를 이야기해보겠습니다. 날씨가 너무 춥지 않으면 자료를 좀 보면서 말씀드리고 싶었는데요, 너무 춥네요. 그래서 그냥 문맥만 전해드리겠습니다. 2015년 정기국회 때 있었던 여당 대표가 "교육의 근본은 칭찬이고 미래에 대한 긍정적인 사고와 태도를 갖도록 하는 것이다. 특히 긍정의 역사관이 중요한데… 자학의 역사관, 부정의 역사관은 절대 피해야 한다."라고 연설하시더군요. 긍정의 역사관이란 사관이 있겠습니까만, 굳이 그렇게 표현하시니까 그 말을 받아서 그냥 쓰겠습니다.

대한민국의 자랑스러운 역사를 배워서 국민으로서 자부심을 갖도록 하여 애국하는 국민을 기르자는 식의 이야기를 자주 하였습니다. 대통령도 교육부장관도 비슷한 말을 한 적이 있으니, 국정화를 추진한 세력의 역사인식을 뭉뚱그려 그냥 '긍정의 역사관'으로 호명하고 이야기를 풀어도 자의적일 것 같지는 않습니다. 그래서 지금부터 이분들의 이야기를 두 차원으로 나누어 짚어보려구요.

먼저, 긍정의 역사관이라는 말 자체에 대해서 생각해볼까요? 이분들은 "우리는 자랑스러운 역사를 가졌다", "산업화와 민주화를 성공적으로 성취한 자랑스러운 역사다" 이런 얘기들을 많이 합니다. 그런데 현재 역사교과서를 보면 산업화와 민주화 과정을 매우 비중 있게 쓰고 있어요. 그런데도 굳이 긍정의 역사를 주장하면서, 모든 역사교과서들이 좌편향되었고 대한민국의 정통성을 부정하고 있고 아이들을 잘못된 길로 이끈다고 말하는 이유는 무엇일까요?

저는 이분들이 사용하는 '긍정의 역사관'이란 단어를 단적으로 "네 탓이다 역사관이다"라고 표현하고 싶어요. 무슨 말이냐면 "너희들 아버지 어머니 세대가, 할아버지 세대가 우리 역사를 잘 일구어서 이만큼 먹고살 만한 나라를 만들어 놓았다. 그런데 너는 왜 네가 취직을 못해도 나라 탓이고 시집 장가를 못 가도 나라 탓이고 아이들 교육비가 많이 들어가도 나라 탓이라고 하냐' 이런 식으로 이어지기 때문입니다. 실제로 긍정의 역사관을 가르쳐야 한다는 여당 대표가 얼마 전에 비슷한 말을 했지요. 청년들 사이에서 '헬조선'이라는 말이 돌아다니는 것은 역사교육을 잘못해서라면서요.

본질적으로 긍정의 역사관이라는 말은, 긍정의 역사 혹은 성취의 역사 이면에 있던 수많은 이야기를 묻어버립니다. 그래서 역사 전체를 한꺼번에 성찰하지 못한 채, 반쪽 역사가 되어버릴 가능성이 실제로 대단히 많다는 거고요. 그런데 그 반쪽의 역사가 누구 이야기로 구성되었나요. 긍정의 역사는 대부분 국가의 역사고 정권의 역사입니다. 정권을 담당했던 이른바 힘 있는 사람들의 이야기로 꾸려져왔지요. 그런데 생각해보시죠. 2015년을 청와대에서 살았던 분과 여기에 있는 사람들이 경험한 역사가 같을까요? 이 세상 수많은 사람들은 모두 다른 역사를 가지고 있다는 거죠. 근데 그중에 오직 특별하게 몇 사람, 그들만의 이야기를 중심으로 만든 역사를 유일한 것으로 간주한다면 대단히 잘못된 것이지요.

바로 이 지점에서 두번째 차원, 이분들이 말하는 역사교육을 통해 애국심을 기른다는 명제로 이야기를 이어보겠습니다. 긍정의 역사란 말이 이런 뜻이라고 한다면, 역사를 공부하는 평범한 국민들은 현실을 구조적으로 들여다볼 수 없고, 성공한 사람들의 이야기와 그들의 생각에 자신을 맞추는 일이 생깁니다. 국가는 개개인에게 무엇인지 묻지 못한 채, 국가와 개별 시민사회의 관계는 어때야 하며, 바람직한 국가를 만들기 위해 어떻게 해야 하는지에 대해 생각하지 않은 채, 국가를 이끌어가는 사람이 하려고 하는 일에 동참하는 것을 애국으로 생각하겠지요.

여기에 나와 있는 우리 모두는 가족의 일원으로 존재합니다. 그러면서 사회의 구성원으로 존재하기도 하고 대한민국 국민으로도 있기도 하고 그리고 인류공동체의 일원으로도 살아가지 않습니까. 누가 저에게 '네가 누구냐'라고 묻는다면, 저는 각각의 관계에서 제가 처한 위치를 바탕으로 설명할 것입니다. 그런데 애국심만 일방적으로 교육한다는 건 뭐죠? 한 사람이 개인으로서 그가 누릴 수 있는 권리에 관한 생각, 한 사회 구성원으로서 그 사회가 마땅히 누려야할 자율성이나 다원성을 젖혀놓고 이야기하자는 겁니다. 인류공동체의 한 구성원으로서 우리가 함께 해야 할 가치가 무엇인지에 대한 전망도 일단 빼놓고 생각하자는 것입니다. 애국심만 강요하는 교육은 모든 사람에게 국가에서 부여하는 역할에 충실한 국민이라는 점을 앞세우고, 국경이라는 틀 속에 사람 생각을 가두어버리기 십상입니다. 애국심 함양도 학교가 지향할 가치 가운데 하나일 수는 있겠지만 그것만이 강요되는 교육은 이미 교육이 아닐 수도 있는, 대단히 우려스러운 이야기가 아닐까 하는 생각이 듭니다.

저는 제가 가르치는 학생이 그리고 제가 가르쳤던 수많은 학생들이 국가가 필요할 때 자신이 가졌던 모든 걸 내던지고 헌신하는 삶보다, 스스로가 행복한 삶을 추구하는 그런 인간이 되면 좋겠습니다. 우리 모두는 각자가 행복하기 위해서 살아가는 것이고 더 행복하기 위해서 수많은 사람들과 관계를 맺으면서 우리를 행복하지 못하도록 만드는 사회구조를 바꾸어가면서 살아가는 것 아닙니까. 저는 아직도 아주 어렸을 때 암기하였던 393자로 된 어떤 (국민교육)헌장의 첫 문장이 기억납니다. "우리는 민족 중흥의 역사적 사명을 띠고 이 땅에 태어났다"라는, 따지고 보면 얼마나 기가 막히는 문장입니까? 그런데 요즘 우리 사회에서 이 시대의 가치가 횡행한다고 생각하니, 정말 가슴 아픕니다. 날씨가 춥고 준비한 메모지도 바람에 날리고 해서 제가 중언부언한 듯한데, 세번째 질문 역사교육은 애국심 교육인가 하는 이야기는 이렇게 맺지요.

5. 성공한 대한민국이란 서사가 숨기는 것

네번째 준비한 질문은 앞 질문의 연장선입니다. 이미 거리강좌 앞 순서에서 많이 말씀하신 내용이긴 한데요, 어차피 오늘 주제가 우리 역사교육의 대안을 탐색하는 것이니까 간추려 말씀드리겠습니다. 넷째 질문은 바로 "성공한 대한민국이라는 서사(narrative)에 숨겨진 이야기 과연 무엇일까"입니다.

긍정의 역사관은 겉으로는 산업화와 민주화를 이룬 대한민국의 성공스토리를 말하지만, 단적으로 산업화 중심의 역사인식이라 할 만합니다. 지금부터 10여 년 전 '역사전쟁'이 시작된 이래, 역사 수정을 강행하려는 이들의 핵심 주장이지요. 요즘 국정화 추진 세력의 역사인식은 본질적으로 이 지점, 바로 신자유주의 역사인식을 바탕에 깔고 있습니다. 시장의 자유를 극단적으로 밀어붙인다는 뜻에서요.

한국에서 역사를 수정하려는 세력은 2004년 무렵 시장의 자유, 자본의 자유를 내세워 근현대사 교과서를 비판하면서 등장했습니다. 최근 몇 년 사이에는 자기 부모나 조상들에 대한 평가를 뒤집고 싶은 사람들이 더 붙었고, 북한을 반대하거나 반공주의적 분위기를 만들어 내는 것이 정치적으로 유리하다고 생각하는 사람들도 붙었습니다. 그래서 뉴라이트 역사인식이 처음 등장하였을 때와 교학사 교과서나 국정화 추진 과정의 역사인식이 조금은 다릅니다. 제가 보기에는 요즘이 훨씬 더 퇴행적입니다. 초기에는 신자유주의를 내걸었습니다. 그런데 지금 어디까지 왔냐면 친일독재를 은폐하거나 심지어 미화하고, 결과적으로 독립운동과 민주화 운동이 축소 왜곡되는 현상이 나타납니다. 반공과 반북은 중요한 가치로 강조되면서 민족의 화해와 협력을 추구하는 노력은 축소되고 왜곡됩니다. 최근에는 공공연하게 민주공화국의 가치가 도전받고 있다는 생각까지 듭니다. 저는 공부하는 분들이 이같은 상황을 꼼꼼하게 따져 읽고 하나하나 체계적으로 분석함으로써, 우리 사회가 지향할 새로운 역사인식을 설계하기 위한 교육과 토론이 활발하게 이루어져야 한다고 생각합니다.

긍정의 역사관과 관련해서 한 가지 더 걱정스러운 점이 있습니다. 2015년 교육과정이 지난 9월에 통과되었는데 그 교육과정에서 고대사

부분이 늘었습니다. 긍정의 역사관이라는 말을 내걸고 근현대사를 수정하려는 것도 걱정스러운데, 한국 고대사를 또 왜곡하는 현상이 나타나지 않을까 싶어서입니다. 국정화를 추진하는 쪽에서 자신들이 친일독재 미화한다는 비판을 계속해서 들으니까, 자신들이 부당한 혐의를 받았다고 주장하면서 한국 고대사를 부풀리지 않을까 걱정입니다. 그러면서 '역사학계는 대부분 좌파이면서, 일제가 만들어놓은 식민사학의 연장선에 서 있다'고 공격할지 모르겠어요. 그러지 않기를 진심으로 바라구요.

광장히 추우시죠? 제가 오늘 오기 전에 일곱 가지 질문을 던지면서 말씀드리겠다고 생각했는데, 질문을 죽 늘어놓고 나니 이거 책 한 권 짜리구나 하는 생각이 들었어요. 날씨도 추운데 지루한 강의가 되겠다고 생각하였는데, 질문 네 개를 던지고 답하고 하다 보니, 과연 그렇게 가고 있군요.

6. 국정화 반대는 검정교과서 지지인가?

다섯번째 질문은 "국정화 혹은 국정교과서를 반대하는 운동은 검정교과서를 지지하자는 것인가"입니다. 국정교과서 반대운동이 활발하게 일어났는데, 어떤 생각으로 활동하였는지 돌아보자는 얘기입니다.

지난 겨우내 국정교과서 반대운동 과정에서 나왔던 성명서들을 모두 모아 읽었습니다. 정말 다양한 분들이 국정교과서 찬성 혹은 반대 주장을 담아서 성명서를 발표했지요. 국정교과서 찬성했던 사람들의 성명서들도 함께 읽어보았습니다. 한편에선 정말 열 받지만 나름대로 흥미로운 경험이었습니다. 이 사람들의 생각을 알아보는 데 좋은 자료가 됐습니다. 찬반 양쪽의 성명서들을 읽으면서, 역사교육이 우리 사회에서 하는 역할이 무엇이고 어디로 나아가야할 것인지 돌아보는 데는 이만큼 훌륭한 텍스트는 없다는 생각이 들었습니다. 역사교육에 관해서 혹은 교육에 관해서 관심이 있는 분들이라면 꼭 한 번 권해보고 싶은 활동입니다.

그럼 국정교과서를 반대하는 분들은 왜 반대했을까 하는 이야기로 집중해볼까요. 당연히 제가 질문을 던졌던 것처럼 검정교과서를 지지하기 위해서 국정교과서를 반대한 것은 아닙니다. 2003년에 근현대사 교과서가 처음으로 검정제에 의해 발행되었지요. 학계에서 이를 점검하는 공동학술대회를 한 적이 있었어요. 결론은 문제가 많다는 것이었습니다. 역사학계의 연구 성과를 충실히 싣지 못하고, 여전히 국정교과서 시대의 관행이 유지된다는 차원에서 굳이 말하면 우편향이란 평가가 많았습니다.

이를 계기로 우리 역사교육이 나아가야 할 방향에 대한 다양한 토론이 일어날 수 있었습니다. 그런데 바로 다음 해에 당시 야당이었던 한나라당에서 검정교과서들이 시뻘겋다는 주장을 대대적으로 제기했지요. 곧이어 교과서포럼이라는 단체가 등장하고 보수언론이 역사교과서가 좌편향되었다며 노무현정부를 공격하였지요. 검정교과서제도의 문제점이나 기존 교과서의 역사인식을 전향적으로 검토하려는 활동이 막 시작되려던 차에, 역사학계나 교육계는 좌편향 논쟁에 휘말려든 거지요.

결국은 계속 후퇴하면서 여기까지 왔고, 지금 논란이 된 2013년판 검정교과서들은 부끄럽다는 말이 어울릴 정도입니다. 역사를 공부하고 가르치는 사람의 입장에서 사실의 면에서나 가치의 면에서 아쉬운 점이 매우 많기 때문입니다. 당연히 현재의 검정이 이상적이라 생각하여 국정교과서를 반대하는 것은 아닙니다. 오늘 오신 분들도 대개가 그렇지 않을까 합니다.

　국정 반대운동 진영이 발표한 성명서들을 쭉 읽어보면 국정화를 반대했던 분들은 크게 두 부류였다고 생각합니다. 한 그룹은 '박근혜정부가 추진하는 국정교과서가 친일독재미화로 흐를 가능성이 대단히 많다'는 점을 더 많이 우려합니다. 이런 소동을 거치면서 만들어진 국정교과서가 노골적인 친일·독재미화 내용을 담을 것인지는 조금 두고 봐야겠습니다. 처음에는 그러지 않을 수 있다고 생각했는데, 편찬기준조차 끝내 공개하지 않는 모습들을 보면서 이 사람들 정말 어디까지 갈지 모르겠다는 생각이 듭니다. 그런데 공공연하게 친일과 독재를 미화하지 않는다 하더라도, 앞서 말씀드린 긍정의 역사관 혹은 대한민국 성공스토리란 역사인식이 문제가 많다는 점은 분명히 해두고 가겠습니다.

　국정교과서를 반대했던 또 하나의 흐름은 '그것이 어떤 내용이든 국가가 만드는 단일한 역사교과서는 있을 수 없다', '획일적인 역사교육을 반대한다'란 주장입니다. 역사 선생님 혹은 교육단체들이 국정을 반대한 가장 중요한 측면이 아닐까 싶어요. '어떤 내용을 담든 저마다 다른 삶을 살아갈 아이들에게 다른 빛깔을 살아왔던 아이들에게 국가가 단일한 생각을 주입하는 건 있을 수 없다', '이건 반反교육이다'라고 생각했던 분들이 많았습니다.

　일반 시민들이나 정치권 내에서는 전자가 조금 더 많았던 것 같습니다. 그러나 국정 반대운동이 대중적으로 전개된 것은, 바로 이 두 측면이 상승작용을 일으킨 결과이겠지요. 그래서 많은 성명서들을 읽다보니 전체적으로 보면 큰 차이를 보이지는 않습니다. 대다수 성명서들은 이 두 측면이 빚어내는 변주들이라 생각할 수 있는데, 그 흐름에서 조금 벗어나서 별도로 언급할 가치가 있는 성명서들도 좀 있습니다. 긍정의 역사관을 친일독재미화 차원에서만 바라보지 않고, 그것이 갖는 친자본, 반노동, 신자유주의적인 역사인식이란 점을 지적한 경우도 있고, 본질적으로 교과서라고 하는 것이 필요한가 지적한 경우도 있습니다.

그런데 성명서들을 쭉 읽으면서 국정교과서를 반대하는 담론을 구성하는 방식이 이전과 적지 않게 달랐던 점도 확인할 수 있었습니다. 국정화 반대 논거를 구성함에 있어서 이전과 달랐던 점 몇 가지를 지적할까 합니다. 첫째로, 헌법이나 민주공화국의 가치와 관련된 내용이 많이 등장한다는 점입니다. 대한민국이 어떤 국가여야 할 것인가를 지적한 글이 많습니다. 이제 국정교과서를 반대하는 운동이 친일독재미화 반대 차원을 넘어서서, 민주공화국의 가치를 추구하는 차원으로 자리매김되는 것이지요.

두번째로, 이것은 이제 일본역사교과서 왜곡에 대한 반대운동 과정에서 혹은 바람직한 역사교육을 모색하는 국제사회의 노력 과정에서 얻어진 성과와 관련된 것인데요. 역사교육과 교과서 문제를 인권이나 국제 기준을 바탕으로 새롭게 조명하기 시작한 점도 국정교과서 반대운동의 중요한 성과라고 봅니다. 2013년 UN총회에서 문화적 권리에 관한 특별조사관의 보고서가 보고된 바 있었지요. 역사교육이 지향할 가치, 역사 연구와 교육에서 견지해야 할 기준, 교과서 발행제도, 교사 역할 등등에 관한 보편적, 국제적 기준을 담은 문서입니다. 그 문서가 우리 사회에 소개되면서 역사학자와 교사들은 민족과 국가나 애국심이 아니라 인권이나 국제적 기준을 바탕으로 우리 역사교육 문제를 조명하는 시야를 얻었습니다.

세번째는 학생 참여와 관련된 차원입니다. 국정화 반대운동 과정에서 우리 사회는 학생과 교육이란 단어를 재발견하였다고 생각합니다. 예전에도 학생 혹은 청소년도 있었고 운동도 있었지요. 그런데 청소년들의 국정화 반대운동이 매우 활발했습니다. 실제 거리에 나선 청소년도 많았지만, 현장에서 거부 분위기도 대단히 뜨거웠습니다. 그걸 보면서 학생 자신들도 고무받았고, 어른들도 청소년과 교육의 역할을 새롭게 생각했다고 봅니다. 교육은 아무것도 모르는 아이들에게 어른들의 생각을 심어주는 것이 아니라, 학생들이 스스로 자신의 삶을 구성하고 살아갈 수 있는 힘을 기르는 과정이란 인식이 확장된 것이지요. 어른들은 이들의 성장을 어떻게 도와야 할까, 교육은 어떻게 바뀌어야 할까 생각할 수 있는 계기가 되었다는 것입니다.

결과적으로 보면 국정교과서가 현실화되었습니다. 그러나 국정화 반대운동에 나섰던 사람들이 결코 실패하거나 패배하지 않았다고 봅니다. 우리 사회가 많이 퇴행한 것은 맞지만, 이에 저항하던 흐름 속에서 또 다른 진전을 위한 중요한 디딤돌도 만들었다고 저는 생각합니다.

7. 대안교과서 운동을 어떻게 볼 것인가

벌써 시간이 많이 흘렀습니다. 오늘의 주제가 역사교과서의 대안 탐색인데, 이제 겨우 그 이야기를 시작할 때가 되었네요. 하지만 지금까지 지향할 대안적 가치에 관한 말씀들을 많이 드렸지요. 그래서 이야기가 너무 늘어진 것은 아닙니다. 오늘 제가 준비한 여섯 번째 질문은 "대안교과서 운동을 어떻게 볼 것인가"입니다. 이제 이 이야기를 시작해보겠습니다.

지금 4개 교육청이 대안적 역사교재를 개발하는 운동을 진행하고 있습니다. 바로 전북 교육청과 세종, 강원, 광주 교육청입니다. 일이 진행 중이지만, 논점이 많습니다. 대안적인 역사교재 개발이 필요하다고 생각하고, 일이 잘 되기를 바라는 분들도 적지 않게 있고요. 그렇지만 '아니 국정교과서에 반대한다면서 도정교과서를 만드는 것은 또 뭐람?' 하는 의견도 있습니다.

저는 두 주장이 다 나름대로 설득력이 있다고 생각합니다. 하지만 이 이야기를 집중적으로 하지는 않겠습니다. 지난날의 실천을 돌아보면, 국정교과서의 대안을 세우기 위한 오랜 실천의 역사가 있고, 그것을 돌아보기 위해서입니다.

대안적 역사교육 논의는 실상 아주 오래전부터 있었습니다. 2016년을 기준으로 국정교과서가 등장한 지 42년 됐지요. 국정교과서는 처음 만들어질 때부터 문제가 많았습니다. 그래서 대안적인 역사교육을 설계하기 위한 노력도 활발하였습니다. 1980년대 들어오면 활동이 구체화되고, 2000년대에 상당한 결실을 이루지요. 그래서 만약 2004년 이후에 역사전쟁이라고 말하는 이런 황당한 사태가 없었더라면 우리의 역사교육은 지금보다 훨씬 더 다양한 빛깔로 아이들의 삶에 기여할 수 있는 방향으로 이루어질 것이라고 생각해요.

국정교과서의 대안을 탐색하는 노력들은 몇 갈래로 이루어졌습니다. 역사학계에서는 국정교과서의 역사인식에 대해서 문제를 제기하였지요. 길게 말씀드릴 수는 없지만 역사교과서가 민중의 이야기를 담

전국역사교사모임이 펴낸 「살아있는 한국사교과서」・「살아있는 세계사 교과서」

아야 한다는 주장, 역사학과 역사교육이 우리사회가 지향할 가치를 찾고, 학생들을 건강한 시민으로 기르는데 기여해야 한다는 주장이 확산되었습니다. 또한 단일한 하나의 역사는 존재하지 않는다며, 역사 속에서 다양한 사람들의 목소리를 발굴하여 교과서에 반영해야 한다는 주장도 확산되었습니다. 이같은 문제의식을 담은 다양한 역사대중서를 발간했지요.

역사교사들도 진작부터 단일한 국정교과서로 주입식 교육을 하는 대신, 다양한 대안을 만들며 수업을 실천하면서 대안교과서 운동을 전개하였습니다. 2002년 이후 그 결실이 차례로 나왔는데, 그때 교사모임이 펴낸 책 제목에 '살아있는'이란 수식어가 붙었습니다. 살아있는 한국사 교과서, 살아있는 세계사 교과서입니다. 교사들은 "역사공부는 화석화된 과거에 대한 지식을 암기하는 것이 아니다. 역사공부의 내용은 아이들의 삶과 연결되어 있어야 하며, 교사는 아이들이 역사 속으로 들어가 과거를 체험하면서 스스로 자신의 삶을 가꾸어 가도록 돕고, 수업 과정 속에서 아이들이 살아있도록 만드는 것이어야 한다"고 생각했습니다. 『살아있는 한국사 교과서』가 나올 때 제가 쓴 발간사에 비슷한 이야기가 실렸습니다. 물론 저만의 뜻이 아니라, 그 시기 많은 선생님의 절실한 소망이었지요.

그때 저희들은 정말 공들여 책을 만들었어요. 그런데 '우리가 정말 공들여 책을 만들었으니 많이 사 달라'고 이야기하지 않았습니다. 우리는 그때 이렇게 이야기했지요.

국정교과서와 다른 대안이 가능하다는 것을 보여드리는 것이다. 그러니 선생님들께서는 각자 자기가 서있는 곳에서 선생님들이 만나는 아이들에게 가장 맞는 방식으로 선생님들이 가장 잘 하실 수 있는 방식으로 선생님들이 교재를 만들어서 쓰시라.

"다른 아이들에게는 다른 교육을 해야 한다." 예나 지금이나 저의 교육적 소신 가운데 중요한 부분입니다.

역사교육의 대안 탐색과 관련된 또 다른 실천도 있었습니다. 일본, 중국과 역사 갈등이 이어진 일입니다. 어떤 갈등인지는 다 아시는 이야기니까 설명하지 않고, 역사학계와 교육계가 실천한 내용만 간략히 말씀 드릴까 합니다. 그때 저희들은 "역사는 잘 공부하면 새로운 미래를 개척하는데 많은 도움이 될 수도 있지만, 잘못된 역사교육은 국가 간 심각한 갈등을 가져올 수도 있다"고 생각했습니다. 그래서 많은 역사학자와 교사들은 국가의 경계를 뛰어넘어 함께 평화를 추구하는데 역사교육이 기여할 수 있는 방법을 찾아보기로 하였습니다. 결과적으로 여러 형태의 공동교과서가 만들어졌습니다. 책 한 권을 만드는데 그치지 않고, 다양한 대화 채널이 만들어졌고, 함께 지향할 바람직한 역사인식과 교과서 형태에 대한 논의도 활발했습니다. 서로 상대 국가를 찾아 외국 학생을 대상으로 수업하고, 학생들의 교류 장도 만들었지요.

대단히 아쉽지만 2007년 역사 교육과정은 지금 말씀드린 세 흐름이 보이듯 보이지 않게 한 흐름을 형성하는 과정에서 탄생하였습니다. 그 교육과정이 현장에 뿌리박지 못하고 사라져서 정말 아쉽습니다. 물론 썩 잘 만들었다거나 문제가 없다는 이야기가 아닙니다. 대안을 본격적으로 논의할 수 있는 상황을 만들었다는 뜻에서입니다. 그런데 그것이 구체화될 시점에 이명박 정부가 들어섰고, 교육과정이 폭력적으로 변경되었습니다. 그 다음에는 역사교과서 내용에 대한 쿠데타 같은 일이 일어나더니, 이제 오늘에 이른 것이지요. 역사교육의 대안을 탐색하려 할 때 이 과정을 짚어보는 것은 의미가 있다는 차원에서 말씀드렸습니다.

역사교육의 대안 탐색과 관련하여 한 가지를 더 언급하고 싶습니다. 그것은 바로 국정화 반대 운동의 제도화와 관련된 두 가지 실천입니다. 하나는 경기도 교육청에서 진행된 역사교육조례에 관한 얘기입니다. 경기도 교육청이 역사교육에 관한 조례를 만들어서 앞으로 열심히 역사교육을 하겠다고 하였습니다. 그 조례를 찾아 읽어보니 흥미로운 부분이 있었습니다. 앞으로 참된 역사교육을 실천할 수 있도록 제도적으로 뒷받침하겠다는 내용인데요, 이 조례에서 '참된 역사교육'을 정의한 부분이 흥미를 끌었습니다. 역사교육이 학생들을 민주시민으로 기르는데 기여해야 한다고 했거든요.

제도화되지는 못 했지만. 더불어 민주당이 당론으로 채택한 국정화

금지법 내용도 흥미롭습니다. 법의 명칭은 역사교과서의 다양성 보장에 관한 특별법안입니다. 친일독재미화를 반대한다는 차원을 넘어서, 역사교과서가 다양해야 되고 역사교육이 다양성이라는 가치를 존중하는 방향으로 가야 한다는 내용입니다. 그 법안에는 역사교육이 지향할 가치에 대하여 언급한 부분도 있습니다. 차이, 다양성, 관용, 인권 이런 내용들인데요, 이 법안을 보면서 그동안 우리 시민사회가 활발하게 벌여왔던 역사교과서 국정화 반대운동을 제도화한다면 이런 식으로도 할 수 있겠구나 하는 생각을 해보았습니다.

8. 우리가 지향할 역사교육과 교과서

지금까지 추우셨지요? 드디어 이야기를 매듭지을 시간이 다가왔군요. 마지막 질문은, "미래를 여는 역사교육, 어디에서 어떻게 출발할 것인가"입니다. 제가 오늘 준비한 다른 질문들처럼 이 주제도 이야기하자면 끝이 없을 겁니다. 그래서 이 논의를 할 때 우리가 반드시 전제해야 할 두어 가지를 지적한 뒤, 우리가 지향할 역사교육의 방향에 관해 제 생각을 말씀드리고 이야기를 마칠 작정입니다.

지난 한 해 동안 국정화를 둘러싸고 치열한 논란이 있었잖아요. 올해는 그때 제기되었던 다양한 목소리를 다시 들으면서, 우리 사회에서 역사교육의 위치와 역할을 치열하게 토론할 수 있는 기회가 만들어지면 좋겠습니다. 이를 바탕으로 차이를 인정하면서도, 우리 사회 구성원들이 두루 확인할 수 있는 역사교육 혹은 교육에 관한 기준을 만들기 위한 노력이 장기적이고 지속적으로 이루어지면 좋겠습니다.

1970년대에 분단시기 서독에서 이런 일이 있었죠. 거기도 좌우 논쟁이 굉장히 심했고 그래서 좌우 사이에서 각자 저마다의 방식으로 정치교육들을 하니까, 정말 어려운 문제들이 많이 발생했습니다. 그런데 보이텔스바흐라는 소도시에서 중요한 합의가 하나 만들어졌습니다. 생각이 다른 사람들이 두루 만나서, 좌파 우파를 떠나서 시민교육에서 지켜야 할 공동의 규칙 같은 것을 만들어보자고 토론을 시작했습니다. 수많은 학자들이 모여 치열한 토론을 벌였고, 하나의 합의가 만들어졌습니다. 물론 이 합의는 국가권력이 법으로 제도화한 것은 아니었어요. 그러나 만들어지는 과정이나 결과가 많은 사람들이 수긍할 만한 정도였고, 국민들 사이에서 도덕적 정당성을 확보함으로써 독일 교육에 상당한 영향을 미치게 됩니다.

이 일과 직접 비교할 수는 없겠지만, 국정화 찬성 진영이든 반대 진영이든 간에 활발한 토론들이 진행되면 좋겠어요. 터무니없는 거짓말을 지어내서 국정화를 해야 한다고 억지 부리지 말고, 현재 역사교육을 냉정하게 진단하고 역사교육이 지향할 가치가 무엇인지 방법은 어떠해야 하는지 등에 대해 체계적인 토론을 진행할 수 있기 바랍니다. 그럴 수 있다면 최근에 우리사회가 지불했던 이 엄청난 사회적 비용이 그래도 조금은 가치 있는 일이 될 수 있지 않을까요.

만일 토론을 전개할 수 있다면, 저는 두 가지 전제가 있어야 한다고 생각합니다. 첫째는 어른이 애들을 가르치는 게 아니라는 명제입니다. 아이들이 스스로 주체된 인간으로 성장할 수 있도록 어른들이 어떻게 도울 것인가. 이런 점을 전제로 하고 모든 토론이 이루어져야 되겠다. 두번째 전제는 애국심이라는 이름 아래에 국민 개인의 권리나 시민사회의 다원성, 자율성, 혹은 인류 공동체의 구성원으로서의 가치 이런 것들을 억압하지 말고 한 사람이 다양한 방식으로 존재한다는 점을 인정한 바탕 위에서 모든 이야기가 출발해야 한다. 이런 말씀들을 드리고 싶고요.

이제 제 이야기를 맺을 때가 되었는데요, 제가 생각하는 역사교육에 대해서는 다음 몇 가지로 정리하겠습니다.

1. 교육의 가치와 역사교육 ; 학교는 학생들이 민주공화국의 시민으로 살아갈 수 있도록 돕는 곳이다. 역사교육은 국가주의에 함몰되지 않고, 모든 사람을 한 사람의 주권자이자 연대하는 시민으로 간주하고 국가는 국민에 의해 구성되는 것임을 보여주는데 기여해야 한다.
2. 역사교육의 형식과 내용 ; 한국사와 세계사를 통합한 역사교과서를 만들어 교수하되, 현재에 가까운 역사를 더 자세히 공부한다. 역사 학습이 현재에 이르는 과정에 대한 이해와 그 속에서 인간의 삶에 대한 성찰을 바탕으로 바람직한 미래를 설계하는데 도움을 줄 수 있어야 한다.
3. 역사수업이 지향할 바 ; 학생은 배움의 주체로서 끊임없이 자신의 생각을 구성하고 재구성하는 존재임을 분명히 한다. 오늘 우리 사회에서 논쟁적인 것은 마땅히 교실에서도 논쟁이 되어야 한다. 역사수업을 통해 학생들은 스스로 생각하고 비판적으로 탐구하는 방법을 익히며, 역사와 사회에 대한 자신의 내러티브를 만들 수 있도록 권장되어야 한다.
4. 바람직한 역사 교과서 ; 어느 누구에게나 좋은 역사교과서는 존재할 수 없다. 학습자의 조건과 교수 목표에 따라 수업의 형태가 달라지며, 다른 학생에게는 다른 교재가 필요하다. 자유로운 교과서보다 교과서로부터 자유로운 수업이 더욱 바람직하다.

여기까지 하겠습니다. 추운 날 재미없는 이야기 들어주셔서 감사합니다.

[참고문헌]

김육훈, 「교과서 연구와 교과서 쓰기, 그리고 역사교육-살아있는 한국사 교과서를 중심으로」, 『전국역사교사모임 창립20주년 기념 학술대회 자료집』, 2008
김육훈, 「민주공화국의 시민을 기르는 역사교육 시론」, 『역사교육연구』18, 한국역사교육학회, 2013
김육훈, 「한국사 교과서 국정 전환논리와 문제점」, 『역사와교육』10, 역사교육연구소, 2014
김육훈, 「국가주의와 역사교육, 그 너머를 향하여」, 『역사와교육』11, 역사교육연구소, 2015
김육훈, 「2015 개정 역사과 교육과정 개발과정과 주요 내용」, 『2015개정 역사과 교육과정과 국정교과서 논란 자료집』(2015.10.2)
김육훈, 「국정화 소동의 의의와 역사교육의 대안 탐색」, 『역사와교육』13, 역사교육연구소, 2016.2
역사교육연구소, 『우리 역사교육의 역사』, 휴머니스트, 2014
전국역사교사모임, 『역사, 무엇을 어떻게 가르칠까 : 현장교사들이 쓴 역사교육론』, 휴머니스트, 2008

부록

Ⅰ. 보이텔스바흐(Beutelsbach) 합의(1976)
Ⅱ. 유엔총회 보고서 : 문화적 권리 분야
 「역사교과서와 역사교육」(2013)
Ⅲ. 국정교과서 고시가 위헌인 이유 10가지(2015)

Ⅰ. 보이텔스바흐(Beutelsbach) 합의(1976)

1. 강압 금지

교사가 자신이 원하는 견해를 -어떤 수단을 통해서든- 학생이 받아들이도록 강제하고 그것을 통해서 학생의 '자립적인 판단 형성'을 방해하는 것은 허용되지 않는다. 바로 이 지점이 정치교육과 교조화를 가르는 경계선이다. 교조화는 민주주의 사회에서 교사가 수행해야 하는 역할과 일치할 수 없으며, 학생의 성숙이라는 -일반적으로 수용되고 있는- 목표 설정과도 일치할 수 없다.

2. 학문과 정치에서 논쟁적인 것은 수업에서도 또한 논쟁적으로 나타나야 한다.

이 요구는 위에서 언급한 요구와 밀접히 연관되어 있다. 왜냐하면 서로 다른 입장이 무시되고 선택 가능성이 폐기되고 대안이 언급되지 않는다면, 그것이 바로 교조화로 가는 길이기 때문이다. 교사는 심지어 교정 기능도 수행해야 하지 않을까 라는 질문이 생긴다. 다시 말해, 교사가 학생들(과 정치교육 행사 참가자들)에게 그들 각각의 고유한 정치 사회적 출신 배경으로 인해 낯선 입장과 대안을 특별히 부각시켜 주어야만 하는 것은 아닌지 물어야 한다.

이 두 번째 원칙을 확인함으로써 왜 교사의 사적 입장과 학문적 배경과 정치적 견해가 상대적으로 별로 중요하지 않은지가 분명해진다.

이미 언급한 예를 다시 끄집어 올린다면, 교사가 민주주의를 어떻게 이해하고 있는지는 아무런 문제가 되지 않는다. 왜냐하면 그 교사의 이해에 대립하는 다른 견해들도 함께 다루어지기 때문이다.

3. 학생은 정치 상황과 자신의 고유한 이익 상태를 분석할 수 있도록 안내되어야 한다.

아울러 학생은 자신의 이익을 위해 당면 정치 상황에 영향을 줄 수 있는 수단과 방식을 찾도록 안내되어야 한다. 그런 목표 설정은 작용 능력을 매우 강조하는데, 그것은 앞에서 언급한 두 원칙으로부터 나오는 논리적 귀결이다. 이 맥락과 관련해 때때로 ― 이를테면, 헤르만 기제케(Herman Giesecke)와 롤프 슈미더러(Rolf Schmiederer)에 반대하며― 제기되는 비난, 즉 교사들이 스스로 갖고 있는 내용을 수정할 필요가 없도록 하기 위한 '형식성에로의 회귀'라는 비난은 적절치 못하다. 왜냐하면, 여기서 중요한 것은 최대한의 합의 도출이 아니라 최소한의 합의 도출이기 때문이다.

※ 보이텔스바흐 합의 원문은 한스-게오르크 벨링(Hans-Georg Wehling)이 정리했고, 한국어 번역은 이동기 교수가 맡았다. 원문의 출처는 Siegfried Schiele/Herbert Schnieder (ed), *Das Kensensproblem in der politischen Bildung*(정치교육의 합의 문제), Stuttgart 1977, 179-180쪽.

Ⅱ. 유엔총회 보고서 : 문화적 권리 분야
「역사교과서와 역사교육」(2013)

1. 해설

　유엔은 단일 역사교과서의 위험성과 다양한 역사교과서 발행의 보장을 강조하고 이를 각국에 계속 권고해왔다. 그리고 2013년 8월 9일 제68차 유엔 총회에서 「역사교과서와 역사교육에 관한 문화적 권리 분야의 특별조사관의 보고서」(유엔 보고서)를 채택하였다. 특별 조사관은 2010년부터 매년 문화적 권리에 대한 보고서를 제출하고 있는데, 2013년과 2014년에 제출한 보고서에는 역사와 기억 문제에 집중했다. 원래 이 문서는 한국의 시민단체들이 일본 우익의 역사 왜곡을 비판하기 위해 사용한 자료였다.
　이 자료를 일본 정부에 제시하면서 역사 왜곡의 수정을 요구했던 것이다. 유엔 특별조사관이 역사교육 문제를 조사한 것은 그만큼 그 중요성을 인식하고 있기 때문이다. 실제로 유엔 보고서는 전 세계적으로 역사가 교육과정에 필수적으로 들어가는 과목이라는 사실을 일깨우면서, 역사교과서는 학생들에게 역사 인식을 심어주며, 사회와 대중에게도 커다란 영향을 미친다고 지적한다.(김한종, 『역사교과서 국정화 왜 문제인가』 책과함께, 2015, 62~63쪽.)

유엔은 역사교과서 문제를 단순히 여러 교육 가운데 하나가 아니라 '문화권'으로 보았다. 역사를 교육받을 권리 즉 '문화적 권리'의 중심에 놓고, 인권과 민주주의의 관점에서 역사교육의 목적을 더 깊이 생각하였다. 유엔 보고서는 "하나의 역사교과서를 채택할 경우 정치적으로 이용될 위험이 크다"며 다양한 역사 교과서를 도입해야 한다고 권고하였다. 국가 주도의 단일한 교과서 즉 국정교과서는 정부의 이념을 일방적으로 주입하기 위한 도구가 될 위험성이 많기 때문이다.

유엔 보고서는 "국가가 역사 교과서를 하나로 줄이는 것은 퇴보적 조처이며, 국가가 후원하는 교과서는 매우 정치화할 위험이 있다"고 경고하였다. 유엔의 역사교과서 문제해결 방안으로, ① 학문의 자유를 보장하고 역사 연구와 교육의 전문성을 인정해야 하며, ② 역사해석의 다양성을 받아들여야 하며, ③ 비판적 사고를 할 수 있는 역사교육을 해야 하며, ④ 다양한 교재의 자율적 사용을 허용해야 한다는 점 등을 제시하였다. 유엔 보고서는 서론부터 결론과 권유사항까지 모두 7장 11절 93항으로 구성되어 있는 장문인데, 이 가운데 의미 있다고 생각하는 부분을 발췌하여 싣는다. 내용 앞의 숫자는 항 표시이다.

2. 내용 발췌

1. 본 보고서는 특별 조사관이 작성한 분열 혹은 분쟁을 겪은 나라의 역사와 기념적 내러티브(narrative)에 대한 연속 보고서 2건 중 첫 번째로, 2013년 총회와 2014년 인권위원회에 제출되었다. 본 보고서는 역사를 기술(write)하고 가르치는 것에 대해 특히 역사 교과서에 초점을 맞추어 작성되었다. 두번째 보고서에서 특별 조사관은 기념물과

박물관에 집중할 것이다.

5. 기억(memory)은 집단적 자아의 특정한 상(vision)을 만들어내고 이에 수반되는 가치체계를 구상하게 된다. 기념화 작업은 그 본질상 당연히 감정적이게 되지만, 역사교육의 목적은 비판적 사고가 되어야 한다. 피에르 노라(Pierre Nora)가 강조했듯이 역사라는 학문은 기억이 그러하듯이 과거를 기념해서는 안 되며, 과거가 기념되는 방법을 연구해야 한다. 역사의 기술(writing)과 교육은 선택적이고 자기 편향적인 기억의 본질을 드러내는 데 기여해야 한다. 과거와의 관계를 재검토하는 데 있어서 역사는 집단적 기억에 내재된 편협과 고정관념을 강조해야 한다.

7. 과거는 끊임없이 현재에 정보를 제공한다. 현재의 다양한 이들이 목적을 충족시키기 위해 계속해서 역사를 재해석한다. 문제는 과거에 대한 정당한 지속적 재해석과, 역사를 정치적 목적에서 조작하는 것을 구분하는 일이다. 따라서 특별 조사관의 권유사항들은 역사교육이 비판적 사고를 촉진하고 다양한 관점(의견과 표현의 자유권, 정보와 교육에 대한 권리, 학문적 자유, 개인과 단체가 자신과 타인의 문화적 유산에 접근할 권리를 고려하여)을 수용해야 한다는 원칙에 바탕한 것이다.

16. 중요하게도, 21세기 유럽의 역사교육에 대한 각료회의의 권고안 Rec(2001)15는 역사교육이 이념적 조작이나 선전활동의 도구가 되어서는 안 되며 비관용, 국수주의, 외국인혐오, 인종주의 혹은 반유대주

의를 조장하는 데 이용되어서는 안 된다고 강조한다. 이 권고안에 따르면 역사 연구와 학교에서 가르쳐지는 역사교육이 조작, 거짓 증거, 조작된 통계, 조작된 이미지 등; 어떤 사건을 정당화하거나 다른 사건을 감추기 위해 한 사건만 비추는 것; 선전의 목적으로 과거를 왜곡하는 것; "우리"와 "그들"의 이분법을 만들어내는 과거에 대한 과도하게 민족주의적 시각; 역사적 기록의 남용; 그리고 역사적 사실의 부인이나 누락을 통해 역사를 오용하도록 권장하거나 허용한다면 이는 유럽의회의 근본적 가치와 법령에 위반된다. 더 나아가 역사교육은 무엇보다도 모든 종류의 다양성에 대한 존중을 발전시키는 필수적인 장이 되어야 하며; 여러 민족들 간의 화해, 인정, 이해, 상호 신뢰의 결정적인 요소가 되어야 하고; 관용, 상호 이해, 인권, 민주주의와 같은 근본적인 가치들을 장려하는 데 필수적인 역할을 해야 한다고 기록하고 있다.

더욱이 역사교육은 학생들이 대화, 역사적 증거의 탐색, 특별히 논쟁적이고 예민한 이슈들에 대해 다양한 관점을 인정하는 접근법에 기반한 열린 토론을 통해, 학생들의 비판적이고 책임감 있는 지적 분석력과 해석 능력을 길러주어야 한다. 또한 역사교육은 반인륜적 범죄를 예방하는 도구가 되어야 한다. 마지막으로 역사교육에서 상호문화간 대화와 타자의 이미지에 대한 각료회의의 권고안 CM/Rec(2011)6는 상호 문화적 대화와 분쟁 이후 상황에서 역사교육의 실용적 방안들을 고안해내기 위한 중요한 추가 방안을 제시하고 있다.

19. 모든 국가에서 역사교육은 어느 정도 정치적 상황에 맞춰지기 마련이다. 역사적 내러티브는 흔히 국가 건설, 공동체 형성, 종교·언

어·인종적 차이를 넘어선 국가적·지역적 정체성 강화에 사용된다. 역사적 기술은 또한 특정한 정치적 권력과 그 정치적 개념을 정당화하고 국가에 대한 충성심을 보장하는 데 사용되기도 한다. 국가라는 개념 자체가 공통의 문화, 언어, 역사, 혹은 좀 더 구체적으로는 과거에 대한 바람직한 이미지를 투영하도록 하는데, 이는 국가 개념의 중심인 특유의 상상의 기반을 만들어내기 위해서이다.

29. 역사 내러티브를 단일화하는 것은 다양한 시각과 논쟁의 공간을 수축시켜 학생들이 자신들 나라, 지역, 혹은 세계의 복잡한 사건들의 미묘한 뉘앙스를 볼 수 있는 능력을 배제시키게 된다. 역사 내러티브의 다원적인 목소리를 배제시키면 소위 "평행" 내러티브로 이어질 수 있는데, 즉, 학교에서 전달되는 단일한 공식 내러티브로 때로 소수의 사람들만이 사실로 믿거나 다른 출처에서 따온 사적인 내러티브이다. 이러한 분리현상으로 나타난 공간을 권력을 잡게 되면 정의를 실천하고 진정한 진리를 추구하겠다고 약속하는 무리가 차지하기도 한다.

51. 역사를 교육할 때 초등·중등 교육과 고등교육은 중요한 차별점을 지닌다. 초중등교육의 경우 정부는 적절한 커리큘럼과 최소한의 교육적 기준을 보장하는 중요한 책임을 지니는 한편, 고등교육에서는 학문적 자유가 더 높은 기준에서 보장되어야 하며 정부가 커리큘럼에 영향을 미치지 말아야 한다. 두 경우 모두 정부는 위임받은 전문기구들이 독립성을 가지고 역사교육 커리큘럼을 정할 수 있도록 보장해야 하며 그들의 결론과 권고안들을 따라야 한다.

52. 역사교육에 있어 다양한 관점의 접근법을 발전시키는 여러 방법들이 정부의 손에 달려있다. 이런 정책을 세우기 위해서는 여러 분야에서의 실천이 필요한데, 예를 들면 다음과 같은 일들이다:

(a) 역사교육의 적절한 목표를 세우는 것

(b) 지방, 국가, 지역, 세계 역사 간의 적절한 비율을 정하는 것

(c) 역사는 정치사에만 국한되지 않도록 하는 것

(d) 다양한 종류의 역사 교과서 중에 교사가 선택할 수 있도록 보장하고 교사가 보충교재를 사용할 수 있는 자유를 주는 것

(e) 역사 교과서 내 조작과 그런 역사 남용을 부추기지 않도록 하는 의식을 높이는 일

(f) 암기식의 교육보다는 분석, 통합, 비판적 사고를 장려하는 시험, 평가 제도를 사용하는 것

(g) 교사들의 학문적 자유와 단체 결사의 자유를 존중하고, 그들을 공격과 위협으로부터 보호하는 것

(h) 역사교사들의 지속적인 교육과 직업적 훈련 (특히 그들이 가르치는 과정에서 다양한 관점을 인정하는 접근법을 어떻게 소개할지에 관해)을 보장하는 것

54. 다른 무엇보다 중요한 것은, 학생들이 편협한 민족주의적, 인종적, 혹은 미시적 정체성을 극복할 수 있도록 돕는 초국가적 관점을 인식하도록 하고 역사가 다양한 관점에서 해석될 수 있고 그렇게 되어야 한다는 것을 깨닫게 하는 일이다. 교사와 학생들은 기존의 내러티브를 비판적으로 평가해야 한다. 따라서 단 하나의 교과서만을 사용하는 모델을 넘어서, 보충교재 사용을 허용하고 역사 자료들에 대한

자유로운 접근을 가능하도록 하는 것이 중요하다. 공동체에는 언제나 내적으로 다양한 세력이 존재하고 이는 공동체에 역사기술이 획일적으로 한 종류만 존재하는 것이 지양되어야 함을 역설한다.

57. 역사교육이 과거에 대한 적절한 정보 전달보다는, 현재의 지배적인 구조의 역사적인 연속성을 더 강조하여 과거를 소위 "황금기"로 그리는 현상은 특히 우려의 대상이다. 보다 일반적으로 말하자면, 애국심 고취, 국가적 자부심 강화, 국가적 혹은 지역적 정체성 만들기와 같은 정치적 아젠다를 역사교육에 부여하는 것은 대부분의 나라에서 나타나는 현상이다. 학문적 분야로서의 역사학의 특성에 부합하지 않는 이런 모습들에 대해 의문을 제기할 때이다.

58. 그러나 역사교육을 정치적 목적으로부터 완전히 단절시키는 것이 어려운 것은 사실이다. 역사교육의 목적이 그 사회 내 혹은 다른 사회와의 갈등을 줄이려는 것, 사회적 정치적 논쟁거리들에 대한 평화적인 표현, 그리고 인권적 접근법에 기반한 민주주의적 원칙의 주창 등에 있음을 좀 더 분명히 하는 경우를 긍정적인 예로 들 수 있다. 이런 목적들은 교육에 비판적 사고와 분석적 학습이 포함되어 논의를 장려하고 역사의 복잡성을 강조하며 비교사적·다원적 관점을 가능케 할 때에만 이루어질 수 있다.

62. 역사교육은 흔히 정치적 사건 기술에 그치기도 하는데, 이는 학생들에게 인류사회에서 정치가 가장 중요한 자리를 차지한다고 가르치는 셈이다. 더욱이 정치사 그 자체도 전쟁, 갈등, 정복과 혁명의 역

사로 축소되기 쉽다. 이는 학생들에게 평화와 안정의 시기가 중요하지 않음을 암시하는 것이며 전쟁을 미화하고 군사 지향의 교육을 장려할 여지를 주는 것이다. 과학사, 공학기술의 역사, 미술사와 같은 다른 종류의 역사, 그리고 이런 분야의 발달이 정치를 포함한 사회 발달에 끼친 영향을 가르친다면, 학생들은 과거와 현재의 복잡성에 대해 배우게 될 것이다. 사람은 특정한 맥락과 통제 안에서 결정을 내린다는 것을 이해한다면 선택의 중요성과 책임의 가치를 더 잘 이해하게 될 것이다.

63. 역사교육이 정치, 사회, 문화, 과학, 경제사, 일상사를 균형 있게 통합시켜야 한다는 사실은 중요하다. 이렇게 함으로써 역사교육은 인류사회의 복잡성과 특정한 역사적 사건이 일어나게 되는 다양한 측면에서의 이유들을 전달할 수 있는 것이다. 균형 있는 시각에서 보면 전 세계 다양한 민족들의 예술, 과학, 철학에 대한 기여를 더 넓은 관점에서 볼 수 있게 된다.

64. 역사학은 전 세계적으로 교육체계에 필수적으로 포함되는 몇몇 과목들 중 하나이다. 이는 역사교육이 학생들에게 미칠 잠재적 영향력과 사회와 국가들에 있어서의 중요성을 동시에 암시한다.

65. 역사 교과서는 정부가 공식적 역사 내러티브를 학생들에게 전달하기 위한 중요한 도구이다. 특히 역사교육이 단일 내러티브를 추구하는 나라들에서 역사 교과서는 중요한 위치를 차지하며 정부의 메시지를 최대한 광범위한 독자들에게 전달하기 위한 결정적인 도구로

여겨지고 있다.

66. 단일 역사 교과서만을 승인하는 것은 문제가 있다. 여기에는 정부가 한 특정 교과서를 보조금이나 다량 구매를 통해 지지함으로써 학교의 교과서 선정에 영향을 미치는 경우도 포함된다. 선정 대상 교과서 종류를 하나로 줄이는 것 또한 퇴보적인 조치이다. 국가가 후원하는 교과서는 매우 정치화되어있을 위험이 있다.

70. 교과서 내 조작은 다양한 모습으로 나타나는데, 다음의 경우들을 포함한다.
 (a) 선택적으로 사실을 기술하는 것, 특정한 사건을 덜 혹은 더 강조하는 것에서부터 특정 정보를 완전히 누락시키는 것. 역사를 기술하려면 언제나 사실을 선택적으로 사용해야 하지만, 고의적인 남용은 의도적으로 자기 목적을 채우기 위한 선택에 기초하는 것이다.
 (b) 선호하는 결론을 내기 위한 내러티브의 사용. 이런 메시지들은 교과서에서 확인이 가능한데, 특히 수업 요약이나 학생들에게 던져지는 특정한 사회정치적으로 의도한 결론을 직접 암시하는 질문 등의 형태로 표현된다.
 (c) 전형적으로 갈등상황에 있는 경우 특정 민족이나 국가들이 묘사되는 맥락의 선택. 역사수업에서 평화, 협력적인 기간을 배제시킴으로써 학생들이 문화, 과학적 진보, 경제 사회적 구조의 공통된 요소를 배우지 못하도록 한다.
 (d) 국가나 특정 그룹에 대한 고정관념의 전파. 역사를 국가 간 혹

은 민족 간 갈등의 순간으로 선택적으로 연결시킴으로써 현재의 관점들을 정당화하고 국가 간의 (적대적인) 관계가 변하는 것이라는 개념을 조장하게 된다. 특정 국가나 민족의 특질이 미리 예정된 것처럼 표현되거나 특정한 정체성의 특징들이 역사적 관계를 귀화시키거나 신성화하도록 묘사되기도 한다. 예를 들어, 불어의 "traite des noirs"(노예 매매/흑인종 매매)라는 불어 표현은 흑인종이 그들이 처했던 특정한 맥락상의 사회적 역사적 관계 때문이 아니라 그들의 피부 색깔 때문에 노예 매매되었다는 인상을 준다. 지배구조를 주도하거나 거기에서 이득을 얻는 이들이 주로 추구하는 이런 특징들은 역사적, 그리고 그런 관계의 비영구적 측면을 가려버리고 일상적으로 사용되어 누구도 그 관련성을 의심하지 못하도록 만든다.

(e) 고정관념을 포함할 수 있고 잔인할 수도 있는 특정 메시지를 전달하기 위해 사진자료를 사용하는 것. 피해자라는 집단적 감정을 불러일으키기 위해서 사용될 때 이런 조치는 역사교육이 비판적 분석을 적용하는 대신 감정을 자극하는 데 의존하게 된다. 어린 학생들은 제시되는 무서운 이미지들을 비판적으로 처리할 준비가 되어있지 않다.

(f) 지리 혹은 역사적 지도와 다른 시각적 자료 역시 정치적 메시지를 전달할 수 있다(예를 들어 인접한 지역이나 나라들을 동일한 회색으로 그림으로써 이런 지역들이 중요하지 않다고 암시하는 것; 한 나라의 과거의 영토 크기를 보여주는 역사지도 사용; 역사적 사건들을 완전히 무시하는 과격한 지리 지도의 사용).

(g) 과거 사건에 대한 특정한 이해방식을 전달하기 위한 특정 용어

나 관용구를 사용하는 것(예를 들어 "해방전쟁" "정복" "반란" 혹은 "독립전쟁" "혁명" 혹은 "반혁명" "참사" 등의 용어 사용).
(h) 의심의 여지를 주지 않아 논쟁이나 딜레마를 원천 봉쇄하는 필연적인 용어 사용.
(i) 특정한 역사적 사건을 드라마틱하게 묘사함으로써 (주로 증오 발언을 통해) 학생들에게서 의도한 감정을 불러일으키는 특정한 언어 스타일, 비유적 표현 및 기타 다른 수단의 사용. 잔인한 사진자료 사용과 마찬가지로 그 목적은 공포심 유발인데, 이는 이후의 복수를 위한 근거와 동기를 제공하게 된다.
(j) 그 민족의 신화적 과거, 역사에서의 위치와 그 특징들을 조작하는 것. 흔한 요소들로는 타국에 비해 자국이 우월함을 강조하고 "우리"는 정복을 위한 전쟁을 한 적이 없고 부당하게 행동한 적이 없다는 이미지를 만들어내는 것이 포함된다. 이는 현재 혹은 미래의 행위들에 대한 역사적 방종을 조장할 수 있다. 하나의 중요한 요소는 피해국이라는 이미지를 만들어냄으로써 국제관계의 맥락에서든 그 나라의 내부적인 사회적 결합의 수단으로 사용되든 현재 "만회"될 수 있는 영구적인 도덕적·정치적 특권을 보장하도록 하는 것이다.
(k) 승전을 강조하는 한편 패전을 지나치게 축소 서술함으로써 그 나라가 언제나 역사의 "옳은" 편에 있었고 아무도 해친 적이 없다고 하는 것.
(l) 특정한 역사 철학의 전달. 많은 이념들은 강력한 역사적 결정론을 주장하는데, 역사적 사건들이 예견되었고 피할 수 없는 것이었다고 표현하는 것이다. 이는 역사적 사건들과 의사 결정과정

에 영향을 미치는 개인, 그룹, 사회의 다른 부분들의 중요성에 대한 자각을 배제시키는 것이다.

88. 본 특별 조사관은 각 정부가 학교의 역사 커리큘럼 개혁에 계속해서 노력을 기울일 것을 권장한다. 특히 다음의 사항을 권유한다.
(a) 역사교육은 비판적 사고, 분석적 학습과 토론을 길러주어야 하고; 역사의 복잡성을 강조함으로써 비교사적이고 다양한 시각을 인정하는 접근법을 가능케 해야 한다. 역사교육이 애국심 강화, 국가적 정체성 강화, 혹은 젊은이들을 공식 이념이나 지배적인 종교의 지도안으로 길들이려는 목적으로 이용되어서는 안 된다.
(d) 다양한 출판사에서 나오는 다양한 교과서들이 승인됨으로써 교사들이 그 중에 선택할 수 있도록 해야 한다. 또한 커리큘럼은 교사들이 정부 부서의 사전 승인을 받지 않고도 보충 교재(특히 인증된 역사 자료)를 소개할 수 있도록 적절한 시간을 배당해야 한다(이상적으로는 전체 시간의 30 퍼센트).
(e) 교과서 승인 절차와 선정 기준은 명확해야 하고 특정한 이념이나 정치적 요건이 아닌 역사와 교육의 전문성에 따라야 한다. 교과서 승인에 관련된 바람직한 실천안은 모든 발행인들이 평등하게 입찰에 참여할 수 있고 독립적인 전문 위원회가 검토하고 필수 요건을 만족시키는 교과서를 승인하도록 하는 공개입찰 방식이다.
(g) 다양한 공동체와 그룹들과 상의해야 하지만 역사 교과서 저술은 역사가들에게 맡겨져야 한다. 다른 이들(특히 정치인들이나

종교, 문학, 혹은 더 넓은 범위의 지식인 집단의 사상가들)이 의사 결정하는 것은 지양되어야 한다.

III. 국정교과서 고시가 위헌인 이유 10가지(2015)

1. 시민 3374명에 의한 2015.12.22. 헌법소원 제기

민주사회를위한변호사모임은 2015.12.22. 청구인 3374명(학생 59명, 학부모 340명, 교장 4명, 중학교 역사교사 및 고등학교 한국사 교사 548명, 검정교과서 집필자 6명, 행정예고 기간에 반대의견을 제출한 국민 1517명 포함)을 대리하여, 피청구인 교육부 장관을 상대로 헌법소원을 제기하였다.

2. 당시 위헌을 구하는 공권력행사 및 관련 법령

가. 2015. 11. 3. 고시한 교육부고시 제2015-78호 「중·고등학교 교과용도서 국·검·인정 구분」 중 중학교 역사 ①, ②, 고등학교 한국사 교과서를 각 '국정도서'로 구분한 부분 : 국정화고시

나. 2015. 12. 1. 고시한 교육부고시 제2015-80호 「초·중등학교 교육과정 개정」 고시 : 위 국정교과서 시행시기를 일률적으로 2017년 3월 1일로 앞당기기 위하여 9. 23.자 교육과정 고시 내용을 뒤늦게 수정한 고시

다. 초·중등교육법 제29조 제2항(2015. 3. 27. 법률 제13227호로 일

부개정된 것), 교과용도서에 관한 규정(2015. 12. 15. 대통령령 제26709호로 일부 개정되기 전의 것), 제3조, 제4조 : 교과서에 대한 사항 일체를 대통령령에 위임한 규정(초중등교육법 제29조 제2항) 및 그에 따라 국정교과서의 사용강제(교과용도서에 관한 규정 제3조), 교과서 국정화를 교육부장관에게 백지 위임한 규정(교과용도서에관한 규정 제4조)

3. 국정교과서 고시 왜 위헌인가 : 10가지 이유

① 헌법 제31조 교육에 관한 기본권 및 제도보장의 의의와 상호관계

헌법상 국민의 교육받을 권리는 교육의 자주성·전문성·정치적 중립성(헌법 제31조 제4항)과 교육제도의 기본적 내용이 법률로 정해지는 교육제도 법정주의(헌법 제31조 제6항)가 제대로 보장된 교육을 받을 권리를 의미하는 것이다. 헌법 제31조 제4항, 제6항을 위반하는 것은 단지 헌법원칙의 위반에 그치는 것이 아니라, 그 전제가 되는 국민의 교육받을 권리를 침해하는 결과가 되고 나아가 이를 뒷받침하는 교사의 수업권, 학부모의 자녀 교육에 관한 권리를 함께 침해하는 것이기도 하다.

② 우리 헌법의 본질적인 가치와 원칙을 침해한다.

가. 이 사건 고시의 본질
국정교과서 제도의 본질은 첫째, 국가가 모든 역사의 해석을 독점하

겠다는 것이고(해석독점), 둘째로 모든 중·고등학교에서 국가가 독점한 단일한 교과서만을 사용하도록 강제하겠다는 것(사용독점)이다.

나. 헌법의 핵심 가치인 자유, 자율, 자유민주적 기본질서에 반한다.

헌법 전문에 의하면 "우리 대한민국은 …… 자율과 조화를 바탕으로 자유민주적 기본질서를 더욱 확고히 하고 …… 자유와 행복을 영원히 확보할 것을 다짐"하고 있다. 그런데 교과서의 경쟁을 부정하고 국가가 모든 해석과 발행을 '독점'하는 것은 헌법 전문의 자유, 자율, 자유민주적 기본질서에 정면으로 반한다.

다. 헌법 제1조 민주주의와 국민주권의 원칙에 반한다.

헌법 제1조는 대한민국의 국가적 운명에 관한 기본적 결단을 내릴 수 있는 권력이 국민에게 있음을 선언함과 동시에 그러한 권력으로부터 파생되는 제반 권력들까지도 그 권력의 원천은 국민으로부터 나와야 함을 규정한 것이다.

그런데 10. 2. 행정예고 이후 국민 다수가 일관하여 반대하고 있는데도 불구하고, 이를 무시하고, 행정절차법이 정한 국민의 의견수렴 절차를 형해화하면서 국정화를 강행하는 것은 헌법 제1조에 반한다.

③ 헌법 제31조 제4항 교육의 자주성·전문성·정치적 중립성 위반

국정 교과서제도는 본질상 교육부에 의하여 교과서 편찬이 주도될 뿐만 아니라 그 교과서만을 교재로 사용하도록 강제하는 것으로서, 교과서 내용 내지 교육내용에 대한 정부, 행정관료 및 정치권력의 개

입이 필연적일 수밖에 없다는 점에서 교육의 자주성을 보장하고 있는 위 헌법 제31조 제4항의 규정에 위반된다. 헌법재판소도 이를 인정(헌법재판소 1992.11.12.선고 89헌마88결정)한바 있다.

우리 교과서 제도 역사를 살펴보면, 역사 국정교과서는 일제식민시대 말기의 군국주의 시기인 1942년 도입 및 일본 군국주의 미화, 유신 직후 1974년 재도입 및 5·16 군사쿠데타 등 미화, 5공화국 출범 후 내란 및 쿠데타의 미화에서 보듯이 철저히 정치권력의 정당화 및 역사왜곡에 동원되어 왔다. 특히 국가의 교과서 감독과 통제는 교과서의 내용과 선택에 관한 제반사항이 헌법의 기본이념에 배치되지 않는지의 여부 그리고 교육의 자주성·전문성·정치적 중립성에 배치되지 않는지의 여부 등에 대한 심사에 그쳐야 하는 것이고, 교과내용을 통제하는 방법은 교육에 관한 국가의 권한을 벗어난 것으로 허용될 수 없다.

국사교과서 국정화는 다른 교과의 경우보다 헌법 제31조 제4항 위반 정도가 훨씬 큰데, 유엔 총회는 그 이유를 역사교과서가 '정부의 메시지를 가장 넓은 범위의 청중에게 전달하는 결정적인 도구'이기 때문이라고 밝혔다.

④ 헌법 제31조 제6항 교육제도 법정주의 및 헌법 제75조 포괄위임 금지 위반

국정교과서를 교과서의 범위에 포함시킬 것인지 여부, 어떤 과목에 대하여 국정교과서를 저작, 편찬할 것인지 여부 및 교과서의 선정, 사용에 관한 사항은 초·중등교육에 있어서 본질적인 내용에 관한 것이므로 반드시 법률에 구체적인 내용이 규정되어야 한다.

그런데 초중등교육법 제29조에서는 교과서의 범위나 저작, 편찬, 선정 등에 관하여 그 구체적인 사항을 위임하고 있지 아니함에도 그 위임을 받아 제정된 대통령령인 '교과서도서에 관한 규정'에서는 교과서의 범위나 저작, 편찬, 선정 등에 대한 구체적 기준과 방법 및 절차 등에 관하여 규정하고 있다. 이는 포괄위임금지 원칙 위반이다.

⑤ '학생'의 교육받을 권리 등 침해

2017년 3월부터 모든 중학생과 고등학생은 선택의 여지없이 하나의 역사국정교과서만으로 배우고 국정교과서에 있는 하나의 역사해석만을 강요당하게 되는데, 이는 헌법 제31조의 교육을 받을 권리, 헌법 제10조 인격권, 자기결정권, 교육받을 권리 및 인격권과 자기결정권에서 도출되는 교재선택권, 양심의 자유를 침해한다.

특히 국정화 말고도 덜 침해적인 대체적 방법(검정제)이 현재 시행되고 있고, 현행 검정제 하에서도 정부는 사전, 사후의 내용 통제가 가능하므로 검정제가 사실상 국정제와 동일하게 운영되고 있다는 비판이 제기될 정도로서, 오히려 이러한 비판을 외면하고 기본권을 가장 심각하게 침해하는 제도를 선택한 것이다.

⑥ 교사 및 교장의 기본권 침해

교사의 교육 자유는 일차적으로 '교육내용이나 방법 등에 관한 자주적인 결정권'을 의미하고, 가장 중요한 요소 중 하나가 바로 '학교 교과서의 저작과 선택'이다.

그런데 현행법(초중등교육법 및 교과용 도서에 관한 규정)에서는 학교장, 교사, 학교운영위원회의 교재 선정 및 변경에 관한 권리를 명시적으로 규정하여 보호하고 있음에도, 국정화고시는 교사의 역사교과서에 대한 저작 및 선택권을 완전히 배제하고 있다.

국정교과서 제도 하에서 교사는 공권력에 의하여 강제되는 내용만을 유일한 진리로써 가르쳐야 하고, 그렇지 않을 경우 징계처분의 위험을 감수해야 한다. 교사는 교육전문가로서 어떤 역사적 사건에 대하여 다양한 학설이 존재한다는 것을 알고 있음에도 불구하고, 이에 반하여 오로지 국정교과서에 담긴 내용만이 유일한 진리라고 가르쳐야 하는바, 이는 결국 교사가 교육전문가로서 가지고 있는 양심의 자유, 인격권 역시 침해하는 것이다.

⑦ 학부모의 기본권 침해

부모는 어떠한 방향으로 자녀의 인격이 형성되어야 하는가에 관한 목표를 정하고 자녀의 개인적 성향·능력·정신적, 신체적 발달상황 등을 고려하여 교육목적을 달성하기에 적합한 교육수단을 선택할 기본권(부모의 자녀 교육권)을 가진다.

부모의 자녀교육권은 교육내용의 결정 및 교과서선택권에까지 미치고, 「교과용도서에 관한 규정」 제3조에서 검인정도서의 경우 학부모의 대표가 구성원인 학교운영위원회의 심의를 통과하도록 하고 있어서 우리 법에 이미 반영되어 있음에도, 오로지 하나의 교재만을 사용토록 강제하고 있어, 학부모의 자녀교육권을 침해한다.

세계인권선언 제26조도 인격의 발전과 인권 및 기본적 자유의 존중을 공고히 하는 것을 교육의 목표로 정하고 부모는 자녀에게 어떤 교육을 제공할 것인지에 대해서 선택할 수 있는 우선권이 있는 것으로 정하고 있음에도, 이를 원천적으로 박탈하고 있는 것이다.

⑧ 집필자의 기본권 침해

국가가 구속력 있는 확정된 지침을 제시함으로써 학문의 과정을 내용적으로 조종하고자 하는 것은 학문의 자유에 의하여 허용될 수 없는데, 집필자들의 학문연구 및 발표, 교수의 자유를 침해한다.

특히, 헌법 제21조 '검열금지원칙'을 천명하고 있는데, '중·고등학교 학생들에게 정규 교육 과정에서 가르칠 역사의 내용'과 관련하여 행정기관인 교육부가 특정한 사상이나 의견이 발표되기 이전에 예방적 조치로서 그 내용을 심사, 선별하여 발표를 사전에 억제하고 하나의 견해만을 채택 발표하고, 그 외 견해의 발표를 금지하는 제도로서 검열에 해당한다.

⑨ 국민의 청원권 침해 및 적법절차 원리 위반

헌법 제26조에 의하면 국민이 공권력과의 관계에서 일어나는 여러 가지 이해관계 또는 국정에 관해서 자신의 의견이나 희망을 진술할 수 있는 권리, 청원권을 규정하고 있다.

또한 행정절차법은 국민의 청원권의 구체적인 내용을 보장하기 위하여 국민의 의견 제출권, 행정청의 존중처리 의무, 처리결과 및 처리이유 등 통지의무를 규정하고 있다.

그런데, 교육부장관은 행정예고 기간에 ㉠ 국민이 직접 청원한 내용을 "심사할 의무"를 이행하지 않아 국민의 청원권을 직접적으로 침해했을 뿐만 아니라, ㉡ 국민의 대표기관인 시도교육감으로부터 의견을 수렴하지 않음으로써 간접적으로 국민의 청원권을 침해하였다.

또한 교육부 장관은 ㉠ 행정절차법에 위반하여 의견수렴절차를 거치지 않았고, ㉡ 국가재정법에 위반한 예비비를 지출하였고, ㉢ 국정고시의 전제로 이미 확정된 2015 개정 교육과정 고시(최초 시행일을 2018년 3월 1일로 함)에 반하는 고시를 하였다.

⑩ 헌법 전문의 3·1 운동으로 이루어진 임시정부의 법통계승 위배

정부가 내세우는 '올바른 역사관 확립'의 실체는 제헌헌법 이래 정부수립일로 규정해왔던 '1948년 8월 15일'을 '대한민국 수립'으로 변경하려는데 있다.

황교안 국무총리는 1948년 8월 15일을 '정부 수립'이라고 기술하는 것이 북한에 국가 정통성이 있는 것처럼 왜곡하고 있다고 주장(2015. 11. 3. 황교안 국무총리 담화문 등)하나, 이는 1945년 8월 이전의 '독립운동'과 그 이후의 '건국운동'을 의도적으로 분리하여 대한민국은 독립운동의 결과가 아니라 1945년 8월 15일부터 1948년 8월 15일 사이의 대한민국'건국'운동의 결과라는 것으로, 결국 건국운동의 요체를 '반공'에서 찾음으로써 친일파 반공투사에게 건국의 주체라는 지위를 부여하려는 의도이다.

우선 현행 헌법 전문에서 "우리 대한국민은 3·1운동으로 건립된 대한민국임시정부의 법통과 불의에 항거한 4·19민주이념을 계승하고"라

고 명시한 것에 정면으로 배치된다.

　또한 제헌헌법은 "대한국민은 기미 삼일운동으로 대한민국을 건립하여 세계에 선포한 위대한 독립정신을 계승하여 이제 민주독립국가를 재건"한다고 규정하고 있어 이를 정면으로 위반한 것이다. 특히 1948년 5월 31일 제헌국회 개원식 의장 이승만은 '이 국회에서 되는 정부는 기미년에 서울에서 수립된 민국임시정부의 계승'이라고 밝히고, 1948년 8월 15일 당시 중앙청 앞에 걸린 펼침막은 "대한민국 정부 수립 국민 축하식", 1948년 9월 1일 정부에서 간행한 『관보』 발행일자는 "대한민국 30년 9월 1일"이라고 기재하였다.

　결국, 국정교과서는 실릴 내용조차도 제헌헌법 이래 유지되어 온 '3·1운동으로 건립된 대한민국'의 정체성을 부인하고 특정 세력의 입맛에 맞게 재해석하려는 것에 다름 아니다. 이 사건 고시가 헌법적으로 정당화될 수 없는 가장 심각한 문제점도 여기에 있다.

시민 학생과 함께하는 거리역사강좌
거리에서 국정교과서를 묻다

기획·편집 한국사교과서국정화저지네트워크
지은이　김육훈 안병우 이동기 이만열 이이화 이준식 조광 한상권 한철호
펴낸곳　민연
펴낸이　방학진
편　집　박광종 손기순 방은희 송민희
등록번호 제8-860호
주　소　서울시 동대문구 왕산로283(청량리동 금은빌딩)
홈페이지 www.historybank.net
전　화　02-969-0226
팩　스　02-965-8879
인　쇄　디자인 내일

초판발행 2016년 3월 1일
정　가　13,000원
ISBN 978-89-93741-13-1

저작권법 보호를 받는 저작물이므로 어떤 형태나 어떤 방법으로도 무단전재와 무단복제를 금합니다. 잘못된 책은 바꾸어 드립니다.